도시부동산 가치,
빅데이터는 알고 있다

원지영

pnc
publishing and culture
피앤씨미디어

머리말

우리가 살아갈 도시는 어떤 AI를 만날 것인가

도시에는 수많은 사람의 삶과 욕망, 그리고 보이지 않는 도시부동산 관련 자본의 흐름이 복잡한 그물망처럼 얽혀 역동적으로 살아 숨쉰다. '어디에 살 것인가', '어디에 어떤 방식으로 도시부동산에 투자할 것인가'라는 질문이 우리 삶의 중요한 화두로 자리 잡은 지 오래되었다.

하지만 이 거대하고 복잡한 도시부동산의 흐름과 투자 방식 및 트랜드의 맥박을 정확히 짚어내는 것은 결코 쉬운 일이 아니다. 지금까지 우리는 소수의 개발 사례, 분절된 통계 자료, 혹은 전문가의 직관과 경험이라는 제한된 도구에 의존해 도시부동산의 가치를 판단해왔다. 이는 마치 성난 파도가 몰아치는 바다 위에서 작은 돛단배에 의지해 항해하는 것과 같았다. 특히 AI의 혁명과 함께 도시의 변화 속도가 과거와 비교할 수 없을 정도로 빨라진 오늘날, 전통적인 부동산분석 방식의 한계는 더욱 명확해지고 있다.

21세기 디지털 혁명의 물결 속에서 우리가 살아가는 도시는 매 순간 수많은 데이터를 생성하고 있다. 스마트폰 속 위치정보, 교통카드의 이동 패턴, 온라인 쇼핑몰의 배송 주소, 소셜미디어의 체크인 기록까지, 우리의 일상 하나하나가 디지털 발자국으로 남으며 도시의 생동감 넘치는 데이터 지도를 그려내고 있다.

바로 이 지점에서 '빅데이터'라는 새로운 등대가 그 빛을 발한다. 빅데이터는 도시를 살아가는 우리 모두가 남긴 일상의 흔적이자, 도시의 혈류와 신경망을 비추는 거대한 거울이다. 유동인구의 흐름, 카드 매출의 변화, 소셜 미디어의 여론, 교통량의 패턴 등 이전에는 포착할 수 없었던 도시의 미시적 움직임들이 데이터라는 형태로 기록되고 축적된다. 이러한 빅데이터를 분석하는 것은 도시의 숨겨진 욕망을 읽어내고, 미래 가치의 잠재력을 발견하는 가장 강력한 도구가 된다.

그런데 이 방대한 데이터의 바다 한가운데서 가장 흥미로운 이야기를 들려주는 것은 바로 '도시부동산'이다. 땅과 건물이라는 물리적 공간이 어떻게 디지털 세상의 데이터와 만나 새로운 가치를 창조하는지, 그리고 이것이 우리의 도시부동산 연구와 투자 결정에 어떤 혁신적 통찰을 제공하는지를 탐구하는 것이 바로 이 책의 핵심이다.

전통적으로 부동산 가치 평가는 '입지, 입지, 입지'라는 3대 원칙에 의존해왔다. 하지만 빅데이터 시대의 입지는 단순히 지하철역과의 거리나 학군으로만 설명되지 않는다. 유동인구의 시간대별 변화, 상권의 다양성 지수, 대기질과 소음 수준의 실시간 모니터링, 심지어 소셜미디어에서 언급되는 감정 분석까지도 부동산 가치를 결정하는 새로운 변수로 등장하고 있다.

우리는 전통적 감정평가로는 설명할 수 없었던 가격 변동이 빅데이터 분석을 통해서는 명확한 패턴으로 드러났고, 아무도 주목하지 않았던 지역이 데이터가 예측한 대로 핫플레이스로 부상하는 것을 눈여겨 보고 있다.

특히 코로나19 팬데믹은 우리에게 중요한 교훈을 남겼다. 재택근무의 확산, 생활 패턴의 변화, 소비 트렌드의 급변이 부동산 시장에 미친 영향을 실시간으로 추적할 수 있었던 것은 바로 빅데이터 덕분이었다. 전통적 분석 방법으로는 몇 달 후에 파악할 수 있었던 시장 변화의 조짐을 데이터는 실시간으로 포착해냈다.

본서는 크게 세 부분으로 구성된다. 첫 번째 부분에서는 도시부동산과 빅데이터의 만남이 가져온 패러다임 변화를 살펴본다. 두 번째 부분에서는 구체적인 데이터 수집과 분석 기법들을 소개하되, 복잡한 수식보다는 직관적 이해에 중점을 둔다. 마지막 부분에서는 실제 사례를 통해 빅데이터가 어떻게 숨겨진 투자 기회를 발굴하고 도시 계획의 새로운 방향을 제시하는지를 보여준다.

이 책은 빅데이터라는 새로운 렌즈를 통해 도시부동산의 가치를 분석하고 예측하는 방법에 관한 탐구의 기록이다. 단순히 최신 기술을 소개하는 것을 넘어, 데이터를 통해 도시를 이해하는 새로운 관점과 방법론을 사례위주로 제시하고자 했다. 과거의 경험과 직관에 의존하던 '감(感)의 영역'에서 벗어나, 객관적 데이터에 기반한 '분석의 영역'으로 나아가는 여정의 안내서가 되는 것이 이 책의 목표이다.

이 책은 부동산 전문가는 물론, 데이터 분석에 관심 있는 일반 독자, 그리고 미래의 스마트시티를 꿈꾸는 젊은 세대 모두를 위해 쓰였다. 복잡한 기술적 내용도 최대한 쉽게 풀어내려 노력했으며, 풍부한 시각 자료와 실제 사례를 통해 독자들이 빅데이터의 힘을 체감할 수 있도록 구성했다.

데이터는 거짓말하지 않는다. 하지만 데이터를 올바르게 읽고 해석하는 것은 여전히 인간의 몫이다. 이 책이 독자들에게 새로운 시각을 제공하고, 데이터 기반 의사결정의 중요성을 일깨우는 계기가 되기를 진심으로 바란다. 그리고 언젠가 이 책을 읽은 독자들이 빅데이터라는 나침반을 들고 도시부동산의 새로운 가능성을 탐험하는 모험가가 되기를 소망한다.

도시는 살아있다. 그리고 데이터는 그 생명력의 맥박을 우리에게 들려주고 있다. 이제 우리는 그 소리에 귀 기울일 때이다.

저자 원지영

차 례

제 3 장 도시부동산 가치 평가를 위해 수집되는 빅데이터의 종류와 특징

제 4 장 머신러닝 기반 도시부동산 가치예측 모델의 핵심 알고리즘

제 5 장 딥러닝 기반의 도시부동산 가치 평가 모델의 핵심 알고리즘

제1장

빅데이터와 도시부동산: 새로운 패러다임의 서막

1. 도시부동산 가치평가에 빅데이터가 필요한 이유를 밝힌다.

1.1. 인간의 인지 능력으로는 수백, 수많은 변수가 복합적으로 작용하는 부동산 시장의 메커니즘을 완전히 이해하기 어렵기 때문에 빅데이터 분석의 필요하다.

1.1.1. "그 카페 옆 건물이 왜 더 비싸죠?": 전통적인 부동산 평가 방식으로는 이런 현상을 설명하기 어렵다.

서울 홍대입구역 근처, 겉보기에는 비슷해 보이는 두 건물이 있다. 한 건물은 ㎡당 1,200만원, 다른 건물은 900만원이다. 두 건물 사이의 거리는 불과 200미터. 같은 역세권, 같은 상권에 위치해 있지만 25%나 가격 차이가 난다. 전통적인 부동산 평가 방식으로는 이런 현상을 설명하기 어렵다.

하지만 빅데이터 분석을 통해서는 그 이유를 명확하게 찾아낼 수 있다.

비싼 건물 쪽에는 평점 4.5점 이상의 카페가 3개 있고, 인스타그램에서 '핫플레이스' 태그가 월 500회 이상 언급된다. 반면 저렴한 건물 주변에는 소음을 유발하는 PC방이 있고, 유동인구의 연령대가 상대적으로 높다. 이런 미세한 차이들이 누적되어 25%의 가격 격차를 만들어낸 것이다.

이것이 바로 빅데이터 기반 부동산 가치평가가 필요한 이유다. 인간의 직관과 경험으로는 포착하기 어려운 수많은 변수들을 데이터가 읽어내고 있다.

1.1.2. 데이터 홍수 시대, 부동산 시장의 패러다임 전환

21세기는 데이터의 시대다. 매분마다 생성되는 데이터의 양은 과거 전체 인류가 축적한 정보량을 초월한다. 부동산 시장도 예외가 아니다. 실거래가 데이터, 대중교통 이용 패턴, 상권 정보, 인구 이동 현황, 소셜미디어 언급량, 심지어 날씨 데이터까지 부동산 가치에 영향을 미치는 요인들이 실시간으로 축적되고 있다.

하지만 문제는 데이터의 양이 아니라 해석 능력이다. 인간의 인지 능력으로는 수백, 수천 개의 변수가 복합적으로 작용하는 부동산 시장의 메커니즘을 완전히 이해하기 어렵다. 바로 여기서 빅데이터 분석의 필요성이 대두된다.

1.1.3. 보이지 않는 가치를 읽어내는 새로운 눈, 빅데이터

과거 우리는 부동산의 가치를 이야기할 때, 발품을 팔아 얻은 현장의 감(感)과 소수의 공개된 실거래가 정보에 의존했다. '남향', '역세권', '학군'이라는 거대한 프레임 속에서 부동산의 가치는 다소 뭉뚱그려져 평가되곤 했다.

그러나 지금, 우리는 도시의 숨겨진 맥락과 잠재력을 정량적으로 측정하고 미래를 예측하는 강력한 도구를 손에 쥐게 되었다. 바로 '빅데이터'라는 새로운 눈이다.

도시의 신경망처럼 흐르는 무수한 데이터가 어떻게 주거용 부동산이라는 개별 자산의 가치에 스며들어 있다. 빅데이터는 단순히 숫자를 나열하는 기술적 분석을 넘어, 도시민의 삶의 패턴과 욕망을 읽어내고, 이를 통해 미래의 도시 공간을 예측한다. 빅데이터는 매일 걷는 거리, 이용하는 상점, SNS에 남기는 흔적 하나하나가 어떻게 부동산의 가치를 조각하는 '보이지 않는 손'으로 작동하는지 우리에게 알려준다. 이제, 데이터가 써 내려가는 새로운 부동산 가치 평가의 시대로 들어가 본다.

1.2. 전통적 가치평가 방식에 한계가 있다.

기존 부동산 가치평가는 주로 비교법(Comparative Market Analysis), 수익법(Income Approach), 원가법(Cost Approach) 세 가지 방법에 의존해왔다. 이들 방법은 분명 논리적이고 체계적이지만, 급변하는 도시 환경에서는 한계를 드러낸다.

(1) **비교법의 맹점:** 비슷한 조건의 매매 사례를 찾아 비교하는 방식이지만, 실제로는 '비슷한' 조건이란 존재하지 않는다. 같은 아파트 단지 내에서도 층수, 향, 주변 소음, 조망권 등에 따라 가격이 천차만별이다. 더욱이 빠르게 변화하는 지역 특성을 과거 거래 사례만으로 반영하기는 불가능하다.

(2) **수익법의 한계:** 임대수익을 기준으로 산정하는 방식이지만, 미래 임대료 변동을 정확히 예측하기 어렵다. 특히 상업용 부동산의 경우 업종 트렌드, 소비 패턴 변화, 온라인 쇼핑 확산 등 수많은 외부 요인이 수익성에 영향을 미친다.

(3) **원가법의 모순:** 건축비와 토지비를 합산하는 방식이지만, 실제 시장가치와는 상당한 괴리가 있다. 같은 건축비로 지어진 건물이라

도 입지에 따라 가치는 몇 배씩 차이가 날 수 있기 때문이다.

1.3. 빅데이터의 세 가지 핵능력이 기존의 문제를 해결해 준다.

빅데이터 기반 부동산 가치평가는 전통적 방식의 한계를 다음 세 가지 측면에서 혁신적으로 해결한다.

1.3.1. 빅데이터의 다차원적 분석 능력

전통적 평가에서는 위치, 면적, 건물 연식 등 제한적인 요소만 고려했다. 하지만 빅데이터는 수백 개의 변수를 동시에 분석한다. 서울시 강남구의 한 오피스빌딩을 예로 들면, 다음과 같은 요소들이 종합적으로 고려된다:

- 교통 접근성: 지하철 2개 노선 환승역까지 도보 5분, 버스정류장 3개 위치
- 상권 분석: 반경 500m 내 금융기관 12개, 카페 28개, 음식점 45개
- 유동인구: 평일 오전 9시 기준 시간당 통행량 2,300명
- 디지털 활동: 구글 검색량, 소셜미디어 언급 빈도, 네이버 지도 조회수
- 환경 요인: 미세먼지 농도, 소음 수준, 일조량
- 개발 계획: 반경 1km 내 신규 개발 프로젝트 7건

이처럼 다양한 데이터가 머신러닝 알고리즘을 통해 분석되어 최종 가치가 산정된다.

1.3.2. 빅데이터의 실시간 시장 반영 능력

부동산 시장은 생물과 같다. 매일 변화하고 진화한다. 전통적 평가는 과거 데이터에 의존하여 시간 지연(time lag) 문제가 심각했다. 반면 빅데이터는 실시간으로 시장 변화를 포착한다.

코로나19 팬데믹 상황을 예로 들어보자. 2020년 3월 사회적 거리두기가 시작되자, 전통적 평가 방식으로는 이 상황이 부동산 시장에 미칠 영향을 즉시 파악하기 어려웠다. 하지만 빅데이터는 다음과 같은 변화를 실시간으로 감지했다:

- 강남 업무지구 유동인구 70% 감소
- 온라인 쇼핑몰 매출 300% 증가로 인한 물류창고 수요 급증
- 재택근무 확산으로 주거용 부동산 중 서재 공간 선호도 증가
- 카페, 음식점 매출 감소로 상업용 부동산 임대료 하락 압력

이런 변화들이 실시간으로 가치평가 모델에 반영되어, 시장 상황에 맞는 정확한 평가가 가능 해졌다.

1.3.3. 빅데이터의 예측 정확도의 비약적 향상

가장 놀라운 성과는 예측 정확도의 개선이다. 시애틀에서 진행된 다가구주택 임대료 예측 연구에서는 머신 러닝 모델이 90% 이상의 정확도를 달성했다. 한국감정원의 AI 기반 부동산 가치평가 모델도 기존 방식 대비 오차율을 30% 줄이는 성과를 보였다.

이런 높은 정확도가 가능한 이유는 비선형적 관계를 파악하는 능력 때문이다. 예를 들어, 지하철역에서 거리가 500m까지는 거리가 가까울수록 가격이 급격히 상승하지만, 500m를 넘어서면 상승폭이 둔화된다. 또한 고급 레스토랑이 2개 있으면 주변 부동산 가치가 상승하지만, 4개 이상 밀집하면 오히려 하락하는 현상도 있다. 이런 복잡한 패턴을 머신 러닝이 학습하여 정확한 예측을 가능하게 한다.

1.4. 빅데이터를 활용하면 부동산 유형별 맞춤형 분석이 가능하다.

빅데이터 활용에서 주목할 점은 부동산 유형별 맞춤형 분석이 가능하다는 것이다.

1.4.1. 주거용 부동산 관련 핵심 데이터

주거용 부동산의 경우, 거주자의 라이프스타일과 밀접한 요인들이 중요하다:

- 교육 환경: 학군 정보, 학원가 접근성, 도서관 위치
- 생활 편의: 대형마트, 병원, 은행 등 생활 인프라
- 문화 여가: 공원, 체육시설, 문화시설 접근성
- 교통 편의: 대중교통 연결성, 출퇴근 소요시간
- 환경 품질: 대기질, 소음, 녹지율
- 안전성: 범죄율, CCTV 설치 현황, 가로등 조도

1.4.2. 상업용 부동산 관련 핵심 데이터

상업용 부동산의 경우, 수익성과 직결되는 요인들이 핵심이다:

- 유동인구: 시간대별, 요일별, 계절별 통행량 패턴
- 소비 패턴: 주변 상권 매출, 카드 결제 데이터, 배달 주문량
- 업종 적합성: 주변 업종 구성, 경쟁 밀도, 상권 성숙도
- 접근성: 대중교통, 주차 편의, 물류 동선

ㅍ개발 잠재력: 용도지역, 개발 제한, 미래 계획

1.5. 국외에서 빅데이터 기반 부동산 가치평가가 일반화되고 있다.

해외에서는 이미 빅데이터 기반 부동산 가치평가가 일반화되고 있다.

1) 미국

미국 질로우(Zillow)는 'Zestimate'라는 서비스를 통해 전국 1억 개 이상의 부동산 가치를 실시간으로 제공한다. 이 시스템은 공공 기록, 사용자 제출 정보, 시장 동향, 물리적 특성 등 수백 개의 데이터 포인트를 분석하여 가치를 산정한다.

Zillow stock plunges 25% after company exits home-buying business
https://www.cnbc.com/

2) 싱가포르

싱가포르는 도시계획청(URA)이 빅데이터를 활용한 '디지털 트윈' 시스템을 구축했다. 도시 전체를 가상공간에 똑같이 재현하여 다양한 개발 시나리오의 부동산 가치 변화를 시뮬레이션할 수 있다

3) 네덜란드

네덜란드에서는 머신러닝과 지리공간 데이터를 결합한 AVM(자동가치추정모형)이 기존 감정평가사의 평가 정확도를 뛰어넘는 성과를 보이고 있다.

1.6. 국내의 부동산 플랫폼

국내 빅데이터 기반 부동산 가치평가 앱은 크게 두 가지 범주로 분류될 수 있다. 첫째는 매물 정보, 커뮤니티 등 종합적인 기능을 제공하며 그 일부로서 가치평가 정보를 제시하는 '종합 부동산 플랫폼'이며, 둘째는 가치 추정에 특화된 기술과 데이터를 바탕으로 보다 정밀한 분석을 제공하는 '가치평가 전문 플랫폼'이다.

1.6.1. 종합 부동산 플랫폼

이 유형의 플랫폼들은 방대한 매물 정보와 사용자 트래픽을 기반으로 축적한 데이터를 활용하여 시세 정보를 제공한다.

(1) **호갱노노**(Hogaengnono): 국내에서 가장 높은 사용자 활성도를 보이는 앱 중 하나로, 국토교통부 실거래가 정보를 지도 위에 직관적으로 시각화하여 제공하는 것이 핵심 기능이다. 아파트 단지별 거래 내역, 가격 변동 추이, 인구 이동 데이터, 학군 정보 등을 종합적으로 제공함으로써 사용자가 매물의 상대적 가치를 판단할 수 있도록 지원한다. 직접적인 가치 '추정'보다는 투명한 '정보 공개'를 통한 가치 판단 유도에 가깝다.

(2) **직방**(Zigbang): 매물 정보 제공을 넘어 '빅데이터랩'을 통해 아파트 단지의 시세 변동, 학군, 교통, 인구 흐름 등 심층적인 분석 정보를 제공한다. 특히 자체 개발한 AI 모델을 통해 유사 단지 비교, 가격 적정성 분석 등의 기능을 선보이며 단순 시세 조회를 넘어선 가치 분석 정보를 제공하고자 한다.

(3) **네이버 부동산**(Naver Real Estate): 국내 최대 포털 사이트의 영향력을 바탕으로 가장 많은 매물 정보를 보유하고 있다. 실거래가, 공

https://maily.so/slky/posts

시가격 데이터는 물론, 자체적으로 구축한 VR 단지 투어, 동별·층별 일조량 시뮬레이션 데이터 등 부동산 가치에 영향을 미치는 다양한 변수를 제공하여 다각적인 가치 평가를 가능하게 한다.

1.6.2. 가치평가 전문 플랫폼

이 유형의 플랫폼들은 독자적으로 개발한 알고리즘과 특정 데이터셋을 활용하여 보다 정교한 자동화 가치평가 모델(AVM)을 제공하는 데 집중한다.

(1) **밸류맵**(ValueMap): 아파트 중심의 시장에서 벗어나 토지 및 중소형 빌딩(일명 '꼬마빌딩') 거래에 특화된 플랫폼이다. 실거래가 정보에 더하여 토지의 용도지역, 공시지가, 도로 접면 조건 등 가치에 영향을 미치는 공법적 요소를 빅데이터화 하였다. 특히 AI 기반 가설계 기능을 통해 특정 토지 매입 시 건축 가능한 건물의 연면적, 층수, 주차대수 등을 시뮬레이션하여 개발 잠재력에 기반한 미래가치를 예측하는 차별점을 가진다.

(2) **디스코**(Disco): 부동산 등기부등본 데이터를 기반으로 토지와 건물의 소유권 이전, 근저당 설정 내역 등 권리관계를 포함한 포괄적인

정보를 제공한다. 실거래가와 등기 데이터의 연동 분석을 통해 거래의 이면에 있는 실제 가치를 추론하는 데 강점을 보이며, 상업용 부동산 시장 참여자들이 주로 활용한다.

(3) **공간의가치(VOS)**: 'AI 부동산 금융 서비스'를 표방하며, 감정평가 및 금융권의 심사 프로세스에 초점을 맞춘 가치평가 엔진을 개발하였다. 아파트, 빌라 등 주거용 부동산은 물론 상업용 부동산에 대해서도 AI 기반 추정가를 신속하게 제공하며, 이는 담보대출 심사 등 금융 목적으로 활용될 수 있는 수준의 신뢰도를 목표로 한다.

1.7. 시사점: 데이터가 여는 새로운 부동산 가치의 지평

도시부동산 가치평가에 빅데이터가 필요한 이유는 명확하다. 복잡하고 다차원적인 도시 공간에서 발생하는 미묘한 가치 차이를 정확히 파악하고, 빠르게 변화하는 시장 상황을 실시간으로 반영하며, 미래의 가치 변화를 높은 정확도로 예측할 수 있기 때문이다.

특히 한국과 같이 높은 인구밀도와 급속한 도시 발전을 경험하는 환경에서 빅데이터의 필요성은 더욱 크다. 서울 강남의 재개발, 부산 해운대의 신도시 개발, 대전의 혁신도시 조성 등 대규모 도시 변화가 일어날 때마다 부동산 가치에 미치는 영향을 정확히 예측하고 대응하기 위해서는 빅데이터 분석이 필수적이다.

앞으로 부동산 시장은 데이터를 제대로 활용하는 주체와 그렇지 못한 주체 간의 격차가 더욱 벌어질 것이다. 투자자, 개발업자, 중개업자, 정책 입안자 모두가 빅데이터 리터러시를 갖춰야 하는 시대가 왔다.

결국 부동산 가치평가에서 빅데이터의 도입은 선택이 아닌 필수다. 데이터가 말하는 진실을 듣지 못하는 자는 시장에서 도태될 수밖에 없다.

보이지 않던 도시부동산의 숨겨진 가치가 데이터를 통해 드러나는 지금, 우리는 새로운 부동산 패러다임의 시작점에 서 있다.

2. 정형·비정형 데이터의 차이를 설명하고 활용 가능성을 제시한다: 보이지 않는 가치를 여는 열쇠, 데이터

우리가 살아가는 도시는 수많은 정보의 집합체다. 아파트 실거래가, 상가의 평당 임대료, 토지의 공시지가처럼 명확한 숫자로 표현되는 정보가 있는가 하면, 어떤 동네에 대한 사람들의 인식, SNS에 떠도는 특정 지역의 '핫플레이스' 인증샷, 위성사진에 담긴 푸르른 녹지 공간의 모습처럼 숫자로 쉽게 환원되지 않는 정보도 존재한다.

이 두 종류의 정보, 즉 정형데이터와 비정형데이터의 차이를 이해하고 그 안에 숨겨진 잠재력을 읽어내는 것이야 말로 보이지 않는 도시와 부동산의 가치를 발견하는 첫걸음이 된다.

2.1. 정형 데이터: 도시를 읽는 뼈대

정형 데이터란 이름 그대로 '정해진 형태'를 가진 데이터를 의미한다. 엑셀 시트나 데이터베이스처럼 행과 열로 명확하게 정리될 수 있는 정보

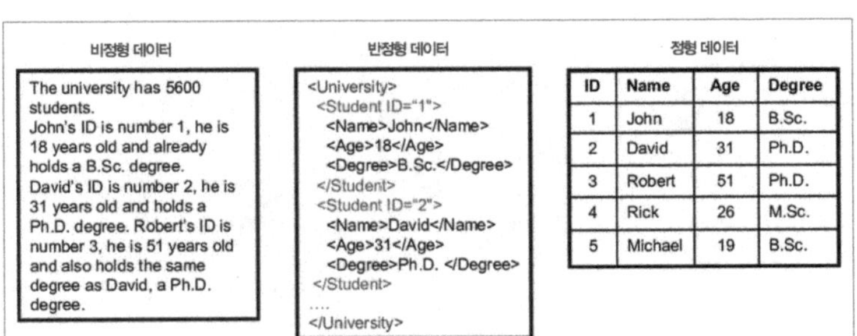

Semantic web technologies and ebusiness, Idea Group

가 바로 그것이다. 부동산 시장에서 우리가 흔히 접하는 대부분의 정보가 여기에 속한다. 예를 들어, 'A 아파트, 101동 503호, 전용면적 84㎡, 2023년 10월, 15억 원에 거래됨'이라는 정보는 '소재지', '면적', '거래 시점', '거래 가격'이라는 정해진 틀 안에 완벽하게 들어맞는다.

이러한 정형 데이터는 다루기 쉽다는 명확한 장점을 가진다. 컴퓨터는 정형 데이터를 신속하게 분류하고, 특정 조건(예: '강남구', '30평대', '최근 1년 이내 거래')에 맞는 정보를 순식간에 찾아내며, 통계 분석을 통해 평균 가격이나 가격 상승률 같은 유의미한 지표를 도출해낸다. 즉, 정형 데이터는 도시부동산의 객관적인 현황을 파악하고 가치를 평가하는 데 있어 가장 기본적인 '뼈대' 역할을 수행한다. 건물의 나이, 크기, 층수, 거래 이력 등은 모두 이 뼈대를 구성하는 핵심 요소가 된다.

2.2. 비정형 데이터: 도시에 숨결을 불어넣는 살

반면 비정형 데이터는 정형 데이터와 달리 정해진 구조나 규칙이 없는 모든 종류의 정보를 포괄한다. 이는 전체 데이터의 80% 이상을 차지할 만큼 방대하며, 그 형태 또한 다양하다. 부동산의 가치를 평가하는 데 있

AI가 알고리즘이 집을 사라는데요? https://brunch.co.kr/

어 비정형 데이터는 그동안 분석의 어려움 때문에 간과되어 왔지만, 사실상 도시의 진짜 매력과 잠재력을 담고 있는 '보물창고'라 할 수 있다.

부동산 시장의 비정형 데이터는 다음과 같은 것들이 있다.

(1) **텍스트 데이터**: 부동산 중개인이 작성한 매물 소개글("햇살 가득한 남향집, 한강이 보이는 특급 조망"), 특정 지역에 대한 뉴스 기사, 인터넷 카페나 블로그의 지역 거주 후기("밤늦게 다녀도 안전하고, 주변에 맛집이 많아 살기 좋아요"), SNS에 올라오는 동네에 대한 사람들의 생각과 감정 등이 모두 포함된다.

(2) **이미지 데이터**: 위성사진이나 항공사진을 통해 파악할 수 있는 공원이나 녹지의 비율, 로드뷰(Road View) 사진으로 볼 수 있는 거리의 청결도나 상권의 활기, 매물로 나온 주택의 인테리어 사진에서 느껴지는 마감재의 수준이나 수리 상태 등 시각적 정보가 여기에 해당한다.

(3) **음성 및 영상 데이터**: 지역을 소개하는 유튜브 브이로그(Vlog) 영상, 부동산 전문가의 시장 전망 인터뷰 등도 중요한 비정형 데이터가 될 수 있다.

이러한 비정형 데이터는 정형 데이터가 알려주지 못하는 '맥락'과 '질적 가치'를 담고 있다. 예를 들어, 정형 데이터는 A 아파트와 B 아파트의 가격이 같다고 말해줄 수 있지만, 왜 B 아파트에 대한 사람들의 선호도가 더 높은지는 설명하지 못한다. 하지만 비정형 데이터 분석을 통해 B 아파트 주변에 '혁신 초등학교'가 있고, '대규모 공원'이 조성될 예정이며, SNS상에서 '살기 좋은 동네'로 긍정적인 언급이 많다는 사실을 발견한다면 그 이유를 비로소 이해하게 된다. 비정형 데이터는 이처럼 도시의 뼈대에 따뜻한 피가 흐르는 살을 붙이고, 그곳에 생동감 넘치는 숨결을 불어넣는다.

■ 정형데이터와 비정형 데이터의 비교

특징	정형데이터	비정형데이터
데이터특성	양적 데이터	질적 데이터
데이터모델	사전에 정의됨. 모델이 정의되고 일부 데이터가 저장된 후에는 모델을 변경하기 힘듦.	비정형 데이터에는 특정 스키마가 포함되지 않음. 데이터 모델은 매우 유연함.
데이터 포맷	제한된 수의 데이터 포맷을 사용할 수 있음.	비정형 데이터에는 매우 다양한 데이터 포맷을 사용할 수 있음.
데이터베이스	SQL 기반 관계형 데이터베이스가 사용됨.	특정 스키마가 없는 NoSQL 데이터베이스가 사용됨.
검색	데이터베이스 또는 데이터 세트 내에서 데이터를 검색하고 찾기가 매우 쉬움.	비정형 특성으로 인해 특정 데이터 검색이 매우 힘듦.
분석	데이터의 양적 특성으로 인해 분석이 매우 쉬움.	기존 소프트웨어 도구로도 분석이 매우 어렵려움.
저장방법	정형 데이터에는 데이터 웨어하우스가 사용됨.	비정형 데이터를 저장하는 데에는 데이터 레이크가 사용됨.

정형데이터와 비정형데이터 PURESTORAGE, 초보자를 위한 빅데이터 가이드

2.3. 활용 가능성: 보이지 않는 가치를 현실로

그렇다면 정형 데이터와 비정형 데이터를 결합하여 우리는 무엇을 할 수 있을까? 그 활용 가능성은 무궁무진하며, 이는 미래의 부동산 시장을 예측하고 새로운 기회를 창출하는 결정적인 열쇠가 된다.

주거용 부동산의 경우, 단순히 면적, 층수, 연식만으로 가격을 예측하는 시대를 넘어선다. 이제는 인공지능이 수만 건의 온라인 매물 설명글을 분석하여 '리모델링', '역세권', '숲세권'과 같은 핵심 키워드가 가격에 미치는 영향을 수치화하고, 주택 내부 사진을 분석하여 인테리어의 수준

이나 채광 상태를 '가치 점수'로 변환하여 가격 예측 모델에 반영할 수 있다. 또한, 특정 지역에 대한 온라인상의 긍정적, 부정적 여론의 변화를 추적하여 가격 변동을 미리 감지하고, 잠재적으로 가치가 상승할 지역, 즉 미래의 '핫플레이스'를 선제적으로 발굴하는 것도 가능해진다.

상업용 부동산 시장에서는 그 잠재력이 더욱 극대화된다. 특정 지역의 유동인구 데이터(정형)에 그곳을 방문하는 사람들이 SNS에 남긴 체크인 정보나 리뷰(비정형)를 결합하면, 단순히 사람이 많이 지나다니는 곳이 아니라, '20대 여성이', '주말 오후에', '카페와 맛집을 찾아' 방문하는 곳이라는 구체적인 상권의 특성을 파악할 수 있다. 이는 특정 업종의 최적 입지를 선정하는 데 결정적인 정보를 제공한다. 더 나아가 위성사진과 뉴스 데이터를 주기적으로 분석하여 특정 지역의 개발 진행 상황을 모니터링하고, 이를 통해 상권의 성장 가능성을 예측하며 투자 시점을 결정하는 고도화된 의사결정이 이루어질 수 있다.

정리하면, 정형 데이터가 우리에게 도시의 '과거'와 '현재'를 보여준다면, 비정형 데이터는 그 안에 숨겨진 도시의 '이야기'와 '미래'를 들려준다. 이 두 가지 데이터를 함께 읽어내는 능력은 더 이상 일부 전문가의 영역이 아니다. 도시를 이해하고, 더 나은 주거 환경을 꿈꾸며, 성공적인 부동산 투자를 원하는 모든 이에게 필수적인 역량이 되어가고 있다. 보이지 않던 도시부동산의 가치는 이제 빅데이터라는 새로운 눈을 통해 우리 앞에 그 모습을 드러내기 시작했다.

3. 공공데이터, 민간데이터, IoT 데이터의 활용 사례를 분석한다.

빅데이터라는 거대한 용광로에 들어가는 재료, 즉 원천 데이터는 그 출처에 따라 각기 다른 성격과 가치를 지닌다.

도시부동산의 숨겨진 가치를 읽어내기 위해 우리는 크게 세 가지 데이터 신경망을 살펴볼 필요가 있다. 국가가 제공하는 도시의 공식적인 청사진인 공공데이터, 시민들의 욕망과 삶의 궤적이 담긴 민간데이터, 그리고 도시의 실시간 맥박을 측정하는 사물인터넷(IoT) 데이터가 바로 그것이다. 이 세 가지 데이터가 어떻게 각자의 영역에서, 그리고 서로 융합하여 부동산의 가치를 재정의하는지 구체적인 사례를 통해 분석한다.

3.1. 공공데이터: 도시의 공식적인 청사진

공공데이터는 정부나 공공기관이 법률에 따라 수집하고 관리하며, 국민에게 공개하는 정보다. 높은 신뢰도를 바탕으로 도시의 뼈대를 이해하는 가장 기초적이면서도 필수적인 데이터가 된다.

DATA
공공데이터포털
.GO.KR

https://www.facebook.com/

사례 1

건축물대장과 토지대장을 활용한 재개발·재건축 사업성 분석

도시의 노후화는 피할 수 없는 현상이며, 이는 재개발 및 재건축이라는 새로운 기회를 잉태한다. 이때 가장 먼저 확인해야 할 공공데이터가 바로 건축물대장과 토지대장이다. 건축물대장은 건물의 준공 연도, 구조, 용도 등의 정보를, 토지대장은 해당 토지의 지목, 면적, 용도지역 등의 정보를 담고 있다.

과거에는 특정 지역의 노후도를 파악하기 위해 발품을 팔거나 일부 공개된 정보에 의존해야 했다. 그러나 이제는 이 두 데이터를 결합하여 특정 행정구역 내 30년 이상 된 노후 건축물의 비율과 분포를 순식간에 시각화할 수 있다. 나아가 토지대장의 용도지역 정보를 통해 해당 지역의 최대 용적률을 파악하고, 이를 바탕으로 재건축 시 추가로 확보할 수 있는 건축 면적을 계산하여 사업성을 사전에 정밀하게 예측한다. 이는 소수의 전문가만 가능했던 사업성 분석을 데이터에 기반하여 누구나 시도할 수 있도록 만들어, 투자의 투명성과 합리성을 높이는 결정적인 역할을 한다.

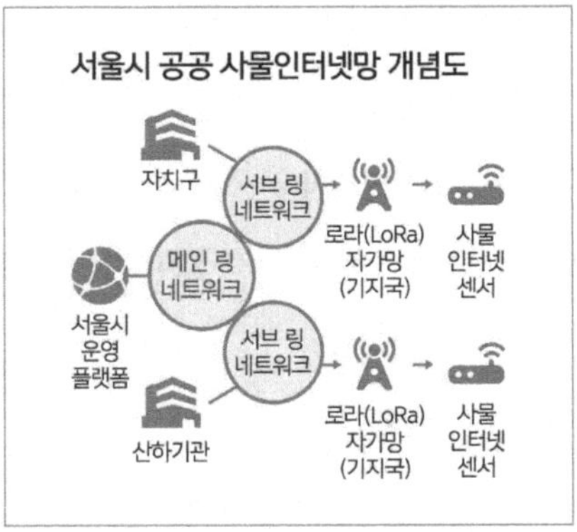

https://www.segye.com/

사례 2

국토교통부 실거래가와 범죄율 데이터 융합을 통한 '안전 프리미엄' 분석

주거지 선택에 있어 '안전'은 가격만큼이나 중요한 요소다. 국토교통부의 부동산 실거래가 공개 시스템은 가장 신뢰도 높은 가격 정보를 제공하는 핵심 공공데이터다. 여기에 경찰청이나 각 지자체에서 제공하는 지역별 5대 범죄(살인, 강도, 강간·강제추행, 절도, 폭력) 발생 현황 데이터를 융합하면 흥미로운 분석이 가능해진다.

비슷한 입지와 가격대의 두 아파트 단지가 있다고 가정하자. 만약 한 단지가 다른 단지에 비해 지속적으로 범죄 발생률이 낮다는 데이터가 확인된다면, 해당 단지는 보이지 않는 '안전 프리미엄'을 가지고 있다고 해석할 수 있다. 실제로 이러한 데이터를 분석하면, 범죄율이 낮은 지역일수록 동일 조건의 다른 지역보다 주택 가격이 미세하게 높거나 가격 하락기에 방어력이 강한 경향이 나타난다. 이는 과거 '흉흉한 동네'라는 막연한 인식을 데이터로 증명하고, '안전'이라는 사회적 가치를 부동산의 경제적 가치로 환산하는 새로운 분석의 길을 열어준다.

3.2. 민간데이터: 시민들의 욕망과 삶의 궤적

민간데이터는 통신사, 카드사, 내비게이션 앱 등 민간 기업이 서비스를 제공하며 축적한 정보다. 익명 화된 형태로 제공되는 이 데이터는 공공데이터가 포착하지 못하는 사람들의 실질적인 이동 패턴, 소비 행태, 라이프스타일을 생생하게 보여준다.

민간데이터 활용 가상 사례 1

카드사 매출 데이터를 활용한 '젠트리피케이션' 예측 및 상권 분석

새로운 상권이 뜨고 지는 과정, 즉 젠트리피케이션(Gentrification) 현상은 예측하기 어려운 영역으로 여겨졌다. 그러나 카드사 매출 데이터는 이 현상을 조기에 포착하는 강력한 도구가 된다. 특정 지역에서 이전에 없던 'F&B(식음료) 업종'이나 '편집숍' 등의 카드 매출이 급증하고, 동시에 결제 고객의 연령대가 20~30대로 변화하는 패턴이 감지된다면 이는 새로운 상권이 형성되는 초기 신호로 해석할 수 있다.

예를 들어, 망원동이나 성수동이 지금처럼 유명해지기 전, 카드사 데이터는 해당 지역의 특정 골목에서 젊은 층의 유입과 소비가 꾸준히 증가하는 모습을 보여주었다. 상업용 부동산 투자자나 창업을 준비하는 소상공인은 이러한 데이터를 통해 임대료가 오르기 전에 잠재력 있는 지역을 선점할 수 있으며, 상권의 특성(예: 주말 저녁에 유동인구가 몰리는 상권, 평일 점심에 직장인 소비가 집중되는 상권)을 정밀하게 파악하여 최적의 입지를 선정할 수 있다.

민간데이터 활용 가상 사례 2

통신사 유동인구 데이터를 활용한 주거지역의 실질적 생활권 분석

행정구역상 동일한 동(洞)에 속해 있더라도 실제 생활 반경은 도로, 지하철 노선, 학군 등에 따라 완전히 달라진다. 통신사의 기지국 기반 유동인구 데이터는 이러한 실질적 생활권을 규명하는 데 탁월하다. 이 데

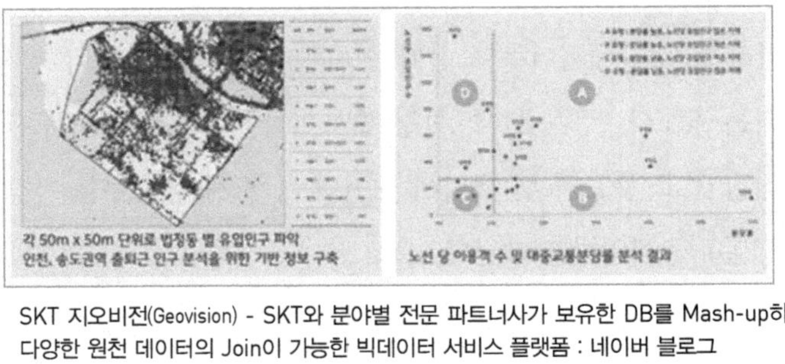

SKT 지오비전(Geovision) - SKT와 분야별 전문 파트너사가 보유한 DB를 Mash-up하여 다양한 원천 데이터의 Join이 가능한 빅데이터 서비스 플랫폼 : 네이버 블로그

이터는 특정 아파트 단지 거주민들이 주중 낮 시간에는 어느 지역(업무지구)으로 이동하고, 주말에는 어느 공원이나 쇼핑몰에서 시간을 보내는지를 명확하게 보여준다.

이를 통해 아파트 단지의 광고 문구에 등장하는 '강남 생활권'이나 '판교 생활권'이라는 표현이 과장인지 사실인지를 객관적으로 검증할 수 있다. 만약 특정 단지 거주민의 출퇴근 통행 대부분이 강남업무지구(GBD)로 향한다면, 해당 단지는 물리적 거리와 무관하게 강력한 강남 생활권으로 볼 수 있다. 이러한 분석은 주택 구매자에게는 실질적인 생활 편의성을 예측하는 정보를, 계획가에게는 행정구역을 넘어선 기능적 도시 구조를 이해하는 통찰력을 제공한다.

3.3. 사물인터넷(IoT) 데이터: 살아 숨 쉬는 도시의 실시간 맥박

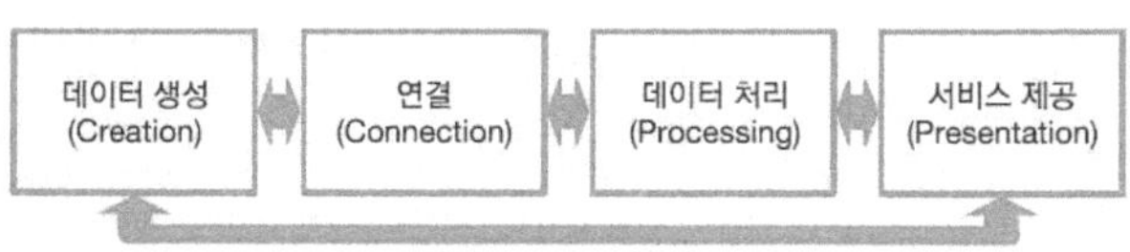

그림 34 사물인터넷의 구조

https://conquer-it.tistory.com

사물인터넷(IoT) 데이터는 도시에 설치된 각종 센서로부터 실시간으로 수집되는 정보다. 주차 센서, 환경 센서, 스마트 가로등 등 도시의 인프라가 직접 보고 듣고 느낀 초미세 데이터로, 도시의 상태를 가장 즉각적이고 상세하게 파악하게 해준다.

사례 1

미세먼지·소음 센서 데이터를 활용한 '환경가치'의 정량화

'쾌적한 주거 환경'은 부동산의 가치를 결정하는 중요한 요소지만, 그동안 매우 주관적으로 평가되어 왔다. 그러나 이제 아파트 단지나 특정 거리에 설치된 IoT 환경 센서는 이 가치를 숫자로 증명한다. 실시간으로 측정되는 미세먼지 농도, 소음 수준, 온도, 습도 데이터는 눈에 보이지 않는 환경의 질을 객관적인 지표로 바꿔놓는다.

예를 들어, 대로변에 위치한 아파트와 한 블록 안쪽에 위치하여 숲을 낀 아파트의 미세먼지 및 소음 수치를 실시간 데이터로 비교하여 보여줄 수 있다. 이러한 데이터가 부동산 정보 플랫폼에 통합된다면, 소비자들은 단순히 '숲세권'이라는 마케팅 문구에 의존하는 대신, 실제 데이터에 기반하여 환경적 가치가 높은 주거지를 선택할 수 있게 된다. 이는 결국 건설사로 하여금 차별화된 친환경 설계를 도입하도록 유도하는 시장의 압력으로 작용할 것이다.

사례 2

스마트 주차 센서와 CCTV를 통한 상가 활성화 지표 개발

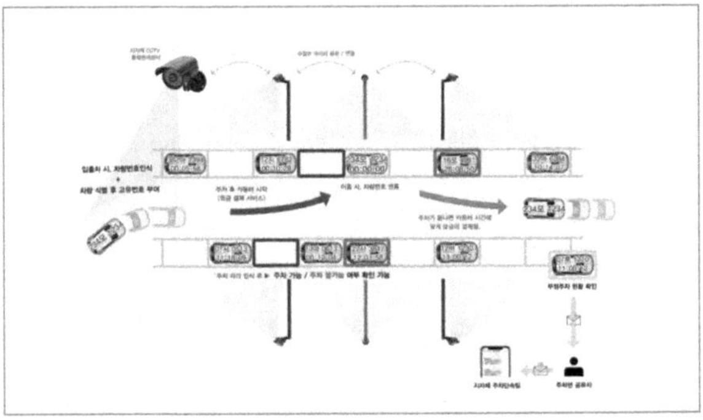

스마트 도시 성동구, 전국 최초 CCTV 활용한 주차공유서비스-국민일보

상가의 가치는 결국 얼마나 많은 방문객을 유치하느냐에 달려있다. 과거에는 유동인구를 직접 계수하는 방식에 의존했지만, 스마트 주차 센서와 CCTV 영상 분석 기술은 이를 훨씬 정교하게 측정한다. 상가 건물의 주차장에 설치된 센서는 시간대별 주차장의 회전율과 만차율 데이터를 실시간으로 제공하며, 이는 상가의 집객력을 나타내는 직접적인 지표가 된다.

나아가 CCTV 영상을 인공지능으로 분석하여 방문객의 수뿐만 아니라, 체류 시간, 동선 패턴, 성별 및 연령대까지 추정할 수 있다. 이 데이터를 통해 특정 상가가 '구매력이 높은 40대 가족 단위 방문객이 오래 머무는 곳'인지, 아니면 '젊은 층이 잠깐 머물다 가는 곳'인지를 파악할 수 있다. 이는 상가 임차인에게는 마케팅 전략 수립의 근거를, 건물주에게는 임대료 책정과 자산 가치 평가의 객관적인 기준을 제시한다.

이처럼 공공, 민간, IoT 데이터는 각기 다른 차원에서 도시를 조망하며, 이들을 융합할 때 비로소 우리는 도시와 부동산에 내재된 보이지 않는 가치의 총체에 다가설 수 있다. 데이터는 더 이상 단순한 숫자의 나열이 아니라, 도시의 미래를 읽고 설계하는 가장 강력한 언어가 되고 있다.

4. 도시공간에서 데이터 수집 방식의 변화 흐름을 고찰한다

4.1. 1단계: 정적(Static) 기록의 시대 - '기억'에 의존하는 도시

초기의 데이터 수집은 철저히 아날로그 방식에 기반했다. 인구주택총조사와 같이 5년, 10년 주기로 시행되는 대규모 서면 조사가 대표적이다. 이는 특정 시점의 도시를 사진처럼 '박제'하는 방식이다. 부동산 등기부등본, 토지대장, 건축물대장 등도 중요한 데이터였지만, 이 역시 변화가 발생했을 때 사후적으로 '기록'되는 정적인 정보였다.

(1) 이 시대의 데이터는 저빈도, 표본 기반, 사후 기록이라는 특징을 가진다.

이 시대의 데이터는 저빈도, 표본 기반, 사후 기록이라는 특징을 가진다. 도시의 거대한 흐름을 파악하는 데는 유용했지만, 그 흐름을 만들어내는 미시적인 동인이나 실시간 변화를 포착하는 데는 명백한 한계가 있었다. 마치 도시의 뼈대를 어렴풋이 그릴 수는 있었으나, 그 안에서 흐르는 피와 신경의 움직임은 상상에 맡겨야 하는 것과 같았다.

4.2. 2단계: 디지털(Digital) 흔적의 시대 - '행동'을 추적하는 도시.

인터넷과 모바일 기기의 보급은 데이터 수집의 패러다임을 근본적으로 바꾸었다. 사람들은 의식하지 못하는 사이, 디지털 세상에 자신의 '행동 흔적(Digital Footprint)'을 남기기 시작했다. 통신사의 기지국 접속 기록은 유동인구 데이터가 되었고, 신용카드 결제 내역은 상권 분석의 보고가 되었으며, 내비게이션 앱의 이동 경로는 도시의 동맥과 실핏줄을 명확히 보여주었다.

(1) 디지털 단계의 데이터는 고빈도, 대규모(전수 데이터에 근접), 실시간 기록이라는 특징을 보인다.

이 단계의 데이터는 고빈도, 대규모(전수 데이터에 근접), 실시간 기록이라는 특징을 보인다. 더 이상 표본이 아닌, 도시 구성원 대다수의 움직임과 소비 패턴을 거의 실시간으로 추적할 수 있게 된 것이다. 공공데이터 역시 전산화되면서 접근성과 활용성이 비약적으로 높아졌다. 이로써 우리는 도시의 뼈대 위에 근육의 움직임과 혈액의 흐름까지 관찰할 수 있게 되었다.

4.3. 3단계: 사물인터넷(IoT) 감각의 시대 - '스스로 감지'하는 도시

현재와 미래의 데이터 수집은 도시 자체가 하나의 거대한 센서가 되는 사물인터넷(IoT) 시대로 나아가고 있다. 스마트 가로등은 단순히 빛을 밝히는 것을 넘어 미세먼지 농도와 소음 수준을 측정하고, 주차장의 빈자리는 센서가 실시간으로 파악하여 운전자에게 정보를 전달하며, 건물의 에너지 관리 시스템은 시간대별 전력 소비량을 자동으로 기록한다.

(1) IoT 데이터 시대의 특징은 초실시간, 초연결, 상황 인지다

IoT 데이터 시대의 특징은 초실시간, 초연결, 상황 인지다. 이는 사람의 '행동'을 넘어 도시의 '상태' 그 자체를 직접적으로 감지(Sensing)한다. 온도, 습도, 조도, 진동, 공기의 질 등 인간의 오감으로는 정량화할 수 없었던 도시의 물리적 환경 정보가 촘촘한 데이터 신경망을 통해 수집된다. 이제 도시는 자신의 건강 상태를 스스로 진단하고, 문제가 발생하면 즉각적으로 알리는 살아있는 유기체로 진화하고 있다.

4.4. 가상 사례로 본 데이터 수집 방식의 진화

현재와 미래의 방식(디지털 흔적 + IoT 감각 시대) 가상 사례 1

쇠락한 공구상가 골목 '철물길'의 부활 프로젝트

1) **문제:** 서울의 오래된 공구상가 골목 '철물길'은 주력 산업의 쇠퇴와 함께 방문객이 급감하여 활기를 잃어가고 있다. 지자체는 이 골목을 되살리고자 한다.

2) **과거의 방식(정적 기록 시대):** 담당 공무원이 직접 현장을 방문하여 상인들을 대상으로 설문조사를 진행하고, 월별 사업자 휴폐업 신고 건수(공공데이터)를 분석한다. 이를 통해 '방문객 감소'와 '매출 하락'이라는 피상

적인 결론을 얻지만, 왜, 누가, 언제 방문하지 않는지에 대한 구체적인 원인은 파악하기 어렵다.

3) **현재와 미래의 방식**(디지털 흔적 + IoT 감각 시대):

(1) **데이터 수집**: 골목 주요 지점에 IoT 기반 유동인구 카운터와 환경 센서(소음, 조도)를 설치한다. 통신사와 협력하여 익명화된 모바일 위치 데이터를 확보하고, SNS에서 '#철물길' 관련 게시물을 크롤링(Crawling)하여 텍스트와 사진 데이터를 수집한다.

(2) **데이터 분석 및 통찰**: IoT 센서는 주중 낮 시간대 유동인구는 많지만 평균 체류 시간이 매우 짧고, 주말에는 거의 사람이 없다는 것을 보여준다. 모바일 데이터 분석 결과, 주중 방문객은 대부분 주변 직장인으로, 점심시간에 식사를 위해 잠시 들를 뿐 소비로 이어지지 않음을 확인한다. 반면, SNS 데이터에서는 놀라운 사실이 발견된다. 낡고 거친 철물길의 분위기를 '힙스터 감성', '인더스트리얼 무드'로 여기는 소수의 20대들이 주말에 찾아와 사진을 찍고 가는 패턴이 포착된 것이다. 이들은 조도가 낮은 어두운 골목이나 소음이 적은 구석진 곳을 배경으로 선호했다.

(3) **솔루션**: 지자체는 무작정 골목을 현대화하는 대신, SNS에서 포착된 '날것의 감성'을 유지하는 방향으로 재생 전략을 수립한다. 낡은 간판을 보존하고, 젊은 아티스트들과 협업하여 골목 곳곳에 포토존을 설치한다. 또한, IoT 센서로 파악된 어둡고 조용한 구역에 감각적인 조명을 설치하여 야간 방문을 유도하고, 소규모 독립서점이나 카페의 입점을 지원한다.

(4) **결과:** 철물길은 공구상가라는 기존의 정체성을 유지하면서도, 젊은 층이 즐겨 찾는 새로운 문화 공간으로 거듭난다. 데이터는 쇠락의 원인을 진단했을 뿐만 아니라, 그 안에 숨겨진 새로운 가능성을 발견하는 '도시의 감각' 역할을 수행한 것이다.

현재와 미래의 방식(디지털 흔적 + IoT 감각 시대) 가상 사례 2

신도시 '그린 스마트시티'의 어린이 안심 통학로 설계

1) **문제:** 대규모 아파트 단지로 구성될 신도시 '그린 스마트시티'의 최대 관심사 중 하나는 아이들의 안전한 통학 환경이다.

2) **과거의 방식**(정적 기록 시대): 지도 위에 학교와 주거 단지를 표시하고, 최단 거리를 중심으로 통학로를 지정한다. 교통안전 전문가의 자문을 받아 횡단보도 위치나 과속방지턱 개수를 결정한다. 이는 물리적 거리와 일반적인 원칙에 기반한 설계다.

3) **현재와 미래의 방식**(디지털 흔적 + IoT 감각 시대):

(1) **데이터 수집:** 통학로 예정 구간에 스마트 CCTV, 속도 감지 센서, 불법 주정차 감지 센서를 설치한다. 학생들에게는 비상 호출 기능이 있는 스마트 안전 태그(Beacon)를 배포한다. 또한, 인근 지역의 교통사고 데이터(공공)와 내비게이션 앱의 급정거·급가속 구간 데이터(민간)를 확보한다.

(2) **데이터 분석 및 통찰:** 수집된 데이터를 실시간으로 분석한 결과, 최단 거리 통학로 중 특정 구간에서 출근 시간대 차량의 평균 속도가 높고, 불법 주정차로 인해 시야 확보가 어려운 '위험 포인트'들이 식별된다. 내비게이션 데이터는 운전자들이 자주 급정거하는 잠재적 사고 위험 지역을 정확히 짚어준다. 스마트 안전 태그의 이동

경로는 아이들이 실제로는 최단 거리보다 공원을 가로지르는 길을 더 선호한다는 예상 밖의 사실을 알려준다.

(3) **솔루션:** 데이터 분석 결과를 바탕으로 통학로를 재설계한다. 단순히 최단 거리가 아닌, 아이들이 선호하며 안전이 확보된 공원길을 '공식 안심 통학로'로 지정한다. 위험 포인트로 식별된 구간에는 AI 기반 스마트 CCTV가 과속이나 불법 주정차 차량을 자동으로 감지하여 경고하고, 바닥 신호등과 음성 안내 시스템을 설치한다. 특정 시간대에는 차량 통행을 제한하는 '시간제 차량 통제 시스템'을 도입한다.

(4) **결과:** 그린 스마트시티는 서류상의 안전이 아닌, 데이터로 검증된 실질적인 안심 통학 환경을 구축한다. 이는 학부모들의 주거 만족도를 극대화하며, '안전'이라는 사회적 가치를 부동산의 핵심적인 가치로 증명해 보인다. 도시는 스스로 위험을 감지하고, 가장 약한 구성원을 보호하는 능동적인 주체로 기능하게 된다.

제2장

부동산의 전통적 가치평가 방식과 그 한계

1. 도시부동산 관련 비교사례 접근법의 구조와 한계를 분석한다.

부동산의 가치를 평가하는 가장 전통적이고 직관적인 방법은 무엇일까? 바로 거래사례비교법이다. 이는 "내가 가진 부동산과 비슷한 물건이 최근 얼마에 팔렸는가?"라는 지극히 상식적인 질문에서 출발한다. 시장 참여자 대부분이 무의식적으로 사용하는 이 방식은 오랫동안 감정평가의 가장 핵심적인 도구로 기능해왔다.

그러나 도시가 뿜어내는 데이터의 양과 종류가 폭발적으로 증가한 오늘날, 우리는 이 전통적인 잣대가 얼마나 많은 '보이지 않는 가치'를 놓치고 있는지, 그 명확한 한계를 직시해야 할 필요가 있다.

1.1. 비교사례 접근법의 구조: 합리성을 향한 노력

거래사례비교법은 주관을 배제하고 객관적인 가치를 산출하기 위한 나름의 합리적인 구조를 갖추고 있다. 그 과정은 크게 네 단계로 이루어진다.

(1) **거래사례의 선정:** 평가하려는 대상 부동산과 위치, 종류, 규모, 용도 등이 유사한 부동산의 최근 거래사례를 수집한다. '인근 지역'에 위치한 '유사 부동산'의 '최근' 거래라는 세 가지 조건이 핵심이다.

(2) **사정보정 및 시점수정:** 선정된 거래사례에 특수한 사정(예: 급매, 지인 간 거래)이 개입되었다면 이를 정상적인 수준으로 보정한다. 이후 거래가 이루어진 과거 시점의 가격을 현재 시점의 가치로 환산하는 시점수정을 거친다. 이는 시장의 가격 변동률을 반영하는 과정이다.

(3) **지역요인 및 개별요인 비교:** 사례 부동산이 속한 지역과 대상 부동산이 속한 지역의 특성 차이(예: 상권의 성숙도, 접근성)를 비교하여 보정한다. 나아가 두 부동산의 개별적인 특성(예: 층, 향, 전망, 도로 접면 상태, 노후도)의 우열을 비교하여 가격을 가감한다.

(4) **가치 산정:** 위 모든 보정 과정을 거친 가격을 종합하여 대상 부동산의 최종적인 가치를 산출한다.

이러한 구조는 논리적이고 체계적으로 보이지만, 각 단계는 데이터가 부족했던 시대의 산물이라는 태생적 한계를 안고 있다.

1.2. 전통적 접근법의 명백한 한계

빅데이터의 눈으로 볼 때, 거래사례비교법의 한계는 명확하게 드러난다.

(1) **사례의 희소성과 대표성 문제:** 모든 부동산에 적절한 비교사례가 존재하는 것은 아니다. 특히 상업용 빌딩이나 단독주택, 토지처럼 이질성이 강한 부동산은 유사한 거래사례를 찾기조차 어렵다. 설사 사례를 찾았다 하더라도, 단 몇 건의 거래가 과연 시장 전체를 대

표할 수 있는가 하는 문제가 남는다. 특정 거래가 비정상적으로 높거나 낮게 체결되었다면, 이를 기준으로 한 평가는 시장을 왜곡할 수 있다.

(2) **보정치의 주관성 개입:** 한계는 보정 과정에서 더욱 증폭된다. '남향'은 '동향'보다 정확히 몇 퍼센트 더 가치가 있는가? '지하철역에서 5분 거리'와 '10분 거리'의 가치 차이는 얼마로 계산해야 하는가? 이러한 요인 비교는 평가사의 경험과 주관에 크게 의존할 수밖에 없다. 이는 동일한 부동산이라도 누가 평가하는가에 따라 결과가 달라질 수 있음을 의미하며, 객관성을 담보하기 어려운 지점이다.

(3) **'보이지 않는 요인' 포착의 실패:** 거래사례비교법은 등기부등본이나 건축물대장에 기록된 물리적 요인에 집중한다. 하지만 부동산의 진짜 가치는 눈에 보이지 않는 곳에 숨어있는 경우가 많다. 특정 지역에 대한 SNS상의 긍정적 여론, 주변 상권의 활력도 변화, 잠재적인 개발 호재에 대한 기대감, 실제 생활 환경의 쾌적성(소음, 일조량) 등은 전통적인 평가 방식으로는 결코 측정할 수 없는 영역이다.

(4) **정보의 시차(Time Lag) 문제:** 이 방식은 본질적으로 '과거'의 데이터를 기반으로 한다. 급변하는 시장 상황에서 몇 달 전의 거래 가격은 이미 낡은 정보일 수 있다. 시장의 현재 맥박이나 미래의 가능성을 반영하지 못하고, 언제나 시장의 변화를 뒤따라갈 수밖에 없는 구조적 지체를 안고 있다.

1.3. 가상 사례로 본 비교사례 접근법의 맹점

빅데이터가 발견한 진실 가상 사례 1

잠자는 상권, '공방 골목'의 오래된 상가

[잭잭] [웹툰 스케치업 배경] : 네이버 블로그

1) **대상 부동산:** 도심 외곽의 낡은 2층 상가. 인근에는 몇 개의 소규모 공방과 오래된 식당만 있을 뿐, 유동인구가 거의 없어 상권이 죽어있다는 평가를 받는다.

2) **전통적 접근법:** 평가사는 인근 지역의 유사한 낡은 상가 거래사례 2건을 찾아낸다. 두 사례 모두 낮은 가격에 거래되었다. 지역요인 분석에서 '상권 미성숙', '접근성 불량'으로 평가하고, 개별요인 역시 '건물 노후'를 이유로 가치를 낮게 책정한다. 최종 평가액은 3.3㎡당 2,000만 원으로 산출된다.

3) **빅데이터가 발견한 진실:**

(1) **SNS 데이터 분석:** 인스타그램과 블로그에서 이 '공방 골목'을 '#숨은명소', '#감성골목' 등의 키워드로 언급하는 게시물이 최근 6개월간 500% 급증했다. 특히 20~30대 여성들 사이에서 '독특한 분위기의 데이트 코스'로 입소문이 나고 있었다.

(2) **카드 매출 데이터 분석:** 골목 내 공방과 식당의 주말 오후 시간대 카드 매출액이 1년 전 대비 80% 증가했으며, 결제 고객의 70%가 외지에서 유입된 것으로 확인된다.

(3) **뉴스 데이터 분석:** 3km 떨어진 곳에 대규모 미술관이 1년 내 개관 예정이라는 뉴스 기사가 다수 검색된다. 이는 잠재적인 문화 연계 상권으로 발전할 가능성을 시사한다.

4) **결론:** 전통적 접근법은 현재의 물리적 상태와 과거의 거래 기록에만 매몰되어, 데이터 속에 명확히 드러나는 상권의 '성장 에너지'와 '미래 가치'를 완전히 놓쳤다. 이 상가의 보이지 않는 가치는 이미 3.3㎡당 2,000만 원을 훌쩍 뛰어넘어 꿈틀대고 있었다.

빅데이터가 발견한 진실 가상 사례 2

쌍둥이 아파트의 서로 다른 가치

스페인 쌍둥이 아파트 https://realty.chosun.com/

1) **대상 부동산:** '스카이팰리스' 아파트 101동 1502호(84㎡).

2) 비교사례: 바로 옆집인 101동 1503호(84㎡). 2개월 전 20억 원에 거래되었다. 층, 면적, 구조가 완전히 동일하다.

3) 전통적 접근법: 평가사는 완벽한 비교사례를 찾았다고 판단한다. 2개월간의 시장 상승률(시점수정) 1%를 반영하고, 다른 조건은 모두 동일하므로 추가적인 보정 없이 대상 부동산(1502호)의 가치를 약 20억 2,000만 원으로 평가한다.

4) 빅데이터가 발견한 진실:

(1) **비정형 데이터 분석:** 1503호 매도인은 거래 전 자신의 블로그에 '유명 디자이너와 함께한 1억 5천만 원 상당의 올 수리 인테리어' 과정을 상세히 기록했다. 이는 거래 가격에 '인테리어 프리미엄'이 포함되었음을 의미한다. 반면 1502호는 입주 당시의 기본 상태다.

(2) **IoT 환경 데이터 분석:** 단지 내에 설치된 IoT 센서 데이터에 따르면, 1502호는 왕복 8차선 도로와 인접하여 평균 소음도가 65dB에 달하는 반면, 1503호는 단지 안쪽을 향하고 있어 50dB 수준으로 훨씬 조용하다.

(3) **위성사진 및 조망권 데이터 분석:** 최근 1502호 전면에 새로운 오피스텔이 신축되면서 조망이 일부 가려졌다는 사실이 위성사진 변화 탐지를 통해 확인된다. 1503호는 여전히 탁 트인 공원 조망을 유지하고 있다.

5) 결론: 거래사례비교법은 공식 서류상 '쌍둥이'인 두 아파트를 동일하게 취급하는 치명적인 오류를 범했다. 눈에 보이지 않는 인테리어의 질, 소음 수준, 실제 조망권의 차이라는 핵심적인 가치 변수를 전혀 반영하지 못했다. 데이터 기반 분석은 이 두 아파트의 가치가 결코 같을 수 없음을 명백히 증명한다.

정리하면, 거래사례비교법은 도시와 부동산을 이해하는 고전적인 문법임에는 틀림없다. 그러나 이제 우리는 그 문법만으로는 도시가 쓰는 새로운 소설을 읽어낼 수 없는 시대에 살고 있다. 경험에 의존한 평가의 시대를 지나, 데이터 과학에 기반한 가치 분석의 시대로 나아가는 것, 그것이 바로 보이지 않는 가치를 읽어내는 여정의 시작이다.

2. 도시부동산 관련 수익환원법의 실제 적용성과 한계를 설명한다.

부동산의 가치를 그것이 미래에 벌어들일 '수익'에서 찾는 접근법이 있다. 바로 수익환원법이다. 이는 "이 부동산이 앞으로 나에게 얼마만큼의 돈을 벌어다 줄 것인가?"라는 투자자의 근원적인 질문에 답하는 방식이다.

특히 임대수익을 목적으로 하는 상업용, 업무용 부동산의 가치를 평가하는 데 있어 거래사례비교법과 함께 가장 중요한 잣대로 활용된다. 그러나 미래를 예측해야 한다는 본질적인 속성 때문에, 이 방법론은 데이터의 해석과 적용에 따라 눈부신 통찰력을 제공하기도, 치명적인 착시를 일으키기도 한다.

2.1. 수익환원법의 구조: 미래 수익의 현재화

수익환원법의 핵심 논리는 간단하다. 부동산이 창출할 것으로 기대되는 '장래의 순수익'을 적정한 '환원율'로 나누어 현재 시점의 가치를 산정하는 것이다. 그 구조는 다음과 같다.

부동산 가치 = 순영업소득(Net Operating Income) ÷ 환원율(Capitalization Rate)

(1) **순영업소득(NOI)의 추정**: 이는 평가의 가장 기초가 되는 작업으로, 부동산이 1년간 벌어들일 것으로 예상되는 총수입에서 각종 경비를 뺀 순수한 이익을 계산하는 과정이다. 임대료, 관리비 등 모든 수입을 합산한 '가능총소득'에서 공실이나 임대료 미납에 따른 손실을 빼고, 이후 재산세, 유지관리비, 보험료 등 부동산 운영에 필요한 모든 '영업경비'를 차감하여 산출한다. 이 과정은 대상 부동산의 운영 효율성과 수익 창출 능력을 객관적으로 측정하는 단계다.

(2) **환원율(Cap Rate)의 결정**: 환원율은 수익환원법의 화룡점정이라 할 수 있는 가장 중요하고도 어려운 과정이다. 이는 투자자가 해당 부동산에 대해 기대하는 '최소한의 연간 수익률'을 의미하며, 시장의 금리, 부동산의 위험도, 미래 성장 가능성 등이 모두 반영된 복합적인 지표다. 일반적으로 유사한 부동산의 거래사례에서 역산하거나, 투자자 설문, 금융시장의 지표 등을 종합하여 결정한다. 환원율이 낮다는 것은 그만큼 부동산이 안정적이고 성장 가능성이 높다고 시장이 판단함을 의미하며, 이는 곧 높은 부동산 가치로 이어진다.

이처럼 수익환원법은 미래의 현금흐름을 기반으로 부동산의 내재 가치를 평가하는 지극히 합리적인 투자자의 관점을 제공한다. 특히 안정적인 임대수익이 발생하는 오피스 빌딩, 쇼핑몰, 호텔 등의 가치를 평가하는 데 매우 효과적이다.

2.2. 실제 적용의 한계와 데이터의 역할

논리적 명쾌함에도 불구하고, 수익환원법은 '미래 예측'이라는 근본적인 불확실성을 내포하고 있어 여러 한계에 부딪힌다.

(1) **미래 소득 예측의 어려움:** 현재의 임대수익이 미래에도 계속되리라는 보장은 없다. 경기 변동, 주변 상권의 변화, 새로운 경쟁 부동산의 출현 등으로 인해 공실률이 높아지거나 임대료가 하락할 수 있다. 미래의 순영업소득을 얼마나 정확하게 예측하느냐가 평가의 신뢰도를 좌우하지만, 이는 결코 쉬운 일이 아니다.

(2) **환원율 결정의 주관성:** 환원율은 시장 상황을 반영하는 객관적 지표처럼 보이지만, 그 결정 과정에는 평가사의 주관이 개입될 여지가 크다. 어떤 비교사례를 선택하고, 시장의 위험을 어느 정도로 반영하느냐에 따라 환원율은 미세하게 달라진다. 그러나 0.1%의 환원율 차이가 수십억 원의 가치 차이를 만들어낼 수 있기에, 환원율은 언제나 논쟁의 중심에 서게 된다.

(3) **단기적 시장 변화 반영의 어려움:** 전통적인 수익환원법은 안정적인 장기 수익을 가정한다. 이 때문에 단기적인 시장의 충격이나 급격한 트렌드 변화, 특정 이벤트로 인한 가치의 급등락을 민첩하게 반영하지 못하는 경향이 있다.

이러한 한계는 역설적으로 빅데이터의 중요성을 부각시킨다. 과거의 경험이나 제한된 정보에 의존하여 순영업소득과 환원율을 추정하는 대신, 방대한 데이터를 통해 미래를 예측하고 위험을 계량화함으로써 수익환원법의 정확성을 비약적으로 높일 수 있다.

2.3. 가상 사례로 본 수익환원법의 명과 암

전통적 접근법 적용 가상 사례 1

'만실 우량 빌딩'의 보이지 않는 균열

1) **대상 부동산:** 강남 테헤란로에 위치한 15층 규모의 오피스 빌딩. 우량 IT 기업 및 금융사가 5년 이상의 장기 계약으로 입주해 있어 공실률 2% 미만의 완벽한 '만실' 상태를 자랑한다.

2) **전통적 접근법:** 평가사는 현재의 임대차 계약서를 기반으로 안정적인 순영업소득을 산출한다. 인근 유사 빌딩의 거래사례를 참고하여 매우 낮은 환원율(예: 4.0%)을 적용한다. 그 결과, 대상 빌딩의 가치는 시장 최고가 수준인 3,000억 원으로 평가된다. 이 평가는 현재의 재무 상태만 보면 흠잡을 데 없이 완벽하다.

3) 빅데이터가 발견한 진실:

(1) **산업 동향 및 기업 데이터 분석:** 빌딩의 40%를 임차한 핵심 IT 기업의 최근 실적이 악화되고 있으며, 주력 사업이 사양 산업으로 분류되고 있다는 뉴스 데이터와 증권사 리포트가 다수 포착된다. 또한, 해당 기업이 최근 판교에 신사옥 부지를 매입했다는 공시 정보가 확인된다. 이는 5년 후 재계약 가능성이 매우 낮음을 시사한다.

(2) **공급 및 수요 데이터 분석:** 건축 인허가 데이터(공공)를 분석한 결과, 3년 내 인근에 초대형 오피스 3개가 추가로 공급될 예정이다. 반면, 통신사 데이터 기반의 오피스 인구 이동 분석 결과, 최근 1년간 강남에서 판교, 성수 등 신흥 업무지구로의 인력 순유출이 감지된다.

4) **결론:** 전통적 수익환원법은 '현재의 안정성'이라는 달콤한 함정에 빠

져, 데이터가 경고하는 '미래의 공실 리스크'와 '공급 과잉'을 간과했다. 빅데이터 분석을 통해 미래의 순영업소득 하락 가능성과 그에 따른 위험을 반영하여 환원율을 상향 조정(예: 4.5%)했다면, 빌딩의 가치는 수백억 원 낮게 평가되었을 것이다. 데이터는 화려한 현재 너머의 잠재적 위기를 읽어내는 망원경 역할을 한다.

전통적 접근법 적용 가상 사례 2
'저수익 물류창고'의 잠자는 거인

수도권 물류센터 매매가, 반년새 23% 하락 - 매일일보

1) **대상 부동산:** 수도권 외곽의 낡은 저온 물류창고. 소수의 영세업체들과 단기 계약으로 근근이 임대수익을 내고 있어 수익률이 매우 낮다.

2) **전통적 접근법:** 평가사는 낮은 임대료와 높은 공실 가능성을 반영하여 순영업소득을 매우 보수적으로 추정한다. 낡은 시설과 불안정한 임차인 구성을 이유로 높은 환원율(예: 7.5%)을 적용한다. 그 결과, 대상 창고는 토지 가치에도 못 미치는 100억 원으로 평가된다.

3) **빅데이터가 발견한 진실:**

(1) **소비 및 물류 데이터 분석:** 온라인 쇼핑몰의 신선식품 새벽배송 서

비스가 폭발적으로 성장하고 있으며, 해당 창고가 위치한 지역이 수도권 핵심 배송 권역의 '라스트마일(Last-mile)' 거점으로서 최적의 입지임을 물류 데이터 분석을 통해 확인한다.

(2) **교통 데이터 분석:** 내비게이션 앱의 경로 분석 결과, 1년 내 개통 예정인 신규 고속도로 IC가 바로 인근에 건설 중이며, 이로 인해 서울 주요 도심까지의 운송 시간이 30분 이상 단축될 것으로 예측된다.

(3) **IoT 센서 데이터 분석:** 유사한 입지의 최신 저온 물류창고에 설치된 IoT 센서 데이터를 분석한 결과, 자동화 설비와 효율적인 온도 관리 시스템을 도입할 경우, 운영비(영업경비)를 현재보다 40% 절감할 수 있다는 시뮬레이션 결과를 얻는다.

4) **결론:** 수익환원법은 현재의 초라한 수익에만 갇혀 부동산의 잠재력을 완전히 무시했다. 빅데이터는 해당 창고가 단순한 낡은 건물이 아니라, 미래 유통 전쟁의 핵심 거점으로 변모할 수 있는 '잠자는 거인'임을 증명했다. 미래의 예상 임대료 상승, 운영비 절감, 입지적 가치 급등을 반영하여 순영업소득을 재산정하고 환원율을 낮게(예: 5.0%) 재조정한다면, 이 창고의 가치는 250억 원 이상으로 재평가될 수 있다. 데이터는 현재의 가치가 아닌, 미래의 가능성에 투자하는 길을 비추는 등대가 된다.

3. 도시부동산 관련 원가법의 적용 조건과 실효성을 진단한다.

부동산의 가치를 평가하는 세 가지 큰 축 중, 가장 원초적인 질문을 던지는 방식이 있다. 바로 원가법이다. 이는 "만약 이 건물을 지금 똑같이 다시 짓는다면 비용이 얼마나 들까?"라는 생각에서 출발한다. 건물의 물리적 실체, 즉 '비용' 그 자체에 집중하는 이 방식은 특정 상황에서 필수적인 잣대가 되지만, 시장의 역동적인 욕망과 보이지 않는 가치를 제대로 담아내지 못하는 명백한 한계를 동시에 지닌다.

3.1. 원가법의 구조: 가치의 재구성과 감가

원가법은 대상 부동산의 현재 가치를 그것의 재조달원가에서 감가액을 빼서 산출한다. 마치 새로 산 자동차의 가격에서 중고가 될수록 가치가 떨어지는 부분을 빼는 것과 유사한 논리다.

부동산 가치 = 재조달원가(Reproduction Cost) - 감가누계액(Accumulated Depreciation)

1) **재조달원가의 산정:** 이는 현재 시점에서 대상 건물과 동일한 구조, 디자인, 자재를 사용하여 신축하는 데 드는 총비용을 의미한다. 여기에는 단순히 공사비뿐만 아니라, 설계비, 각종 인허가 비용, 그리고 건설 기간 동안의 금융비용과 개발업자의 적정 이윤까지 포함된다. 즉, 건물을 '재생산'하는 데 필요한 모든 비용의 합이다.

2) **감가수정:** 원가법의 핵심이자 가장 어려운 과정이다. 시간의 흐름에 따라 발생하는 가치의 손실을 보정하는 작업으로, 크게 세 가지 요인을 고려한다.

(1) **물리적 감가:** 건물의 노후화, 마모, 파손 등 눈에 보이는 물리적인 상태 저하로 인한 가치 하락이다.

(2) **기능적 감가:** 건물의 기능적인 문제로 인한 가치 하락이다. 설계의 진부함(낮은 층고, 비효율적인 평면), 설비의 노후(구식 냉난방 시스템, 엘리베이터 부재), 시대에 뒤떨어진 마감재 등이 여기에 해당한다.

(3) **경제적 감가:** 부동산 외부의 환경 변화로 인한 가치 하락이다. 인근

지역의 쇠퇴, 유해시설의 입주, 소음이나 공해 발생, 법적 규제의 강화 등 부동산 자체의 문제가 아닌 외부 요인에 의해 발생하는 가치 손실을 의미한다.

이러한 구조를 통해 원가법은 건물이라는 물리적 자산의 비용적 측면을 논리적으로 분석한다.

3.2. 적용 조건과 실효성: 언제 유용하고 언제 무력한가

원가법은 모든 부동산에 동일하게 적용될 수 없으며, 그 유효성은 특정 조건하에서만 발휘된다.

3.2.1. 원가법이 유용한 경우:

(1) **신축 또는 준신축 건물:** 지은 지 얼마 되지 않은 건물은 감가할 부분이 적어, 재조달원가가 곧 시장가치와 유사한 수준을 보일 가능성이 높다.

(2) **특수목적용 부동산:** 학교, 관공서, 교회, 도서관, 병원 등은 일반적인 거래 시장이 형성되어 있지 않고, 임대수익을 목적으로 하지도 않는다. 따라서 비교할 사례나 수익을 찾기 어려워, 그 가치를 비용의 관점에서 평가하는 원가법이 가장 합리적인 대안이 된다.

(3) **보험가액 산정 등:** 화재 등으로 건물이 소실되었을 때, 이를 복구하는 데 드는 비용을 산정하여 보험금을 지급해야 할 경우 원가법적 사고가 필수적으로 사용된다.

3.2.2. 원가법의 명백한 한계:

(1) **오래된 건물의 감가수정 문제:** 낡은 건물의 가치를 평가할 때, 수십 년간 누적된 물리적, 기능적, 경제적 감가를 정확하게 측정하는 것

은 거의 불가능에 가깝다. 감가 요인의 판단과 적용이 평가사의 주관에 크게 의존하게 되어 평가 결과의 신뢰도가 급격히 떨어진다.

(2) **토지 가치의 완전한 무시:** 원가법은 철저히 '건물'의 가치에만 집중한다. 그러나 서울 강남의 빌딩처럼, 부동산의 전체 가치에서 건물이 차지하는 비중보다 토지의 가치가 압도적으로 높은 경우가 대부분이다. 원가법은 시장의 수요와 공급에 따라 결정되는 토지의 위치적 가치, 즉 '입지의 힘'을 전혀 설명하지 못한다.

(3) **시장성의 부재:** 부동산의 가치는 비용으로만 결정되지 않는다. 주변 개발 호재에 대한 기대감, 특정 지역에 대한 선호도, 브랜드 가치 등 시장 참여자들의 심리와 욕망이 가격에 큰 영향을 미친다. 원가법은 이러한 시장의 역동성을 반영하지 못하고, '비용=가치'라는 경직된 등식을 고수하는 한계를 가진다.

3.3. 가상 사례로 본 원가법의 적용과 오작동

원가법의 적용 가상 사례 1

신축 세종시 국립어린이박물관 가치 평가

1) **대상 부동산:** 최근 완공된 세종시의 국립어린이박물관. 최첨단 설계와 친환경 자재로 지어졌으며, 공공 목적으로 운영된다.

2) **문제 상황:** 정부는 해당 자산의 가치를 국가 재무제표에 등재해야 한다.

3) **원가법의 적용:** 이 박물관은 거래사례가 없고 임대수익도 발생하지 않으므로, 비교사례 접근법이나 수익환원법 적용이 불가능하다. 원가법이 유일한 대안이다. 평가사는 투입된 총공사비, 설계비, 감리비 등의 데이터를 기반으로 재조달원가를 산정한다. 신축이므로 감가수정은 거의 필요 없다.

세종 국립어린이박물관_Architect & Architecture

4) **빅데이터의 역할:** 이때 빅데이터는 '재조달원가' 산정의 정확도를 높인다. 과거의 유사 공공 건축물 비용 데이터를 분석하는 것을 넘어, 실시간 자재 가격 변동 데이터, 건설기술자 인건비 데이터, 전국 공공입찰 데이터 등을 종합 분석하여 가장 현재 시점에 가까운 정밀한 비용을 추정한다. 이를 통해 원가법의 가장 중요한 요소인 재조달원가의 객관성과 신뢰도를 확보하여, 공공자산의 가치를 합리적으로 평가하게 된다.

원가법의 적용 가상 사례 2

서울 익선동의 70년 된 한옥 상가 가치 평가

1) **대상 부동산:** 서울 익선동 골목에 위치한 70년 된 낡은 한옥. 현재는 비어있고, 지붕 일부가 내려앉는 등 상태가 매우 좋지 않다.

2) **문제 상황:** 소유주는 해당 한옥의 시장가치가 궁금하다.

3) **원가법의 오작동:** 평가사가 원가법을 적용하면, 재조달원가(한옥을 새로 짓는 비용)는 높게 산정될 수 있으나, 70년간의 감가상각이 너무 크다. 물리적 감가(노후화), 기능적 감가(현대 생활에 부적합한 구조), 경제적 감가(과거 주거지에서 상업지로의 변화)를 모두 반영하면 건물의 가치는 '0'에 가깝거나 심지어 철거비용을 고려해 마이너스로 평가될 수도 있다.

익선동 한옥거리 https://www.ibtravel.co.kr/

4) 빅데이터가 밝혀낸 시장의 진실:

(1) **유동인구 및 SNS 데이터 분석**: 통신사 데이터 분석 결과, 익선동 골목은 주말에 시간당 수천 명이 방문하는 서울의 핵심 상권임이 확인된다. 인스타그램에는 '#익선동한옥', '#레트로감성' 태그가 붙은 게시물이 수백만 건에 달하며, 방문객들은 낡고 불편한 이 분위기 자체를 소비하고 있었다.

(2) **카드 매출 데이터 분석**: 인근 한옥을 개조한 카페와 식당들은 3.3㎡당 전국 최고 수준의 매출을 기록하고 있다. 이는 낡은 한옥의 '잠재적 수익 창출 능력'이 엄청나다는 것을 의미한다.

(3) **비교사례 분석**: 최근 익선동에서 거래된 유사한 낡은 한옥들은 원가법으로 산출된 가치와는 비교할 수 없는 매우 높은 가격에 팔렸다. 시장은 건물의 물리적 가치가 아닌, '익선동'이라는 입지가 가진 희소성과 상업적 매력에 가격을 지불하고 있었다.

5) **결론**: 원가법은 이 한옥의 가치를 '비용'의 관점에서만 바라봄으로써, 시장이 열광하는 '이야기'와 '분위기', '장소성'이라는 핵심 가치를 완전히 놓쳤다. 낡음이 감가의 대상이 아니라 오히려 가치의 원천이 되는

역설적인 상황을 전혀 설명하지 못한다. 이 한옥의 진짜 가치는 비용의 합이 아닌, 시장의 욕망과 데이터가 증명하는 잠재력에 있었다.

종합하면, 원가법은 부동산 가치 평가의 기초 체력을 기르는 중요한 훈련법과 같다. 그러나 실제 시장이라는 복잡한 경기에 나서기 위해서는, 비용이라는 잣대를 넘어 시장의 흐름을 읽는 비교의 지혜와 미래를 예측하는 수익의 통찰력을 갖추어 야만 한다. 특히 데이터가 도시의 모든 것을 기록하는 오늘날, 원가법의 한계를 명확히 인식하는 것이야 말로 보이지 않는 가치를 찾아내는 여정의 현명한 출발점이 될 것이다.

제3장

도시부동산 가치 평가를 위해 수집되는 빅데이터의 종류와 특징

1. 도시부동산 관련 위치 기반 데이터: 공간 속 가치를 계량화하다

"부동산은 첫째도 입지, 둘째도 입지, 셋째도 입지다."

이 격언은 부동산의 가치를 논하는 데 있어 불변의 진리처럼 여겨져 왔다. 그러나 무엇이 '좋은 입지'를 만드는가에 대한 질문은 오랫동안 경험과 직관의 영역에 머물러 있었다. 하지만 이제 우리는 빅데이터라는 새로운 현미경을 통해 막연했던 '입지'의 가치를 정밀하게 측정하고 숫자로 증명하는 시대를 맞이하고 있다. 그 중심에 바로 위치 기반 데이터(Location-Based Data)가 있다.

1.1. 위치, 관계를 정의하는 데이터

위치 기반 데이터는 단순히 위도와 경도로 표시되는 절대적인 좌표를 넘어, 특정 지점이 도시 공간 속 다른 요소들과 맺고 있는 '관계'에 대한 모든 정보를 포함한다. 이는 스마트폰의 GPS 신호, 내비게이션의 이동 경로, SNS의 체크인 정보, 지리정보시스템(GIS)상의 수많은 공간 정보

(POI, Points of Interest) 등을 포괄하는 개념이다.

이 데이터는 부동산의 가치를 결정하는 핵심적인 요소들을 객관적인 수치로 변환하는 힘을 가진다.

(1) **접근성(Accessibility)의 정량화**: '역세권'이라는 단어는 더 이상 지하철역까지의 직선거리만을 의미하지 않는다. 위치 기반 데이터는 실제 도보 경로, 횡단보도 대기 시간, 도로의 경사도까지 고려하여 '실질 도보 시간'을 계산한다. 나아가 특정 지점에서 강남, 광화문 등 주요 업무지구까지 대중교통으로 걸리는 시간, 배달 서비스의 평균 도착 시간, 주요 편의시설까지의 이동 편의성 등을 종합하여 '접근성 지수'로 계량화한다.

(2) **중심성(Centrality)의 발견**: 도시의 중심은 단지 지리적 중앙을 의미하지 않는다. 통신사의 유동인구 데이터나 교통카드 데이터를 분석하면, 사람들이 실제로 가장 많이 모이고 흩어지는 '연결의 중심지'를 발견할 수 있다. 이러한 네트워크 분석은 눈에 보이지 않는 도시의 기능적 중심성을 밝혀내고, 특정 부동산이 도시 네트워크에서 얼마나 중요한 허브 역할을 하는지를 평가하는 기준이 된다.

(3) **주변 환경(Neighborhood)의 특성화**: 특정 지역에 어떤 종류의 상점(카페, 학원, 병원 등)이 밀집해 있는지, 주변에 공원이나 녹지는 얼마나 분포하는지, 반대로 유해시설이나 소음원은 어디에 있는지를 GIS 데이터를 통해 정밀하게 분석할 수 있다. 이는 '학군이 좋다', '상권이 발달했다'는 주관적 표현을 객관적 데이터로 뒷받침하며, 특정 부동산이 누리는 외부 환경의 긍정적, 부정적 효과를 명확히 측정하게 한다.

1.2. 가상 사례로 본 위치 데이터의 힘

위치 기반 데이터의 분석 가상 사례 1

슬세권' 지수 개발을 통한 아파트 가치 재평가

1) **문제 상황:** 비슷한 시기에 지어진 동일한 면적의 두 아파트 단지, '파크뷰'와 '리버팰리스'가 있다. 두 단지는 직선거리로 500m밖에 떨어져 있지 않아 전통적인 평가에서는 유사한 가치를 지닌 것으로 평가받는다.

2) **전통적 접근법:** 두 단지 모두 인근 지하철역까지의 거리가 비슷하고, 대단지라는 공통점을 들어 비슷한 수준의 시세를 형성하고 있다고 판단한다.

3) **위치 기반 데이터의 분석:**

(1) **데이터 수집:** GIS 데이터를 활용하여 두 단지에서 도보 10분(약 800m) 반경 내에 위치한 모든 편의시설(대형마트, 카페, 병원, 은행, 공원, 도서관 등)의 POI 데이터를 추출한다. 여기에 실제 보행자 도로망 데이터를 결합한다.

(2) **'슬세권' 지수 개발:** 각 편의시설의 종류별로 가중치를 부여하고(예: 스타벅스, 올리브영 등 선호도 높은 프랜차이즈에 높은 가중치), 실제 도보 거리를 기반으로 접근성을 점수화하여 '슬세권(슬리퍼 차림으로 편의시설을 이용할 수 있는 주거 권역) 지수'를 산출한다.

(3) **분석 결과:** 분석 결과, '파크뷰' 아파트는 단지 바로 앞에 대형 상가가 형성되어 있고 공원을 끼고 있어 슬세권 지수가 95점으로 매우 높게 나타났다. 반면, '리버팰리스'는 단지와 편의시설 사이에 왕복 8차선 도로가 가로막고 있어 실제 도보 접근성이 현저히 떨어지며, 슬세권 지수가 40점에 불과했다.

4) **결론:** 위치 기반 데이터는 두 아파트 사이에 존재하는 '보이지 않는 벽(도로)'의 경제적 가치를 명확히 드러냈다. 슬세권 지수라는 새로운 변수를 부동산 가격 예측 모델에 포함시키자, '파크뷰' 아파트의 가치가 '리버팰리스'보다 약 7% 높게 평가되었다. 이는 소비자들이 실생활에서 체감하는 '편리함'이라는 가치를 데이터가 성공적으로 계량화했음을 보여준다.

위치 기반 데이터의 분석 가상 사례 2
예비 창업자를 위한 '상권 궁합' 분석 서비스

연트럴파크 연남동 이탈리안 레스토랑, 미장플라쎄 생생리뷰 - YouTube

1) **문제 상황:** 30대 직장인 김 씨는 모아둔 돈으로 작은 이탈리안 레스토랑을 창업하고자 한다. 후보지로 물망에 오른 연남동과 성수동 중 어디가 더 적합할지 고민에 빠졌다.

2) **전통적 접근법:** 김 씨는 직접 두 지역을 방문하여 유동인구를 눈으로 확인하고, 부동산 중개소에 들러 임대료 시세를 문의한다. 하지만 이는 단편적인 정보이며, 어떤 곳이 자신의 가게와 '궁합'이 맞을지는 여전히 감에 의존해야 한다.

3) 위치 기반 데이터의 분석:

(1) 데이터 수집: 카드사 매출 데이터, 통신사 유동인구 데이터, SNS 체크인 데이터를 확보한다. 업종은 '이탈리안 레스토랑', 연령대는 '30대', 시간대는 '주중 저녁 및 주말'로 필터링한다.

(2) 공간적 상호작용 분석:

- 연남동: 유동인구는 20대가 압도적으로 많으며, 주 소비 업종은 1만 원대의 저가 음식점과 주점이다. 이탈리안 레스토랑의 평균 객단가는 2만 원 수준으로, 김 씨가 구상하는 4~5만 원대 레스토랑과는 차이가 있다. 방문객들은 주로 지하철역 주변의 좁은 반경 내에서 머무는 패턴을 보인다.
- 성수동: 30대 직장인과 가족 단위 방문객의 비중이 높게 나타난다. 특히 주말에는 서울숲을 중심으로 넓은 지역에 걸쳐 사람들이 분포하며, 평균 체류 시간도 연남동보다 길다. 이탈리안 레스토랑의 평균 객단가는 4만 원 이상이며, 와인바나 디자인 편집숍 등 유사한 감성의 업종과 함께 소비되는 경향(Co-location)이 뚜렷하게 나타난다.

4) 결론: 위치 기반 데이터는 김 씨에게 단순한 유동인구 수가 아닌, '누가, 언제, 무엇을, 얼마에 소비하는가'에 대한 정밀한 상권 프로파일을 제공했다. 분석 결과, 김 씨의 타겟 고객과 가격대에 더 부합하는 곳은 성수동이라는 명확한 결론을 내릴 수 있었다. 이는 위치 데이터가 부동산의 물리적 '장소(Place)'를 넘어, 그 안에서 벌어지는 사회경제적 '활동(Activity)'까지 분석하여 최적의 의사결정을 돕는 강력한 도구임을 증명한다.

결론적으로 위치 기반 데이터는 부동산의 가치를 '점(Point)'이 아닌 '망(Network)'의 관점에서 바라보게 한다. 모든 부동산은 도시라는 거대한 네트워크 안에서 다른 노드들과 무수한 관계를 맺고 있으며, 그 관계의 총합이 바로 입지의 가치를 결정한다. 데이터는 이 보이지 않는 관계의 지도를 그려내고, 그 안에 숨겨진 부의 공식을 우리 앞에 펼쳐 보이는 가장 강력한 나침반이 되고 있다.

2. 도시부동산 관련 유동인구 및 이동 데이터: 도시의 맥박을 읽다

도시는 끊임없이 움직이는 생명체다. 이 생명체의 혈액과도 같은 것이 바로 사람들의 흐름, 즉 유동인구(Floating Population)다. 과거 우리는 특정 지점의 가치를 평가할 때, 그곳에 고정된 물리적 자산이나 간헐적인 조사에 의존했다.

그러나 이제 우리는 통신사의 기지국 신호, 교통카드의 태그 기록, 내비게이션 앱의 이동 궤적을 통해 도시의 혈류를 24시간 실시간으로 관찰할 수 있게 되었다. 이 역동적인 이동 데이터(Movement Data)는 도시의 숨겨진 활력과 잠재력을 발견하고, 부동산의 미래 가치를 예측하는 가장 강력한 청진기다.

2.1. 도시의 활력을 측정하는 지표들

유동인구 및 이동 데이터는 단순히 얼마나 많은 사람이 지나다니는지를 넘어, 도시 공간의 성격을 규정하는 다차원적인 정보를 제공한다.

(1) **밀도와 리듬(Density & Rhythm)**: 데이터는 특정 지역에 언제, 얼마나 많은 사람이 집중되는지를 보여준다. 이를 통해 우리는 서류상의 중심지가 아닌, 사람들이 실제로 모여 활기를 만들어내는 '실질적 핫플레이스'를 식별할 수 있다. 또한, 주중과 주말, 낮과 밤의 인구 변화 리듬을 분석함으로써 그 공간이 업무지구인지, 유흥상

권인지, 아니면 정주 환경이 뛰어난 주거지역인지를 명확히 구분하게 된다.

https://carraway.ca

(2) **기점과 종점**(Origin & Destination): 사람들은 어디에서 와서 어디로 가는가? 이 O-D 데이터는 특정 지역의 영향력 범위(Hinterland)를 규명하는 핵심적인 단서다. 주거지의 가치는 그곳에 사는 사람들이 주로 어느 업무지구로 출근하는지와 연결되며, 상권의 가치는 그곳을 찾는 고객들이 어느 지역에서 유입되는지에 따라 결정된다. 이는 보이지 않는 도시의 기능적 연결망을 그려내는 작업이다.

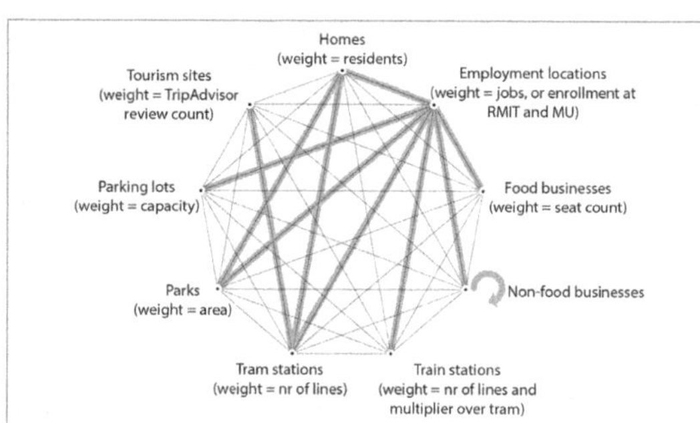

Potential 36 origin-destination pairs for pedestrian trips
https://www.researchgate.net

(3) **인구통계학적 특성(Demographics)**: 이동하는 사람들은 누구인가? 연령, 성별, 직업 등 익명화된 인구통계 정보는 공간의 성격을 더욱 선명하게 만든다. 20대 젊은 층이 모이는 거리와 40대 가족 단위 방문객이 주를 이루는 쇼핑몰은 그 상업적 가치와 적합한 업종이 근본적으로 다를 수밖에 없다.

(4) **체류 시간과 목적(Duration & Purpose)**: 특정 장소에 얼마나 오래 머무는가는 방문의 목적과 만족도를 가늠하는 중요한 척도다. 단순히 스쳐 지나가는 환승객이 많은 지하철역 상권과, 약속을 잡고 찾아와 오랜 시간 머무는 목적지형 상권은 그 질적 가치가 다르다. 체류 시간 데이터는 공간의 단순한 '통과 기능'과 '목적지 기능'을 분리하여 평가하게 해준다.

2.2. 가상 사례로 본 이동 데이터의 통찰력

이동 데이터의 분석 가상 사례 1

신축 아파트의 숨겨진 '주거의 질'을 발견하다

1) **문제 상황**: 비슷한 시기에 입주한 두 신축 아파트 단지, '센트럴자이'와 '포레스트힐'이 있다. 센트럴자이는 지하철역과 더 가깝고, 포레스트힐은 대규모 공원을 끼고 있다. 분양가는 비슷했지만, 향후 어느 단지의 가치 안정성이 더 높을지 예측하고자 한다.

2) **전통적 접근법**: 지하철역 접근성을 최우선으로 고려하여 '센트럴자이'의 우위를 점친다. '공원 조망'은 부가적인 요소로만 평가한다.

3) 이동 데이터의 분석:

(1) **데이터 수집**: 통신사의 모바일 데이터를 통해 두 단지 거주민들의 시간대별, 요일별 체류 패턴을 분석한다.

(2) **분석 결과:**

- 주중 낮: 두 단지 모두 거주 인구가 외부 업무지구로 빠져나가 비슷한 패턴을 보인다.
- 주중 저녁 및 주말: 여기서 극적인 차이가 발견된다. '센트럴자이' 거주민들은 저녁과 주말에도 외부의 다른 상권이나 여가 시설로 이동하는 비율이 높게 나타난다. 반면, '포레스트힐' 거주민들은 단지 내와 인근 공원에서 머무는 시간이 압도적으로 길다. 특히 가족 단위의 체류 시간이 길게 나타나며, 단지 주변의 소규모 상권에서의 소비 활동이 활발하게 포착된다.

4) **결론:** 이동 데이터는 '포레스트힐'이 단순한 잠만 자는 베드타운을 넘어, 거주민들이 실제로 시간을 보내고 만족감을 느끼는 '생활 중심의 커뮤니티'를 형성하고 있음을 증명했다. 이는 수치로 표현하기 어려웠던 '주거의 질'과 '공동체의 활력'이라는 보이지 않는 가치를 드러낸 것이다. 장기적으로 이러한 커뮤니티의 안정성은 부동산 가치의 강력한 하방 경직성으로 작용할 가능성이 높다.

이동 데이터의 분석 가상 사례 2

몰락하는 구도심 상권과 떠오르는 뒷골목 상권

1) **문제 상황:** 한 패션 브랜드가 새로운 플래그십 스토어 입지를 찾고 있다. 후보지는 전통적인 명동 상권의 대로변과, 최근 젊은이들 사이에 입소문이 나기 시작한 성수동의 한적한 골목 안이다.

2) **전통적 접근법:** 명동의 압도적으로 높은 공식 유동인구 수치와 높은 임대료 시세를 보고, 이곳을 안정적인 투자처로 판단한다. 성수동 골목은 유동인구가 적고 불확실성이 크다고 평가한다.

명동 가볼만한 곳 서울 공식 관광정보 웹사이트
https://korean.visitseoul.net

3) 이동 데이터의 분석:

(1) 데이터 수집: 교통카드 데이터와 내비게이션 O-D 데이터를 통해 두 지역 방문객의 이동 패턴과 목적을 심층 분석한다.

(2) 분석 결과:

- 명동: 유동인구의 절대량은 많지만, 상당수가 외국인 관광객이거나 다른 곳으로 가기 위해 스쳐 지나가는 '통과 인구'임이 밝혀진다. 내국인, 특히 구매력 높은 20~40대의 목적지 설정 비율은 지난 3년간 지속적으로 감소하고 있다.
- 성수동 골목: 방문객의 절대 숫자는 적지만, 90% 이상이 이곳을 최종 목적지로 설정하고 찾아온 '목적 방문객'이다. 이들은 강남, 분당 등 고소득 주거지역에서 유입되는 20~40대 여성 비중이 매우 높으며, 평균 체류 시간이 명동보다 2배 이상 길다. 또한, SNS 데이터와 연관 분석 시, 방문객들은 특정 가게 하나가 아닌 골목 전체를 '하나의 경험'으로 소비하는 패턴을 보인다.

4) 결론: 이동 데이터는 명동 상권의 '속 빈 강정' 같은 현실과 성수동 골목의 '진성 고객' 기반 성장 잠재력을 극명하게 대비시켰다. 데이터는

단순히 사람의 숫자를 세는 것을 넘어, 방문의 '질'과 '의도'를 파악하게 함으로써, 과거의 명성이 아닌 미래의 성장 가능성에 투자해야 한다는 명확한 근거를 제시했다.

이처럼 유동인구와 이동 데이터는 도시의 동맥을 흐르는 혈액처럼, 공간의 건강 상태와 미래의 활력을 알려주는 가장 생생한 지표다. 이 도시의 맥박을 읽을 수 있는 능력이야말로, 정적인 지도 위에서는 결코 발견할 수 없었던 새로운 부의 지도를 그려나가는 핵심적인 역량이 될 것이다.

3. 도시부동산 관련 소비 및 상업활동 데이터: 상권의 실질 가치를 추적하다

한 상권의 가치는 무엇으로 결정되는가? 단순히 얼마나 많은 사람이 지나다니는지, 혹은 얼마나 화려한 건물이 들어서 있는지가 그 전부일까? 도시의 활력이 사람들의 '움직임'에 있다면, 그 활력의 최종 목적지이자 경제적 결실은 바로 '소비'다.

소비 및 상업활동 데이터는 신용카드 결제 내역, 판매시점 정보관리 시스템(POS) 데이터, 온라인 배달 주문 기록 등을 통해 상권의 혈관을 흐르는 돈의 흐름을 직접적으로 포착한다. 이 데이터는 상권의 막연한 이미지를 걷어내고, 그곳의 실질적인 경제적 체력과 미래 성장 가능성을 가장 냉정하고 정확하게 측정하는 저울이다.

3.1. 돈의 흐름이 말해주는 상권의 DNA

소비 데이터는 상권에 대한 다층적인 정보를 제공하며, 이를 통해 우리는 각 상권이 가진 고유의 DNA를 해독할 수 있다.

(1) **매출 규모와 성장성**: 상권의 가장 기본적인 건강 상태를 보여주는 지표다. 특정 지역의 총매출액, 업종별 매출 비중, 그리고 전년 대비 성장률을 통해 우리는 어떤 상권이 뜨고 있고, 어떤 상권이 지고 있는지를 직관적으로 파악할 수 있다.

(2) **핵심 고객 프로파일**: 누가 이곳에서 지갑을 여는가? 소비 데이터는 연령, 성별, 거주지 등 익명화된 고객 정보를 제공한다. 이를 통해 '20대 여성이 주도하는 패션 중심 상권'인지, '40대 가족 단위의 외식 중심 상권'인지를 명확히 구분할 수 있으며, 이는 상권의 정체성을 규정하는 결정적인 단서가 된다.

(3) **소비 패턴과 시간대**: 사람들은 언제, 무엇을 사는가? 주중 점심시간에 직장인들의 식사 비용 결제가 집중되는지, 아니면 주말 저녁에 데이트족의 F&B 및 문화 활동 소비가 주를 이루는지를 분석할 수 있다. 이러한 소비의 리듬은 상권의 실질적인 운영 특성을 파악하게 하여, 최적의 영업 전략을 수립하는 근거가 된다.

(4) **객단가와 소비의 질**: 한 번 방문했을 때 평균적으로 얼마를 쓰는가? 객단가(고객 1인당 평균 매입액)는 상권의 질적 수준을 가늠하는 중요한 잣대다. 저렴한 커피 한 잔을 테이크아웃하는 소비가 대부분인 상권과, 고가의 저녁 식사와 쇼핑이 함께 이루어지는 상권은 그 수익성과 잠재력이 근본적으로 다르다.

(5) **업종 간 연관성**: 특정 업종에서의 소비가 다른 업종의 소비로 이어지는가? 예를 들어, 유명 맛집에서의 식사가 인근 카페나 편집숍에서의 추가 소비로 이어지는 패턴이 발견된다면, 이는 상권 내 업종들이 긍정적인 시너지를 내며 함께 성장하고 있음을 의미한다.

3.2. 가상 사례로 본 소비 데이터의 분석력

소비 데이터의 분석 가상 사례 1

대로변 스타벅스와 골목 안 독립 카페의 진실

https://landvalueup.hankyung.com

1) **문제 상황:** 한 투자자가 상가 투자를 위해 두 개의 매물을 비교하고 있다. 하나는 유동인구가 매우 많은 대로변의 스타벅스 입점 상가이고, 다른 하나는 한적한 골목 안쪽에 위치한, SNS에서 유명세를 타기 시작한 독립 카페가 입점한 상가다.

2)**전통적 접근법:** 유동인구와 브랜드 인지도를 근거로 스타벅스 상가의 안정성이 훨씬 높다고 판단한다. 높은 임대료에도 불구하고, 공실 위험이 적은 우량 투자처로 평가한다.

3) **소비 데이터의 분석:**

(1) **데이터 수집:** 두 상가 주변의 카드 매출 데이터를 비교 분석한다.

(2) **분석 결과:**

- 스타벅스 상권: 유동인구는 많지만, 카드 매출 데이터 분석 결과, 대부분의 소비가 1만 원 미만의 소액 결제에 집중되어 있다. 주변 직

장인들의 점심시간 커피 소비가 주를 이루며, 주말 매출은 오히려 급감하는 전형적인 '오피스 상권'의 패턴을 보인다. 고객들의 체류 시간도 짧다.

- 독립 카페 상권: 유동인구는 적지만, 해당 카페의 객단가는 2만 원 이상으로 매우 높다. 특히 주말 오후 시간대 매출이 집중되며, 방문객의 80% 이상이 다른 지역에서 이곳을 '목적지'로 삼아 찾아온 것으로 확인된다. 또한, 카페에서의 소비가 인근의 작은 디자인 소품샵, 독립서점 등에서의 추가 소비로 이어지는 '연관 소비' 패턴이 뚜렷하게 나타난다.

4) **결론**: 소비 데이터는 스타벅스 상권이 '안정적이지만 성장은 정체된' 현금흐름을 보이는 반면, 독립 카페 상권은 '높은 질의 소비가 일어나는 성장 잠재력이 큰' 상권임을 증명했다. 투자자는 단순히 현재의 임대료 수입뿐만 아니라, 미래 상권 활성화에 따른 자산 가치 상승 가능성까지 고려하여 골목 안 상가를 선택하는, 데이터에 기반한 새로운 의사결정을 할 수 있다.

소비 데이터의 분석 가상 사례 2

젠트리피케이션의 조기 경보 시스템

1) **문제 상황**: 한 프랜차이즈 본사가 새로운 가맹점 입지를 물색 중이다. 후보지는 임대료가 저렴하지만 낡은 '중앙시장' 인근과, 최근 임대료가 서서히 오르고 있는 '문화의 거리' 두 곳이다.

2) **전통적 접근법**: 현장 답사를 통해 아직은 '중앙시장' 인근의 유동인구가 더 많고 상권이 안정적이라고 판단한다. '문화의 거리'는 아직 불확실성이 크다고 평가한다.

쇼핑이 즐거운 웃음 가득 제천중앙시장 https://ncms.nculture.org/

3) 소비 데이터의 분석:

(1) 데이터 수집: 지난 3년간 두 지역의 월별 카드 매출 데이터, 신규 창업 업종 데이터, 소비자 거주지 데이터를 시계열로 분석한다.

(2) 분석 결과:

- 중앙시장: 총매출액은 크지만 지난 3년간 성장률은 0에 가깝거나 마이너스를 기록하고 있다. 주 소비층은 50~60대이며, 소비 업종은 식료품, 생활잡화 등 필수재에 국한되어 있다.
- 문화의 거리: 총매출액은 아직 작지만, 연평균 40%의 폭발적인 성장세를 보인다. 신규 창업 업종이 기존의 세탁소, 철물점에서 트렌디한 F&B, 패션 리테일로 급격히 변화하고 있다. 특히 주목할 점은, 소비자의 거주지가 기존의 인근 지역에서 강남, 서초 등 고소득 지역의 원정 소비자로 빠르게 대체되고 있다는 사실이다.

4) 결론: 소비 데이터는 젠트리피케이션의 전조 현상을 명확히 보여주는 조기 경보 시스템 역할을 했다. 즉, '문화의 거리'에서 일어나고 있는 소비의 '질적 변화(소비자, 업종의 변화)'와 '양적 팽창(매출 성장률)'은 이곳

이 곧 핵심 상권으로 부상할 것임을 강력하게 시사한다. 프랜차이즈 본사는 임대료가 더 오르기 전에 성장하는 상권에 선제적으로 진입하는 전략적 결정을 내릴 수 있다.

결국, 소비 데이터는 상권의 겉모습이 아닌 속살, 즉 경제적 활력의 실체를 드러낸다. 돈의 흐름을 읽는 것은 도시의 욕망을 읽는 것이며, 이는 곧 부동산의 미래 가치를 가장 정확하게 예측하는 길로 우리를 안내할 것이다.

4. 도시부동산 관련 소셜미디어 및 리뷰 데이터: 감성적 가치의 데이터화

부동산의 가치는 과연 숫자로만 설명될 수 있는가? 면적, 층수, 가격과 같은 정량적 지표가 건물의 뼈대를 이룬다면, 그 공간에 대한 사람들의 '느낌'과 '평판'은 그곳에 온기를 불어넣는 혈액과 같다.

소셜미디어 및 리뷰 데이터는 인스타그램의 사진 한 장, 블로그의 방문 후기, 배달 앱의 별점과 짧은 코멘트 속에 흩어져 있던 도시의 감성적 가치를 수면 위로 끌어올린다. 과거에는 '분위기가 좋다', '살기 편하다'처럼 주관적 영역에 머물렀던 가치들이 이제는 텍스트와 이미지 분석 기술을 통해 측정 가능하고 비교 가능한 데이터로 재탄생하고 있다.

4.1. 도시의 평판을 읽는 새로운 언어

소셜미디어와 리뷰 데이터는 도시 공간에 대한 사람들의 날것 그대로의 목소리를 담고 있다. 이 비정형 데이터는 인공지능의 눈을 통해 다음과 같이 정량화된 정보로 변환된다.

(1) **감성 분석**(Sentiment Analysis): 특정 지역이나 건물에 대한 텍스트 데이터를 긍정, 부정, 중립으로 분류하는 기술이다. "햇살이 잘 들어서 너무 좋아요"라는 리뷰는 '긍정'으로, "밤에 너무 시끄러워요"라는 불만은 '부정'으로 수치화된다. 이를 통해 특정 지역의 전반적인 평판이나 만족도를 객관적인 점수로 파악할 수 있다.

(2) **핵심 키워드 추출 및 토픽 모델링**(Keyword Extraction & Topic Modeling): 수많은 텍스트 데이터에서 가장 빈번하게 등장하고 중요한 의미를 가지는 단어나 주제를 추출한다. 이를 통해 사람들은 그 장소를 무엇과 연관 짓는지를 알 수 있다. 예를 들어, 어떤 동네의 키워드가 '#브런치맛집', '#산책하기좋은곳', '#예쁜카페'라면 그곳은 여유롭고 트렌디한 라이프스타일을 상징하는 공간이다. 반면, '#주차전쟁', '#학원가'가 핵심 키워드라면 교육열은 높지만 생활 편의성은 다소 떨어지는 지역임을 짐작할 수 있다. 이는 공간의 숨겨진 정체성, 즉 '장소성(Placeness)'을 정의한다.

https://kr.freepik.com

(3) **이미지 분석(Image Analysis):** 사람들이 공유하는 사진 속에는 수많은 정보가 담겨있다. 인공지능은 이미지를 분석하여 그곳이 탁 트인 공원 전망을 가졌는지, 감각적인 인테리어로 꾸며졌는지, 아니면 지저분하고 낡은 모습을 하고 있는지를 인식한다. 또한, 사진 속 사람들의 표정을 통해 그 공간이 주는 감성적 만족도를 유추하기도 한다.

이러한 분석은 과거에는 측정 불가능했던 '브랜드 가치', '커뮤니티 활력', '심미적 만족감' 등을 데이터로 증명하며, 부동산 가치 평가의 새로운 차원을 열어준다.

4.2. 가상 사례로 본 감성 데이터의 힘

감성 데이터 가상 사례 1

'인기 없는' 동네의 숨겨진 잠재력 발굴

1) **문제 상황:** 서울의 A 지구는 교통이 다소 불편하고 오래된 저층 주거지가 밀집해 있어, 전통적인 부동산 시장에서는 저 평가받는 지역이다. 한 개발회사가 이 지역의 재개발 사업성을 검토하고자 한다.

서울 '용적률 700%' 소규모 재개발, 1호 사업장부터 '암초' - 머니투데이
https://news.mt.co.kr

2) **전통적 접근법**: 낮은 공시지가와 저렴한 주택 시세, 부족한 기반 시설 등을 근거로 사업성이 낮다고 잠정 결론 내린다.

3) **소셜 데이터의 분석**:

(1) **데이터 수집**: 지난 2년간 A 지구와 관련된 인스타그램, 블로그, 지역 온라인 커뮤니티의 모든 텍스트와 이미지 데이터를 수집한다.

(2) **분석 결과**:

- 키워드 변화 추이: 2년 전 A 지구의 핵심 키워드는 '오래된 동네', '시장' 등이었으나, 최근 6개월 사이 '#레트로감성', '#숨은맛집', '#골목길투어'와 같은 새로운 키워드의 언급량이 1000% 이상 폭증한 것이 발견된다.
- 감성 분석: 과거 부정적, 중립적 언급이 많았던 반면, 최근에는 '정겹다', '독특하다', '새롭다'와 같은 긍정적 감성어가 주를 이루고 있다.
- 이미지 분석: 낡은 간판, 오래된 건물의 외벽, 좁은 골목길 등을 배경으로 찍은 감각적인 사진들이 다수 공유되고 있다. 이는 젊은 층이 이 지역의 '낡음'을 '새로운 멋'으로 재해석하고 소비하기 시작했음을 의미한다.

4) **결론**: 소셜 데이터는 A 지구가 물리적으로는 낡았지만, 감성적으로는 새로운 가치를 품은 '기회의 땅'으로 변모하고 있음을 명확히 보여준다. 개발회사는 이를 근거로 전면 철거 방식의 재개발이 아닌, 지역의 독특한 분위기를 살리는 방향의 도시재생 프로젝트로 전략을 수정한다. 이는 잠재적 미래 가치를 포착하여 사업 리스크를 줄이고 성공 가능성을 높이는 결정적인 계기가 된다.

감성 데이터 가상 사례 2

아파트 브랜드 가치의 객관적 측정

https://www.stv.or.kr

1) **문제 상황:** 국내 1, 2위를 다투는 건설사 '프레스티지 건설'과 '마스터 건설'이 있다. 두 회사는 비슷한 입지에 비슷한 규모의 아파트를 공급했지만, '프레스티지' 아파트의 시세가 미세하게 더 높게 형성되어 있다. 그 원인을 규명하고자 한다.

2) **전통적 접근법:** '브랜드 파워'라는 막연한 말로 설명하거나, 미미한 자재 차이, 조경 설계의 우수성 등을 거론하지만 객관적인 근거를 제시하기는 어렵다.

3) **리뷰 데이터의 분석:**

(1) **데이터 수집:** 부동산 플랫폼에 등록된 두 아파트 단지의 모든 실거주 리뷰 텍스트를 수집한다.

(2) **토픽 모델링 및 감성 분석:**

- 마스터 아파트 리뷰: 주요 토픽은 '지하철역 거리', '초등학교', '관리비' 등 기능적이고 실용적인 부분에 집중된다. 긍정 리뷰의 대부분

은 '살기 편하다', '가성비가 좋다'는 내용이다.

- 프레스티지 아파트 리뷰: 주요 토픽에서 '커뮤니티 시설', '조경', '마감재', '자부심'과 같은 감성적이고 질적인 단어들이 높은 비중으로 나타난다. 긍정 리뷰에서는 '고급스럽다', '자랑스럽다', '대접받는 느낌이다'와 같은 표현이 빈번하게 등장한다.

4) 결론: 리뷰 데이터 분석을 통해 '프레스티지' 아파트의 높은 가격이 단순히 기능적 우위를 넘어, 거주자들이 느끼는 '심리적 만족감'과 '브랜드 자부심'이라는 감성적 가치에 기반하고 있음을 증명했다. 이는 건설사가 향후 마케팅 전략을 수립하거나, 소비자가 아파트를 선택할 때 눈에 보이지 않는 '거주의 질'을 판단하는 중요한 근거 자료가 된다.

결국, 도시 공간에 대한 사람들의 이야기는 더 이상 단순한 수다가 아니다. 그것은 시장의 향방을 예측하고, 숨겨진 가치를 발굴하며, 더 나은 도시를 만드는 데 기여하는 가장 생생하고 강력한 데이터다. 이 감성의 목소리에 귀 기울이는 자가 미래 도시부동산 시장의 진정한 승자가 될 것이다.

5. 도시부동산 관련 이미지 및 영상 데이터: 시각적 정보를 구조화하다

"백문이 불여일견(百聞不如一見)"이라는 말처럼, 공간을 이해하는 데 있어 시각 정보의 힘은 절대적이다. 우리는 한 장의 사진, 한 편의 영상을 통해 그 장소의 분위기, 활력, 심미적 가치를 직관적으로 느낀다.

그러나 이러한 시각 정보는 오랫동안 '느낌'의 영역에 머물러 있었다. 하지만 인공지능의 한 분야인 컴퓨터 비전(Computer Vision) 기술은 위성사진, 항공사진, 거리 뷰(Street View) 이미지, 그리고 소셜미디어에 떠도는 수많은 영상 속에서 객관적인 패턴을 찾아내고, 이를 구조화된 데이터로 변환하는 놀라운 일을 가능하게 했다. 이제 우리는 도시의 '표정'을 정량적으로 읽어내는 시대를 살고 있다.

5.1. 눈에 보이는 모든 것을 데이터로

이미지 및 영상 데이터는 인공지능 모델을 통해 과거에는 불가능했던 방식으로 분석된다. 이는 도시부동산의 가치를 평가하는 데 새로운 차원의 통찰력을 제공한다.

(1) **객체 탐지**(Object Detection): 이미지 속에서 특정 객체의 종류와 위치를 식별하는 기술이다. 위성사진에서 건물의 수나 주차된 자동차의 수를 세어 개발 밀도를 파악하고, 거리뷰 이미지에서 특정 브랜드(예: 스타벅스)의 간판이나 공원의 벤치, 가로등의 수를 파악하여 상권의 특성이나 생활 편의시설의 수준을 계량화할 수 있다.

(2) **이미지 분할**(Image Segmentation): 이미지의 모든 픽셀을 특정 클래스(예: 하늘, 도로, 건물, 식생)로 분류하는 기술이다. 이를 통해 특정 지역의 녹지 비율을 0.1% 단위까지 정확하게 계산하거나, 보행자 도로가 전체 도로 면적에서 차지하는 비율을 분석하여 보행 친화도를 측정하는 등 정밀한 공간 분석이 가능해진다.

(3) **품질 및 상태 평가**(Quality & Condition Assessment): 인공지능은 건물의 외벽에 균열이 있는지, 거리가 깨끗하게 관리되고 있는지, 혹은 인테리어 마감재가 고급스러운지 등을 학습하여 평가할 수 있다. 이는 건물의 유지관리 상태나 공간의 질적 수준이라는 주관적 요소를 객관적인 점수로 변환하는 역할을 한다.

(4) **변화 탐지**(Change Detection): 서로 다른 시점의 위성사진이나 거리

뷰 이미지를 비교하여 그 사이의 변화를 감지한다. 새로운 건물이 들어서거나, 낡은 건물이 철거되는 모습, 혹은 특정 거리의 상점 간판이 바뀌는 추세 등을 자동으로 추적하여 도시의 성장, 쇠퇴, 젠트리피케이션의 진행 상황을 실시간으로 모니터링할 수 있다.

5.2. 가상 사례로 본 시각 데이터의 해석 능력

시각 데이터 가상 사례 1

아파트 단지의 '보이지 않는 쾌적함'을 측정하다

대구에서 가장 조경 잘된 아파트는?' 제25회 대구시 조경상 수상작 발표
https://www.enewstoday.co.kr

1) **문제 상황:** 비슷한 입지와 연식, 가격대를 가진 두 아파트 단지 '그린빌'과 '스마트타운'이 있다. 하지만 유독 '그린빌'에 대한 거주민 만족도와 선호도가 높게 나타난다. 그 원인을 데이터로 규명하고자 한다.

2) **전통적 접근법:** 현장 답사를 통해 '조경이 더 나은 것 같다', '관리가 잘 되는 느낌이다'와 같은 인상 비평에 그치거나, 서류상의 녹지 면적을 비교하는 수준에 머무른다.

3) 시각 데이터의 분석:

(1) 데이터 수집: 지난 3년간의 고해상도 위성사진과 단지 구석구석을 촬영한 거리뷰 이미지를 수집한다.

(2) 분석 결과:

- 이미지 분할 분석: 서류상 녹지 면적은 비슷했지만, 위성사진 분석 결과 '그린빌'은 나무와 잔디 등 실제 식생이 차지하는 '실질 녹지 비율'이 '스마트타운'보다 12% 더 높게 나타났다. 특히 그림자를 분석하여 나무의 높이와 풍성함까지 계산한 결과, 그 차이는 더욱 컸다.
- 객체 탐지 및 품질 평가: 거리뷰 이미지 분석 결과, '그린빌'은 단지 내 벤치와 놀이터 시설의 수가 1.5배 더 많고, 쓰레기 하나 없이 깨끗하게 관리되고 있는 모습이 일관되게 포착되었다. 반면, '스마트타운'은 건물 외벽 일부의 오염이나 주차장의 무질서한 모습이 간헐적으로 발견되었다.

4) 결론: 시각 데이터는 '쾌적함'이라는 막연한 감정을 '실질 녹지 비율', '편의시설 밀도', '청결도 점수'라는 구체적인 숫자로 증명했다. '그린빌'의 높은 가치는 단순히 느낌이 아니라, 데이터로 측정된 우월한 생활환경의 질에 기반하고 있었다. 이는 향후 아파트 가치 예측 모델에 중요한 변수로 활용될 수 있다.

시각 데이터 가상 사례 2

상권의 '분위기'와 미래 성장성을 예측하다

1) 문제 상황: 한 F&B 기업이 20대 여성을 타겟으로 하는 새로운 디저트 카페 브랜드를 론칭하려 한다. 후보지는 유동인구가 보장된 강남역 대로변과, 최근 뜨고 있는 성수동의 한 골목이다.

2) **전통적 접근법**: 공식 유동인구 통계와 임대료 시세에 의존하여, 리스크가 적은 강남역을 최종 후보지로 잠정 결정한다.

3) **시각 데이터의 분석**:

(1) **데이터 수집**: 지난 2년간 인스타그램과 유튜브 브이로그에 올라온 두 지역 관련 이미지와 영상을 대량으로 수집한다.

(2) **분석 결과**:

- 이미지 속 인물 분석: 강남역 관련 이미지에는 다양한 연령대의 사람들이 등장하지만, 성수동 골목 관련 이미지에서는 타겟 고객층인 20~30대 여성의 비율이 85%에 달했다. 또한, 이들의 패션 스타일과 소품 등을 분석하여 최신 트렌드에 민감한 '리딩 컨슈머' 그룹임을 확인한다.
- 배경 및 분위기 분석: 강남역 사진의 배경은 주로 대형 프랜차이즈 간판과 빌딩이지만, 성수동 사진의 배경은 낡은 공장을 개조한 카페, 그래피티 아트, 독특한 디자인의 편집숍 등 '힙한 감성'을 자극하는 요소들로 가득했다. 이미지의 색감, 구도 등을 분석하여 '미학적 매력도 점수'를 산출한 결과, 성수동이 압도적으로 높았다.

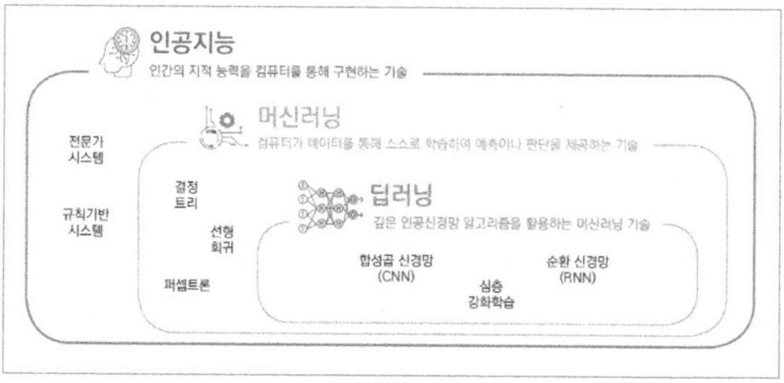

https://kyeonminsu.tistory.com

4) **결론:** 시각 데이터는 강남역이 '불특정 다수가 스쳐 가는 곳'이라면, 성수동은 '명확한 타겟 고객이 목적을 가지고 찾아와 머무는 곳'임을 보여주었다. 특히 상권의 '분위기'와 '감성'이라는, 과거에는 측정 불가능했던 가치를 데이터로 시각화 함으로써, 브랜드의 정체성과 더 부합하고 미래 성장성이 높은 곳이 성수동임을 명확히 제시했다.

결국, 도시와 부동산을 둘러싼 시각 정보는 더 이상 스쳐 지나가는 풍경이 아니다. 그것은 컴퓨터의 눈을 통해 해독되고 구조화되어, 공간의 숨겨진 질서와 잠재력을 드러내는 가장 강력한 증거가 되고 있다. 우리가 보는 모든 것이 이제는 가치를 평가하는 기준이 되는 시대가 열린 것이다.

제4장

머신러닝 기반 도시부동산 가치예측 모델의 핵심 알고리즘

1. 도시부동산 관련 머신 러닝 기반 회귀분석(선형/비선형)의 원리를 설명한다

지금까지 우리는 도시 곳곳에 흩어진 데이터를 수집하는 다양한 방법에 대해 탐험했다. 그렇다면 이 수많은 데이터 조각들은 어떻게 하나의 '가격'이라는 결론으로 귀결될 수 있을까?

과거의 감정평가사들이 경험과 직관, 그리고 몇 가지 핵심 변수를 조합해 가치를 판단했다면, 이제 우리는 수백, 수천 개의 변수가 빚어내는 복잡 미묘한 관계를 스스로 학습하고 예측하는 기계, 즉 머신러닝(Machine Learning)의 시대에 살고 있다. 그 중에서도 부동산 가격 예측의 심장이라 할 수 있는 회귀분석(Regression Analysis)은 보이지 않는 가치의 방정식을 푸는 가장 강력한 도구가 된다.

1.1. 관계의 패턴을 찾아내는 여정, 회귀분석

회귀분석의 본질은 변수들 사이의 '인과관계'를 찾아내 이를 수학적 모델(함수)로 만드는 것이다. 부동산 시장에서 이는 '어떤 요인(X)이 가격

(Y)에 얼마나 영향을 미치는가?'를 밝히는 과정이다.

1.1.1. 선형 회귀분석: 세상을 직선으로 이해하다

가장 기초적인 회귀분석은 선형(Linear) 회귀분석이다. 이는 변수들 사이에 직선적인 관계가 있다고 가정하는 방식이다. 예를 들어 '아파트의 면적(X)이 커질수록 가격(Y)도 일정하게 오른다'는 단순하고 명쾌한 관계를 생각하는 것이다. 수학적으로는 Y = aX + b 라는 친숙한 일차함식으로 표현된다. 여기서 X는 면적, a는 면적이 1단위 증가할 때 가격이 오르는 정도(기울기), b는 면적과 상관없는 기본적인 가격(y절편)을 의미한다.

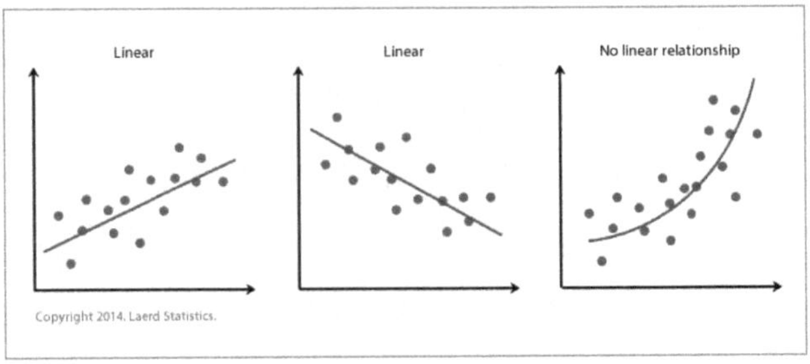

Linear Regression Analysis in SPSS Statistics https://statistics.laerd.com

이 방식은 이해하기 쉽고 계산이 빠르다는 장점이 있지만, 현실 세계의 복잡성을 담기에는 턱없이 부족하다. 부동산 가격은 단순히 면적에 정비례하지 않는다. 지하철역과의 거리가 100m일 때와 200m일 때의 가치 하락폭은, 1km일 때와 1.1km일 때의 하락폭과 결코 같지 않다. 이처럼 현실의 관계는 직선이 아닌, 복잡한 곡선의 형태를 띤다.

1.1.2. 비선형 회귀분석: 복잡한 현실을 곡선으로 그리다

이때 등장하는 것이 바로 머신러닝 기반의 비선형(Non-linear) 회귀분석이다. 이는 변수들 간의 복잡하고 구불구불한 관계를 기계가 스스로 학습하여 찾아내는 방식이다. 마치 직선 자가 아닌, 어떤 형태로든 구부러지는 유연한 자를 사용하는 것과 같다.

머신러닝 모델(예: 랜덤 포레스트, 그래디언트 부스팅, 신경망 등)의 학습 과정은 다음과 같다.

(1) **방대한 데이터 학습:** 먼저 기계에게 수십만 건의 과거 부동산 거래 데이터를 '교과서'로 제공한다. 이 교과서에는 '문제(X)'와 '정답(Y)'이 모두 담겨 있다. '문제'는 면적, 층수, 건축 연도 같은 전통적인 변수뿐만 아니라, 지하철역까지의 실제 도보 시간, 인근 학교의 평판, SNS상의 긍정적 언급 빈도, 위성사진으로 분석한 녹지 비율, IoT 센서로 측정한 소음 수준 등 수백 가지에 달하는 변수들이다. '정답'은 바로 실제 거래된 '가격'이다.

(2) **최적의 공식 탐색:** 기계는 이 방대한 데이터를 바탕으로 수많은 변수 조합을 시도하며, 자신이 예측한 가격과 실제 정답(가격) 사이의 오차가 가장 작아지는 최적의 '공식(모델)'을 스스로 찾아낸다. 이 과정에서 기계는 특정 변수가 가격에 미치는 영향력(가중치)을 학습한다. 예를 들어, '한강 조망권'이라는 변수는 그 자체로도 중요하지만, '높은 층수'와 '남향'이라는 변수와 결합했을 때 그 가치가 폭발적으로 증가하는 '상호작용 효과'까지도 학습하게 된다.

(3) **미래 예측:** 이렇게 똑똑해진 모델은 이제 정답이 없는 새로운 부동산의 데이터(문제)만 보고도, 과거의 학습 경험을 바탕으로 가장 가능성 높은 미래의 가격(정답)을 예측해낸다.

1.2. 가상 사례로 본 머신러닝 회귀분석의 위력

회귀분석 가상 사례 1

아파트의 숨겨진 DNA를 읽는 AVM(자동가치평가모델)

서울 아파트 최대 밀집 노원구 집값, 바닥 찍고 상승세 조짐
https://inthenews.co.kr

1) **문제 상황:** 서울의 특정 아파트(예: 노원현대 101동 1501호)의 현재 시세를 시장의 어떤 전문가보다도 정확하고 객관적으로 예측하고자 한다.

2) **전통적 접근법:** 인근 유사 평형의 최근 실거래가 몇 건을 비교하고, 층과 향을 고려하여 주관적으로 가치를 보정한다.

3) **머신러닝 회귀분석의 적용:**

(1) **데이터 통합:** 정형(면적, 연식), 위치(학군, 교통), 소셜(리뷰 감성 점수), 이미지(실질 녹지 비율), IoT(소음, 공기 질) 등 약 150개의 변수를 통합 데이터셋으로 구축한다.

(2) **모델 학습 및 예측:** 이 데이터를 머신러닝 회귀모델에 학습시켜 대상 아파트의 예측 가격을 '25억 3천만 원'으로 산출한다.

(3) **가치 해석(XAI, 설명가능 인공지능):** 여기서 더 나아가, 모델은 왜 그런 가격이 나왔는지 그 '이유'를 설명해준다. "대상 아파트는 기준 모

델 대비 ① 우수한 한강 조망권 확보(+3.2%), ② 인근 초등학교의 높은 평판(+2.5%), ③ 단지 내 커뮤니티에 대한 온라인상의 높은 긍정 평가(+1.8%)로 인해 가격 상승 요인이 발생했습니다. 반면, ④ 인접 대로변의 평균 소음 수준(-0.8%)은 가격 하락 요인으로 작용했습니다."와 같이 각 요인이 가격에 미친 영향을 구체적인 수치로 제시한다.

4) 결론: 머신러닝 모델은 단순한 가격 예측을 넘어, 해당 부동산이 가진 가치의 DNA를 구성 요소별로 분해하여 보여준다. 이는 마치 부동산의 건강검진 결과표처럼, 가치의 강점과 약점을 명확히 진단하는 역할을 한다.

회귀분석 가상 사례 2

젠트리피케이션을 예측하는 상권 임대료 예측 모델

1) 문제 상황: 한 리테일 기업이 향후 2년간 임대료가 가장 가파르게 상승할 '미래의 핫플레이스'를 선점하여 신규 매장을 출점하고자 한다.

2) 전통적 접근법: 현재 번화한 상권이나 최근 언론에 자주 언급되는 지역을 중심으로 후보지를 물색한다.

Commercial Retail_후암동에서 만나는 핫플레이스 : 네이버 블로그

3) 머신러닝 회귀분석의 적용:

(1) **선행지표 중심 데이터 구축**: 현재 임대료가 아닌, '미래의 임대료 상승'을 예측할 수 있는 변수들을 중심으로 데이터를 구성한다. 카드 매출 데이터의 '20대 여성 소비 증가율', 통신사 데이터의 '주말 저녁 체류 시간 증가율', 소셜 데이터의 '특정 골목 관련 신규 해시태그 증가율', 이미지 데이터의 '거리뷰상 신규 인테리어 공사 빈도' 등을 핵심 변수로 삼는다.

(2) **모델 학습 및 예측**: 과거 데이터를 통해 이러한 선행지표들의 변화가 미래의 임대료 상승률(Y)에 어떤 영향을 미쳤는지를 학습한다. 학습된 모델로 서울 시내 전체 상권을 분석한 결과, 현재는 임대료가 저렴하고 한적한 '을지로 인쇄소 골목'의 임대료 상승 예측치가 가장 높게 나타난다.

(3) **근거 제시**: 모델은 그 이유로 "최근 6개월간 해당 지역의 ① 인스타그램 '#을지로맛집' 태그 언급량 증가율(전국 1위), ② 20-30대 목적 방문객의 체류 시간 증가율(전국 3위), ③ 심야 시간대 카드 매출 발생 건수 증가율(전국 5위)이 폭발적으로 증가하고 있어, 상권 활성화의 강력한 초기 신호가 포착됨"을 제시한다.

4) **결론**: 머신러닝 회귀분석은 시장의 표면에 드러난 현상이 아닌, 수면 아래에서 꿈틀대는 변화의 에너지를 감지하는 '미래 탐지기' 역할을 수행한다. 이를 통해 기업은 남들보다 한발 앞서 미래의 가치에 투자하는, 데이터에 기반한 초격차 전략을 구사할 수 있게 된다.

결론적으로, 머신러닝 회귀분석은 도시부동산의 가치를 평가하는 방식을 '예술'의 영역에서 '과학'의 영역으로 끌어올린 혁명적인 도구다. 이는 인간의 직관을 대체하는 것이 아니라, 인간이 미처 인지하지 못하는 수많은 변수들의 상호작용을 분석하여 더 깊은 통찰력을 제공함으로써, 우리의 의사결정을 더욱 현명하게 만드는 가장 강력한 조력자가 될 것이다.

2. 도시부동산 관련 머신 러닝 기반 결정트리(Decision Tree)와 랜덤 포레스트(Random Forrest)의 구조와 해석력을 비교한다

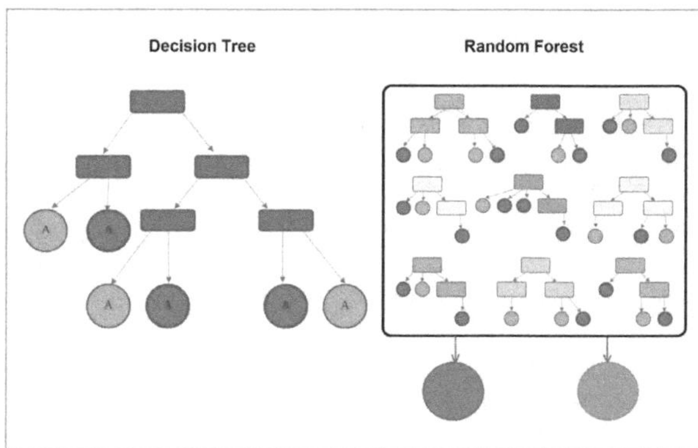

A Guide to Random Forest in Machine Learning | EJable

2.1. 하나의 천재 vs. 집단지성: 결정트리와 랜덤 포레스트

지난 장에서 우리는 수많은 변수들의 복잡한 관계를 학습하여 가격을 예측하는 회귀분 석의 원리를 살펴보았다. 하지만 기계가 가치를 예측하는 방식에는 또 다른 강력한 접근법이 존재한다. 이는 마치 인간이 '스무고개' 놀이를 하듯, 연속적인 질문과 대답을 통해 결론에 도달하는 방식이다.

바로 결정트리(Decision Tree)와, 그 결정트리가 모여 숲을 이룬 랜덤 포레스트(Random Forest)가 그 주인공이다. 이 두 모델의 구조와 해석력을 비교하는 것은, 마치 한 명의 천재적인 전문가와 수백 명으로 이루어진 집단지성 중 누구의 판단을 신뢰할 것인가에 대한 흥미로운 질문과 같다.

2.1.1. 결정트리: 투명한 의사결정의 지도

1) 결정트리란?

결정트리는 이름 그대로 '의사결정 규칙'을 나무 구조로 도식화한 모델이다. 특정 질문에 대한 답을 따라 가지를 뻗어 나가며 최종 결론에 이르는 모습이 마치 거꾸로 뒤집어 놓은 나무와 같아 이런 이름이 붙었다.

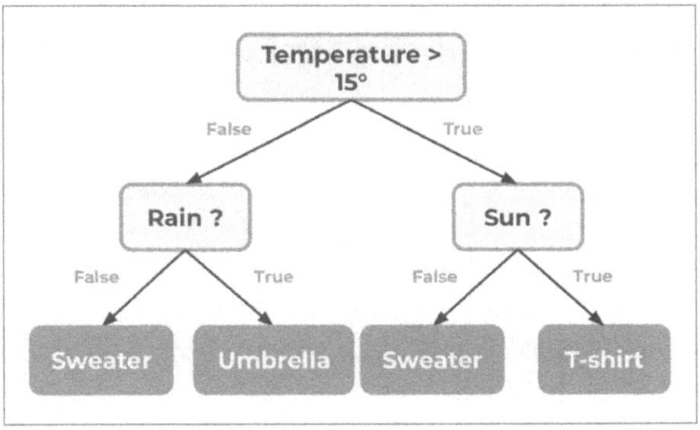

Decision Treehttps://inside-machinelearning.com

2) 결정트리는 부동산 가격을 예측하기 위해 다음과 같은 질문을 던진다.

- "대상 부동산은 서울 강남구에 있는가?" (Yes/No)
- (Yes라면) "전용면적이 84㎡ 이상인가?" (Yes/No)
- (Yes라면) "건축된 지 10년 이내인가?" (Yes/No)

이처럼 데이터를 가장 잘 구분할 수 있는 질문(변수)을 계속해서 찾아내고, 데이터 집단을 더 작은 그룹으로 나누어 나간다. 이 과정을 반복하여 더 이상 나눌 수 없는 최종 그룹(리프 노드, Leaf Node)에 도달하면, 그 그룹에 속한 데이터들의 평균 가격을 최종 예측치로 삼는다.

3) 해석력과 장점

천재의 생각을 들여다보다 결정트리의 가장 큰 미덕은 '높은 해석력(Interpretability)'이다. 학습이 끝난 결정트리 모델은 위에서 아래로 따라가기만 하면 '왜' 그런 결론이 나왔는지를 명확하게 이해할 수 있는 '규칙의 집합(Rule Set)' 그 자체다. 예를 들어, "강남구에 위치하고, 84㎡ 이상이며, 10년 이내 신축인 아파트는 평균 30억 원으로 예측된다"는 식의 명쾌한 설명이 가능하다. 이는 모델의 판단 과정을 투명하게 보여주기 때문에, 왜 그런 가격이 책정되었는지 설명해야 하는 상황에서 매우 유용하다.

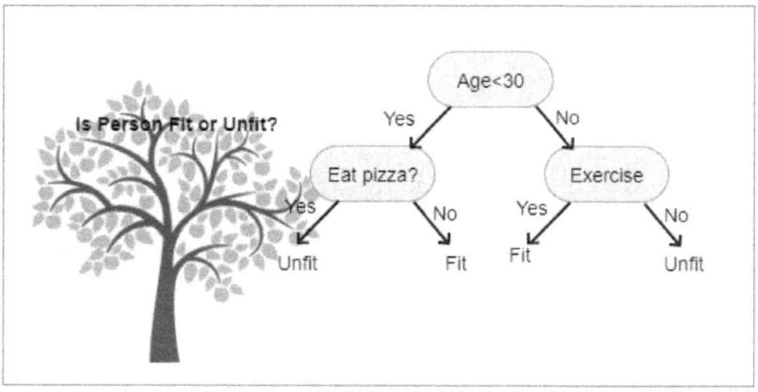

https://www.linkedin.com

4) 한계

천재의 치명적 약점, 과적합 하지만 이 천재적인 모델에게는 치명적인 약점이 있다. 바로 과적합(Overfitting)의 위험이다. 과적합이란 모델이 학습 데이터에만 너무 과도하게 최적화된 나머지, 새로운 데이터에 대해서는 예측력이 떨어지는 현상을 말한다. 마치 시험공부를 할 때 교과서와 문제집만 달달 외워, 거기서 조금만 변형된 문제가 나와도 풀지 못하는 것과 같다. 결정트리는 학습 데이터의 아주 사소한 특징이나 이상치(Outlier)까지 모두 설명하기 위해 지나치게 복잡하고 긴 나무를 만드는 경향이 있다. 또한, 학습 데이터가 조금만 바뀌어도 나무의 구조가 완전히 달라지는 불안정성도 큰 단점이다.

2.1.2. 랜덤 포레스트: 집단지성의 놀라운 힘

1) 랜덤 포레스트는 결정트리의 과적합 문제를 해결하기 위해 고안된, 그야말로 집단지성의 결정체다.

랜덤 포레스트는 결정트리의 과적합 문제를 해결하기 위해 고안된, 그야말로 집단지성의 결정체다. 이는 이름처럼 수백, 수천 개의 '결정트리'들이 모여 하나의 '숲(Forest)'을 이룬 모델이다. 그 작동 원리는 다음과 같다.

(1) **데이터의 무작위 샘플링:** 먼저, 전체 학습 데이터에서 무작위로 일부 데이터를 샘플링하여 작은 데이터셋을 여러 개 만든다.

(2) **다양한 트리 생성:** 이 작은 데이터셋들을 사용하여 각각 조금씩 다른, 상대적으로 덜 복잡한(덜 똑똑한) 결정트리를 수백 개 생성한다. 이때 각 트리는 데이터를 나눌 질문(변수)을 선택할 때도, 전체

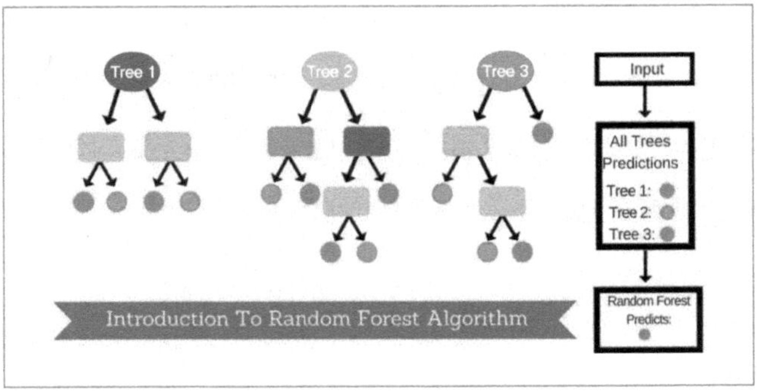

변수 중에서 일부 변수만을 무작위로 고려하도록 하여 최대한 서로 다른 개성을 가진 나무가 만들어지도록 한다.

(3) **집단 투표를 통한 결론**: 새로운 부동산의 가격을 예측할 때, 숲을 구성하는 수백 개의 나무들 각각에게 예측을 시킨다. 그 후, 각각의 나무가 내놓은 예측값들의 '평균'을 최종 예측값으로 결정한다.

2) 정확도와 장점

편향을 지우는 지혜 랜덤 포레스트의 가장 큰 장점은 '높은 정확도'와 '안정성'이다. 숲을 이루는 개별 나무들은 각자 조금씩 편향되어 있거나 실수를 할 수 있지만, 수백 개의 나무가 함께 예측하고 그 결과를 평균내는 과정에서 각각의 오류와 편향이 서로 상쇄된다. 한 명의 전문가가 놓칠 수 있는 부분을 다른 전문가가 보완해주는 집단지성의 힘이 발휘되는 것이다. 이 때문에 랜덤 포레스트는 과적합에 매우 강하고, 일반적으로 결정트리보다 훨씬 뛰어난 예측 성능을 보여준다.

3) 한계

집단지성의 속내는 알 수 없다 그러나 이러한 강력한 성능에는 대가가 따른다. 바로 결정트리의 장점이었던 '해석력의 저하'다. 수백 개의 서로 다른 나무들이 예측한 결과를 단순히 평균 냈기 때문에, '왜' 최종적으로 그런 가격이 예측되었는지를 결정트리처럼 명쾌하게 설명하기가 매우 어렵다. 우리는 결과가 정확하다는 것은 알지만, 그 속을 훤히 들여다보기는 힘든 '블랙박스(Black Box)' 모델에 가깝다.

2.2. 가상 사례로 본 두 모델의 선택

결정트리를 활용한 가상 사례

공공주도형 도시재생 사업 대상지 선정 기준 수립

1) 문제 상황: 한 시청에서 쇠퇴한 구도심 지역 중, 공공주도형 도시재생 사업을 추진할 '우선 대상지'를 선정하는 명확하고 투명한 기준을 만들고자 한다.

2) 어떤 모델을 선택해야 하는가? → 결정트리

3) 이유와 적용: 이 과제의 핵심은 '높은 예측 정확도'가 아니라, 선정 기준에 대한 '설명 가능성'과 '투명성'이다. 왜 특정 지역이 선정되었고, 다른 지역은 탈락했는지를 시민들과 관계자들에게 명확히 설명하고 공감대를 형성해야 하기 때문이다. 랜덤 포레스트가 "A 지역의 재생 잠재력 점수는 85점, B 지역은 72점"이라고 예측하는 것보다, 결정트리가 "만약 노후 건축물 비율이 70% 이상이고, 공원까지의 거리가 1km 이상이며, 상업시설 공실률이 20% 이상인 지역이라면, 우선 사업 대상지로 선정한다"는 식의 명확한 IF-THEN 규칙을 제공하는 것이 정책적으로 훨씬 유용하다. 결정트리는 행정 규칙과 가이드라인을 만드는 데 최적화된 해석력을 제공한다.

랜덤 포레스트 가상 사례

부동산 투자 펀드의 오피스텔 자동 매입 시스템 개발

1) 문제 상황: 한 대형 부동산 투자 펀드가 매물로 나온 수많은 오피스텔의 적정 가치를 실시간으로 평가하여, 수익성 있는 물건을 자동으로 매입하는 시스템(AVM)을 구축하고자 한다.

2) 어떤 모델을 선택해야 하는가? → 랜덤 포레스트

3) 이유와 적용: 이 과제의 핵심은 '최고 수준의 정확도'다. 2억 원짜리 오피스텔 가치를 예측할 때 1%의 오차는 200만 원의 손실을 의미하며, 수천 건의 거래에서는 막대한 손실로 이어진다. 왜 그런 가격이 나왔는지에 대한 세세한 설명보다는, 단 0.1%라도 더 정확하게 시장가격을 맞추는 것이 지상과제다.

이 경우, 수백 개의 변수(교통, 임대수익률, 공실률, 주변 편의시설, 리뷰 데이터 등)를 모두 고려하여 가장 안정적이고 정확한 예측을 제공하는 랜덤 포레스트가 절대적으로 유리하다. 펀드는 모델의 높은 예측력을 믿고, 경쟁자보다 빠르고 정확하게 수익성 있는 매물을 선점하는 전략을 구사할 수 있다.

결론적으로, 결정트리와 랜덤 포레스트는 우열의 관계가 아닌, 목적에 따라 선택해야 하는 상호보완적인 관계다. 의사결정 과정의 투명한 이해와 설명이 중요하다면 결정트리의 지혜를, 단 하나의 오차도 줄여야 하는 정밀한 예측이 필요하다면 랜덤 포레스트라는 집단지성의 힘을 빌려야 한다. 이 두 가지 도구를 적재적소에 활용하는 능력이야말로, 데이터를 통해 도시부동산의 가치를 꿰뚫어 보는 핵심 역량이 될 것이다.

3. 도시부동산 관련 머신 러닝 기반 XGBoost와 LightGBM의 효율성과 정확도를 비교 분석한다

3.1. 예측의 속도와 깊이: XGBoost와 LightGBM의 대결

지난 절에서 우리는 집단지성의 힘을 빌린 랜덤 포레스트의 원리를 탐험했다. 이제 우리는 그 집단지성을 한 단계 더 진화시킨, 현재 데이터 과학 분야의 왕좌를 차지하고 있는 두 개의 강력한 알고리즘을 만나보고자 한다.

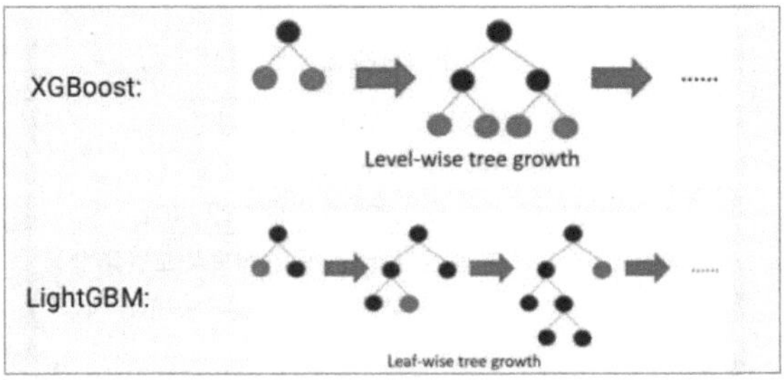

http://www.slideshare.net/GabrielCyprianoSaca/xgboost-lightgbm

(1) 랜덤 포레스트가 각자 독립적으로 판단하는 '전문가 위원회'라면, 이들(XGBoost, LightGBM)은 이전 나무의 실수를 다음 나무가 보완하며 점차 완벽에 가까워지는 '어벤져스 팀'과 같다.

이는 바로 XGBoost(eXtreme Gradient Boosting)와 LightGBM(Light Gradient Boosting Machine)이다. 이 두 모델은 랜덤 포레스트처럼 여러 개의 결정트리를 사용하는 것은 같지만, 나무를 만드는 방식에서 근본적인 차이를 보인다. 랜덤 포레스트가 각자 독립적으로 판단하는 '전문가 위원회'라면, 이들은 이전 나무의 실수를 다음 나무가 보완하며 점차 완벽에 가까워지는 '어벤져스 팀'과 같다.

3.1.1. 순차적 학습의 미학: 부스팅(Boosting)의 원리

1) 그래디언트 부스팅(Gradient Boosting)이란?

[그래디언트 부스팅(Gradient Boosting)]

머신러닝에서 부스팅은 약한 모델을 여러 번 순차적으로 적용해 강한 모델을 만들어 나가는 것을 의미한다. 그래디언트 부스팅은 Gradient(또는 잔차(Residual))를 이용해 이전 모형의 약점을 보완하는 새로운 모형을 순차적으로 적합한 뒤 이들을 선형 결합하여 얻어진 모형을 생성하는 지도 학습 알고리즘이다. GBM에서 사용되는 가장 핵심적인 방법은 gradient descent,

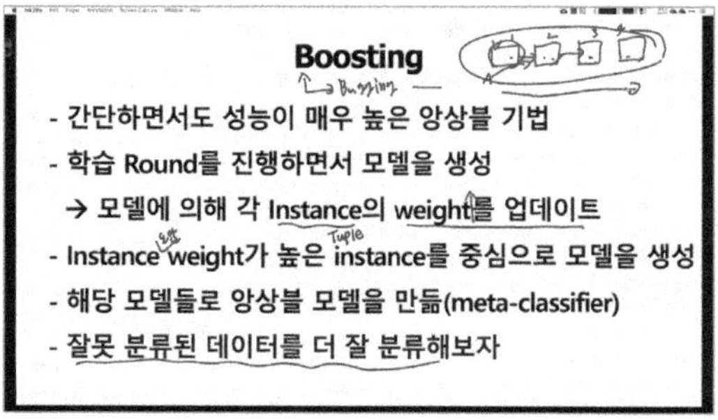

http://www.slideshare.net/GabrielCyprianoSaca/xgboost-lightgbm

경사하강법이다. 경사하강법은 손실 함수(loss fuction)를 정의하고 이의 미분값이 최소가 되도록 하는 방향을 찾고 접근하는 방식이다.

XGBoost와 LightGBM을 이해하기 위해서는 먼저 그래디언트 부스팅(Gradient Boosting)이라는 개념을 알아야 한다. 이는 여러 개의 약한 학습기(주로 결정트리)를 순차적으로 학습시켜, 이전 모델의 오류(잔차, Residual)를 다음 모델이 예측하고 보완해나가는 방식이다.

1. 첫 번째 나무(Tree 1)가 부동산 가격을 예측한다. 당연히 실제 가격과 오차가 발생한다.
2. 두 번째 나무(Tree 2)는 실제 가격이 아닌, Tree 1이 틀린 '오차값' 자체를 학습하여 예측한다.

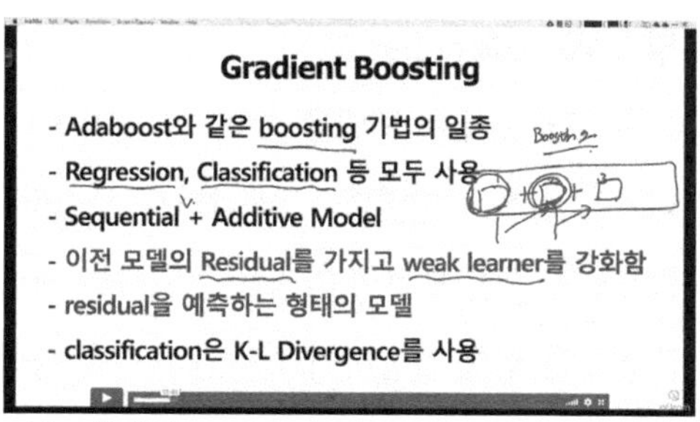

https://wikidocs.net

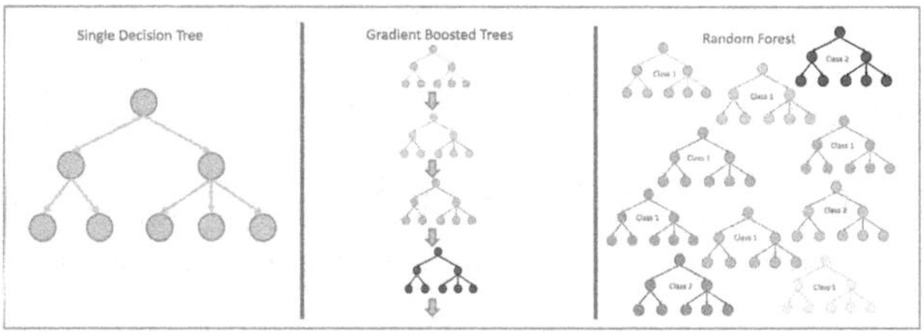

https://bnmy6581.tistory.com

3. 세 번째 나무(Tree 3)는 Tree 1과 Tree 2를 합친 예측의 오차를 또 학습한다.
4. 이 과정을 수백, 수천 번 반복하여, 이전 모델들이 놓친 부분을 다음 모델이 계속해서 채워나간다.

최종 예측값은 이 모든 나무들의 예측을 합산한 결과가 된다. 이처럼 점진적으로 오류를 줄여나가는 부스팅 방식은 극도로 정교하고 강력한 예측 모델을 만들어낸다. XGBoost와 LightGBM은 이 부스팅 계열에서 가장 뛰어난 성능으로 쌍벽을 이루는 알고리즘이다.

2) XGBoost: 꼼꼼하고 강력한 챔피언

XGBoost는 높은 예측 성능과 빠른 속도, 강력한 특성 선택 기능 등을 가지고 있지만, 매개변수 튜닝의 어려움과 자원 소모, 해석이 어려운 모델의 단점도 있다. 이러한 장점과 단점을 고려하여 프로젝트에 적합한 알고리즘을 선택해야 한다.

XGBoost는 오랫동안 데이터 과학 경진대회를 휩쓸며 '캐글(Kaggle)의 제왕'으로 군림해 온 알고리즘이다. 그 강력함의 비결은 균형 잡힌 트리 성장(Level-wise Growth) 방식에 있다.

(1) **작동 방식:** XGBoost는 나무의 각 레벨(깊이)에 있는 모든 노드를 균형 있게 분할하며 성장한다. 즉, 트리의 좌우 균형을 맞추며 꼼꼼하게 모든 경우의 수를 따져본다. 이는 마치 신중한 마에스트로가 오케스트라의 모든 파트를 조율하며 전체적인 완성도를 높여가는 모습과 같다.

(2) **장점:** 이러한 방식은 과적합을 방지하는 강력한 규제(Regularization) 기능과 맞물려 매우 높은 정확도와 안정성을 자랑한다. 어떤 데이터에서도 준수하고 신뢰도 높은 성능을 보여주는 것이 XGBoost의 가장 큰 미덕이다.

(3) **단점:** 하지만 모든 노드를 꼼꼼히 탐색하기 때문에, 데이터의 양이 수백만 건을 넘어갈 경우 학습 속도가 느려지고 메모리 사용량이 크다는 단점이 있다.

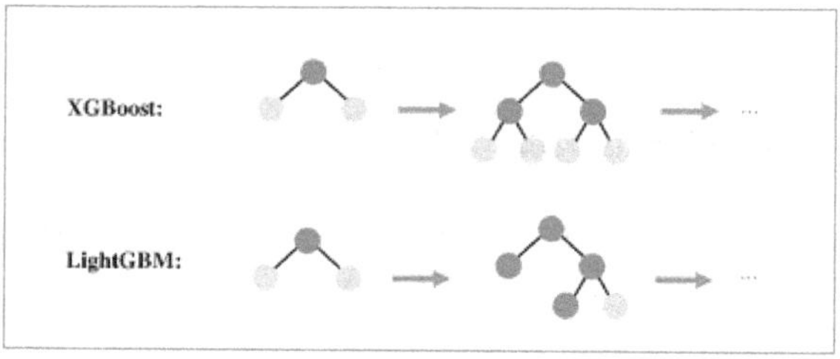

https://wonderwalls.tistory.com

3.1.2. 마이크로소프트에서 개발한 LightGBM: 빠르고 효율적인 도전자

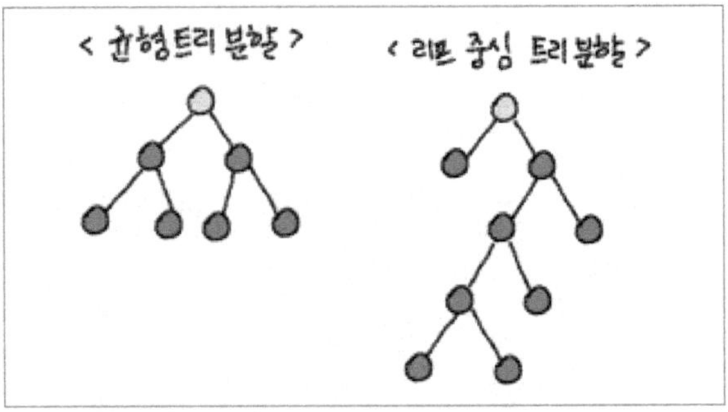

[지도 학습] LightGBM 개념과 예제 코드
https://day-to-day.tistory.com/

XGBoost의 단점을 보완하며 혜성처럼 등장한 것이 바로 마이크로소프트에서 개발한 LightGBM이다. 그 이름(Light)처럼 가볍고 빠르면서도 강력한 성능을 자랑하며, 새로운 왕좌의 주인으로 떠오르고 있다. 그 비결은 선택과 집중의 트리 성장(Leaf-wise Growth) 방식에 있다.

(1) **작동 방식**: LightGBM은 XGBoost처럼 모든 노드를 균형 있게 확장하지 않는다. 대신, 현재 상태에서 정보 획득량(Information Gain)이 가장 클 것으로 기대되는, 즉 오차를 가장 많이 줄일 수 있는 하나의 리프 노드(Leaf Node)를 집중적으로 공략하여 분할한다. 이는 비대칭적인 나무를 만들지만, 가장 효율적인 경로를 찾아 빠르게 정답으로 향하는 방식이다.

(2) **장점**: 불필요한 계산을 줄이고 핵심에 집중하기 때문에, XGBoost 대비 월등히 빠른 학습 속도와 적은 메모리 사용량을 자랑한다. 그러면서도 정확도는 대등하거나 오히려 더 높은 경우도 많다.

(3) **단점**: 데이터의 양이 적을 경우(통상 1만 건 미만), 하나의 경로만 깊

게 파고드는 특성 때문에 과적합에 빠질 위험이 XGBoost보다 다소 높을 수 있다.

3.2. 가상 사례로 본 두 고수(XGBoost와 LightGBM)의 활용법

LightGBM을 적용한 가상 사례

호텔 예약 플랫폼의 실시간 동적 가격 책정 시스템

1) 문제 상황: 호텔 예약 플랫폼 '데일리호텔'은 서울 시내 수천 개 호텔의 객실 가격을 시장 상황에 맞춰 매시간 실시간으로 최적화하여 매출을 극대화하고자 한다.

2) 어떤 모델을 선택해야 하는가? → LightGBM

3) 이유와 적용: 이 과제의 핵심은 '속도'다. 매시간 새롭게 쏟아지는 실시간 데이터(항공편 예약 현황, 주변 경쟁 호텔 가격, 날씨 예보, 지역 축제 정보, 실시간 검색량 등)를 반영하여 모델을 즉각적으로 재학습하고 가격을 업데이트해야 한다. XGBoost의 꼼꼼함은 이처럼 긴박한 상황에서는 오히려 비효율적이다. LightGBM의 압도적인 속도는 수백만 건의 데이터를 순식간에 처리하여, '3시간 뒤 잠실 인근 호텔의 최적 가격'을 경쟁사보다 빠르게 예측하고 제시하게 해준다. 이는 급변하는 시장 수요에 기민하게

대응하여 수익을 극대화하는 결정적인 무기가 된다.

XGBoost을 적용한 가상 사례

국책연구기관의 전국 주택시장 위험지수 모델 개발

1) **문제 상황:** 국토연구원은 전국 250여 개 시군구별 주택시장의 버블 위험도를 평가하고, 이를 기반으로 정책 권고안을 제시하는 국가 단위의 '주택시장 안정성 지수' 모델을 개발하고자 한다.

2) **어떤 모델을 선택해야 하는가?** → XGBoost

3) **이유와 적용:** 이 과제의 핵심은 속도가 아닌 '궁극의 안정성과 신뢰도'다. 모델의 예측 결과는 국가의 중요한 부동산 정책 결정에 직접적인 영향을 미치므로, 단 하나의 오류도 치명적일 수 있다. 모델은 한 달 또는 분기별로 업데이트되므로 학습 속도는 큰 문제가 되지 않는다.

XGBoost의 균형 잡힌 트리 성장 방식과 강력한 과적합 방지 기능은, 가계부채 비율, 금리, 인허가 물량, 인구 이동 등 수많은 거시경제 변수와 지역 변수들이 주택 시장에 미치는 영향을 최대한 안정적으로 모델링하는 데 더 적합하다. 정책 결정자는 XGBoost의 꼼꼼함이 만들어낸 높은 신뢰도의 모델을 기반으로, 더 확신을 갖고 정책 방향을 설정할 수 있다.

결론적으로 XGBoost와 LightGBM의 대결은 '최고'를 가리는 싸움이 아니라 '최적'을 찾는 여정이다. 실시간으로 쏟아지는 방대한 데이터 속에서 빠른 판단이 필요할 때는 LightGBM의 날렵함을, 국가 단위의 중차대한 의사결정을 위해 최고의 안정성과 신뢰도가 필요할 때는 XGBoost의 묵직함을 선택해야 한다. 이 두 알고리즘의 특성을 이해하고 적재적소에 활용하는 능력이야말로, 데이터를 통해 보이지 않는 부동산의 미래를 손에 쥐는 현대의 연금술이라 할 수 있을 것이다.

4. 도시부동산 관련 머신 러닝 기반 AutoML을 활용한 자동 가치평가 시스템 구축 사례를 소개한다

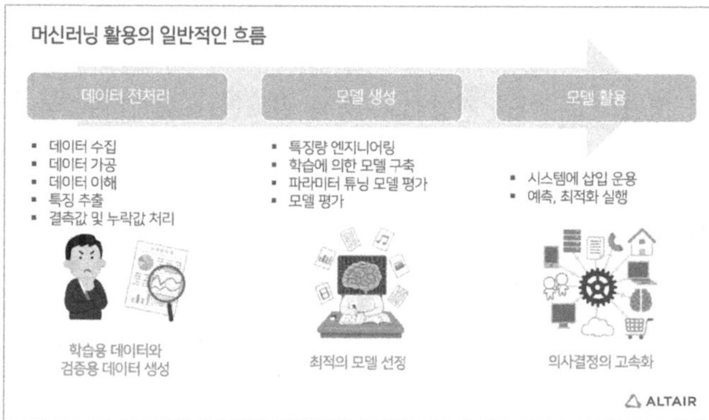

AutoML(자동화된 머신러닝) 이란? - 알테어 블로그

4.1. AI가 스스로 가치를 탐색하다: AutoML 기반 자동 가치평가 시스템

지금까지 우리는 데이터 과학자들이 다양한 알고리즘을 선택하고, 수많은 변수를 조정하며 최적의 예측 모델을 만들어내는 과정을 살펴보았다. 이는 마치 최고의 재료를 가지고 최상의 요리를 만들어내는 마스터 셰프의 여정과 같았다.

그러나 만약, 이 모든 복잡하고 전문적인 과정을 기계가 알아서 수행하는 'AI 셰프'가 있다면 어떨까? 이것이 바로 AutoML(Automated Machine Learning), 즉 '자동화된 머신러닝'의 세상이다. AutoML은 데이터 과학의 깊은 지식이 없는 전문가라도 누구나 인공지능의 힘을 빌려, 정교한 부동산 자동 가치평가 시스템(AVM, Automated Valuation Model)을 구축할 수 있도록 하는 혁명적인 도구다.

4.1.1. AutoML: AI 데이터 과학자의 탄생

AutoML은 머신러닝 모델을 개발하는 전 과정을 자동화하는 기술 파이프라인이다. 이는 마치 숙련된 데이터 과학자 팀이 수행하는 모든 작업을 하나의 자동화된 시스템으로 응축한 것과 같다.

(1) **자동 데이터 전처리**(Automated Data Preprocessing): 수집된 데이터에 존재하는 결측값(Missing Values)을 채우고, 서로 다른 단위의 변수들을 정규화하며, 텍스트나 범주형 데이터를 모델이 이해할 수 있는 숫자 형태로 변환하는 등, 지루하고 반복적인 데이터 정제 작업을 자동으로 수행한다.

(2) **자동 피처 엔지니어링**(Automated Feature Engineering): AutoML의 가장 강력한 기능이다. 기존 변수들을 조합하여 새로운 의미를 가진 파생 변수를 스스로 만들어낸다. 예를 들어, '지하철역까지의 거리'와 '인근 학교의 평판 점수'라는 두 변수를 결합하여 '교육-교통 편의성 지수'와 같은 새로운 특징을 자동으로 생성함으로써, 모델의 예측력을 극대화한다.

(3) **자동 모델 선택 및 하이퍼파라미터 튜닝**(Automated Model Selection & Hyperparameter Tuning): 선형 회귀분석부터 랜덤 포레스트, XGBoost, LightGBM, 그리고 심층 신경망(Deep Neural Network)에 이르기까지 수십, 수백 개의 다양한 모델을 자동으로 테스트한다. 이후, 주어진 데이터에 가장 적합한 최적의 모델을 선택하고, 해당 모델의 성능을 최고로 끌어올리기 위한 수많은 설정값(하이퍼파라미터)을 미세하게 조정하는 작업을 완벽하게 수행한다.

결국 사용자는 잘 정돈된 데이터만 시스템에 입력하면, 복잡한 중간 과정 없이 최고 성능의 맞춤형 예측 모델을 결과물로 얻게 된다. 이는 부동산 전문가나 도시계획가가 코딩이나 머신러닝의 깊은 지식 없이도, 자신의 도메인 지식을 바탕으로 강력한 데이터 기반 의사결정을 내릴 수 있는 시대를 열었음을 의미한다.

4.2. 가상 사례로 본 AutoML의 실제 적용

AutoML의 적용 가상 사례 1

프롭테크 스타트업 '밸류맵'의 실시간 아파트 시세 서비스

1) **문제 상황:** 신생 프롭테크(Prop-Tech) 스타트업 '밸류맵'은 서울 시내 모든 아파트의 현재 시세를 실시간으로, 그리고 매우 정확하게 제공하는 웹 서비스를 개발하고자 한다. 하지만 회사의 데이터 과학자는 단 두 명뿐이다.

2) **전통적 접근법:** 두 명의 데이터 과학자가 수개월에 걸쳐 데이터를 수집, 정제하고, XGBoost나 LightGBM 같은 특정 모델을 선택하여 수작업으로 튜닝하는 고된 과정을 거쳐야 한다. 시장 변화에 빠르게 대응하기 어렵다.

3) AutoML의 적용:

(1) **데이터 투입:** '밸류맵' 팀은 아파트의 기본 정보(면적, 층수, 연식), 실거래가, 공시지가, 학군 정보, 주변 편의시설 밀도, SNS 리뷰의 감성 점수, 위성사진으로 분석한 조망권 및 일조량 데이터 등 수백 개의 변수로 구성된 통합 데이터셋을 구글(Google)이나 아마존(AWS)의 AutoML 플랫폼에 업로드한다.

(2) **AutoML의 자동화된 작업:** 플랫폼은 단 몇 시간 만에 데이터의 결

측치를 처리하고, '학군 점수 ÷ 통학 거리'와 같은 유의미한 파생 변수들을 생성한다. 이후 수십 개의 모델을 경쟁시켜, 이 데이터셋에는 '앙상블(Ensemble) 기법을 적용한 LightGBM 모델'이 가장 적합하다는 결론을 내리고, 최적의 하이퍼파라미터까지 찾아낸다.

(3) **결과 및 활용**: 단 며칠 만에, 인간 전문가가 수개월간 작업한 것 이상의 성능을 내는 고도로 정확한 자동 가치평가 모델이 완성된다. '밸류맵'은 이 모델을 기반으로 웹사이트 방문자에게 특정 아파트의 예측 시세를 즉각적으로 제공하고, "인근 신규 지하철 노선 계획 발표로 인해 3개월 후 예상 가치가 2.1% 상승할 것으로 예측됩니다"와 같은 구체적인 근거까지 제시하는 차별화된 서비스를 신속하게 출시한다.

4) **결론**: AutoML은 소규모 스타트업이 최소한의 인력과 시간으로 대기업 수준의 데이터 기반 서비스를 구축할 수 있게 만드는 '게임 체인저' 역할을 수행한다.

AutoML의 적용 가상 사례 2

자산운용사 '알파에셋'의 상업용 부동산 투자 포트폴리오 최적화

1) **문제 상황**: 대형 자산운용사 '알파에셋'은 향후 5년간 가장 높은 임대수익률과 자산 가치 상승이 기대되는 상업용 부동산(오피스, 리테일)을 발굴하여 투자 포트폴리오를 구성하고자 한다.

2) **전통적 접근법**: 수석 애널리스트들의 경험과 시장 리포트, 제한된 거시경제 지표에 의존하여 투자 대상을 선정한다. 분석 과정에 시간이 오래 걸리고, 분석가의 주관적 편향이 개입될 위험이 있다.

오피스 저층부 리테일몰로 꾸몄더니 집객력 향상되고 빌딩 가치 높아졌다 | TENANT news

3) AutoML의 적용:

(1) 데이터 투입: '알파에셋'은 '미래 수익률'을 예측하기 위한 선행지표 중심의 데이터를 구축한다. 여기에는 특정 지역의 업종별 카드 매출 변화율, 통신사 유동인구의 직업군 변화, 신규 사업자 등록 데이터, 배달 앱 주문량 변화, 주변 오피스의 공실률 변화 추이 등 복잡하고 비정형적인 데이터가 모두 포함된다.

(2) AutoML의 숨겨진 패턴 발견: AutoML 시스템은 이 복잡한 시계열 데이터를 분석하여 인간이 직관적으로 파악하기 어려운 미묘한 패턴을 발견한다. 예를 들어, '반경 500m 내에 공유 오피스 입주율이 80%를 넘고, 1인 가구를 대상으로 한 고급 식료품점의 배달 주문량이 2분기 연속 20% 이상 증가하면, 1년 뒤 해당 지역의 소형 오피스 임대료는 평균 15% 상승한다'는 식의 복합적인 규칙을 스스로 학습한다.

(3) 결과 및 활용: AutoML은 서울 시내 모든 상업용 블록에 대해 '5년 후 예상 투자수익률(ROI) 지수'를 산출하여 제공한다. 이를 통해 현재는 저평가되어 있지만, 데이터상으로는 강력한 성장 시그널을 보이는 몇몇 지역을 투자 우선순위로 추천한다. '알파에셋'은 이 객

관적인 데이터를 바탕으로 포트폴리오를 구성하여, 시장의 평균 수익률을 뛰어넘는 안정적이고 높은 성과를 추구하게 된다.

4) **결론**: AutoML은 인간의 경험을 보완하고 편향을 제거하며, 보이지 않는 미래 시장의 동력을 데이터 속에서 찾아내는 가장 정교한 나침반이 된다. 이는 부동산 투자의 패러다임을 '감'에서 '과학'으로 전환시키는 핵심 동력이다.

결론적으로 AutoML은 데이터 과학의 민주화를 이끌고 있다. 더 이상 소수의 전문가만이 누리던 머신러닝의 힘을, 이제는 도시와 부동산을 사랑하는 모든 이들이 자신의 분야에서 활용할 수 있게 된 것이다. 이는 보이지 않는 가치를 읽어내는 우리의 눈을 더욱 밝고 예리하게 만들어 줄 가장 강력한 빛이 될 것이다.

제5장

딥러닝 기반의 도시부동산 가치 평가 모델의 핵심 알고리즘

1. 도시부동산 관련 다층 퍼셉트론(Multilayer Perceptron)의 작동 원리와 부동산 가치 예측

지금까지 우리는 기계가 데이터를 통해 학습하고 예측하는 다양한 방법론을 탐험했다. 그렇다면 이 학습의 정점, 즉 인간의 뇌가 작동하는 방식 자체를 모방하여 문제를 해결하는 단계에 이르면 어떤 일이 벌어질까?

이것이 바로 딥러닝(Deep Learning)의 세계이며, 그 가장 기본적이면서도 핵심적인 구조가 바로 인간의 신경망을 수학적으로 구현한 다층 퍼셉트론(Multilayer Perceptron, MLP)이다. MLP는 수많은 데이터 속에 숨겨진 미세하고 복잡한 패턴을 스스로 학습하여, 기존의 어떤 모델보다도 깊이 있는 통찰력으로 부동산의 가치를 예측하는 궁극의 알고리즘이다.

1.1. 뇌의 작동 원리를 닮은 구조

다층 퍼셉트론은 이름 그대로 여러 개의 '퍼셉트론' 층으로 이루어져 있다. 퍼셉트론은 인간 뇌의 기본 단위인 '뉴런(Neuron)'을 모방한 것으로, 여러 개의 입력 신호를 받아 하나의 출력 신호를 내보내는 간단한 구조다. MLP는 이러한 뉴런들을 여러 층으로 쌓아 올려, 마치 인간의 뇌처럼 복잡한 사고 과정을 수행한다.

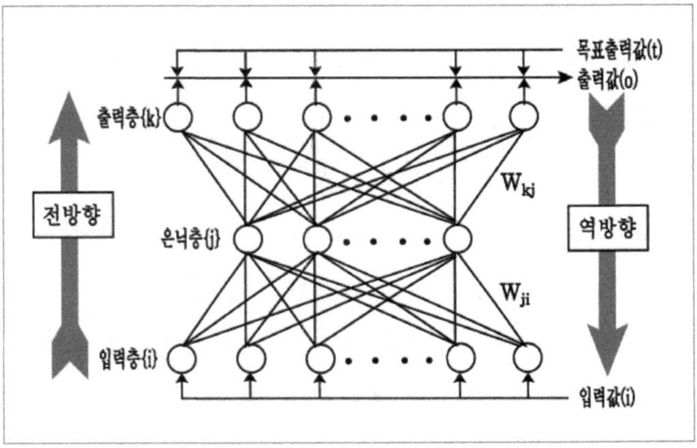

https://zetawiki.com

(1) **입력층**(Input Layer): 부동산의 가치를 예측하기 위한 모든 데이터가 들어오는 첫 관문이다. 면적, 층수, 건축 연도와 같은 정형 데이터는 물론, '지하철역까지의 거리'나 '인근 학교의 평판 점수', 심지어 부동산 리뷰 텍스트에서 추출한 '감성 점수'나 위성사진에서 분석한 '녹지 비율'까지, 수백, 수천 개의 변수가 이 층의 뉴런 하나하나에 입력된다.

(2) **은닉층**(Hidden Layers): MLP의 핵심이자, '깊은 학습(Deep Learning)'이 일어나는 곳이다. 입력층에서 들어온 정보는 여러 개의 은닉층을 거치며 가공되고 해석된다. 각 층의 뉴런들은 이전 층의 모든 뉴런으로부터 신호를 받는데, 이때 각 신호에는 '가중치(Weight)'가 곱해진다. 이 가중치는 특정 정보가 얼마나 중요한지를 나타내는 값이다. 뉴런은 가중치가 부여된 신호들을 모두 합산한 뒤, '활성

화 함수(Activation Function)'라는 특별한 필터를 거쳐 다음 층으로 신호를 전달할지 말지를 결정한다.

이 은닉층이 여러 겹으로 깊어질수록, 모델은 인간이 직관적으로도 파악하기 어려운 매우 복잡하고 비선형적인 패턴을 학습할 수 있다. 예를 들어, '한강 조망'이라는 변수는 그 자체로도 가치가 있지만, '높은 층수'와 '남향', 그리고 '고급 마감재'라는 변수와 결합했을 때 그 가치가 폭발적으로 증가하는 '시너지 효과'를 스스로 발견해낸다. 첫 번째 은닉층이 개별 변수들의 단순한 특징을 학습한다면, 다음 은닉층은 앞선 층에서 학습된 특징들을 조합하여 더 고차원적인 새로운 특징을 만들어내는 식이다. 이것이 바로 딥러닝이 '깊다'고 불리는 이유다.

(3) **출력층**(Output Layer): 여러 은닉층을 거치며 정제되고 응축된 정보는 마지막 출력층에 도달하여, '예측 부동산 가격'이라는 최종적인 하나의 값으로 출력된다.

이 모든 과정은 역전파(Backpropagation)라는 학습 메커니즘을 통해 최적화된다. 모델이 예측한 가격과 실제 가격 사이의 오차를 계산한 뒤, 그

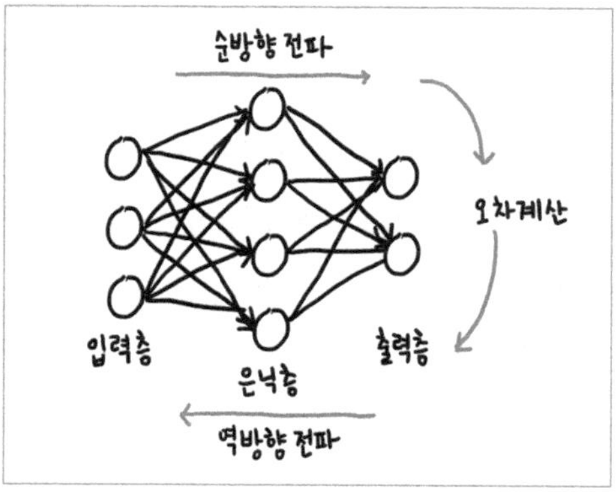

Deep Learning: 신경망의 기초]다층퍼셉트론 - Toy Box

오차를 줄이는 방향으로 거꾸로 거슬러 올라가며 수백만 개의 연결선에 부여된 가중치를 미세하게 조정하는 과정을 수없이 반복한다. 이 과정을 통해 모델은 점차 정교해지며, 인간의 뇌가 경험을 통해 학습하듯 스스로 똑똑해진다.

1.2. 가상 사례로 본 딥러닝의 압도적인 예측력

딥러닝(MLP)의 적용 가상 사례 1

'분위기'와 '감성'의 경제적 가치를 정량화하다

1) **문제 상황:** 최근 서울의 성수동이나 을지로처럼, 낡고 거친 분위기 자체가 자산이 되는 상권이 뜨고 있다. 전통적인 상권 분석 모델은 이러한 비정형적인 가치를 전혀 반영하지 못한다. 한 상업용 부동산 전문 투자사는 이 '분위기'의 가치를 정량화하여 미래 임대료를 예측하고자 한다.

2) 딥러닝(MLP)의 적용:

(1) **다차원 데이터 입력:** 임대료, 면적 같은 기본 데이터와 함께, ① 인스타그램 이미지 데이터에서 추출한 '인더스트리얼 인테리어'의 비율, '네온사인'의 개수, 사진 속 '젊은 방문객'의 밀도, ② 블로그 텍스트 데이터에서 분석한 '힙하다', '경험', '숨은' 등의 키워드 빈도와 긍정 감성 점수, ③ 통신사 데이터의 '주말 심야 시간대 체류 인

[을지로터리] 가성비 상권으로 통하는 힙지로 위협하는 '이것' - 아시아경제

구' 등을 모두 입력층에 투입한다.

(2) **은닉층의 패턴 학습**: MLP의 깊은 은닉층들은 이 복잡한 데이터들 사이의 비선형적 관계를 학습한다. 예를 들어, '낡은 외벽'이라는 시각 정보와 '숨은 맛집'이라는 텍스트 정보, 그리고 '심야 체류 인구'라는 행동 데이터가 특정 임계치를 넘어 결합될 때, 미래 임대료 상승률이 기하급수적으로 높아지는 숨겨진 공식을 발견한다. 이는 다른 모델로는 결코 찾아낼 수 없는, 여러 종류의 데이터가 빚어내는 복합적인 시너지 효과다.

3) **결론**: MLP 모델은 '분위기'라는 추상적인 개념을 데이터의 조합으로 구체화하고, 그것이 미래 수익에 미치는 영향을 정확하게 예측해낸다. 이를 통해 투자사는 아직 시장에 가치가 완전히 반영되지 않은, 잠재력 높은 부동산을 선점하는 압도적인 경쟁 우위를 확보하게 된다.

딥러닝(MLP)의 적용 가상 사례 2

주택의 질적 가치를 반영한 초개인화 가치평가

1) **문제 상황**: 같은 아파트, 같은 동, 같은 라인의 두 집이 있다. 하나는 20년 전의 기본 인테리어 상태이고, 다른 하나는 최근 1억 원을 들여 최고급 자재로 리모델링했다. 기존의 자동 가치평가 모델은 이 두 집의

https://www.womansense.co.kr

가치를 동일하게 평가하는 맹점을 가진다.

2) **딥러닝(MLP)의 적용:**

(1) **이미지 데이터의 구조화:** MLP 모델에 수만 건의 주택 내부 사진과 그 주택의 실제 거래 가격을 함께 학습시킨다.

(2) **은닉층의 시각적 특징 학습:** 첫 번째 은닉층은 사진 속에서 선과 색, 질감 등 기본적인 시각 요소를 감지한다. 다음 층은 이를 조합하여 '대리석', '원목 마루', '시스템 에어컨', '간접 조명' 등 구체적인 인테리어 객체를 인식한다. 더 깊은 층에서는 이러한 객체들의 조합을 통해 '모던 스타일', '클래식 스타일', '미니멀리즘'과 같은 전체적인 인테리어의 '품질'과 '스타일'을 종합적으로 판단하고 점수화한다.

(3) **초개인화 가치 산정:** 사용자가 자신의 집 내부 사진을 업로드하면, 학습된 MLP 모델은 사진을 분석하여 인테리어의 질적 가치를 정량화하고, 이를 기본 시세에 반영하여 최종 예측 가격을 제시한다. "고객님의 주택은 기본 시세 20억 원에, 고급 원목 마루(+2,500만 원), 시스템 에어컨 설치(+1,200만 원), 전체적인 모던 디자인 완성도(+3,000만 원) 등의 가치가 추가로 반영되어, 최종 예측 가치는 20억 6,700만 원입니다."와 같은 구체적인 설명이 가능해진다.

3) **결론:** 딥러닝은 눈에 보이는 모든 질적 차이를 데이터로 환산하여, 세상에 단 하나뿐인 부동산의 고유한 가치를 평가하는 궁극의 도구가 된다. 이는 부동산 가치 평가의 패러다임을 '평균'에서 '개별'로, '추정'에서 '진단'으로 바꾸는 혁신적인 전환이다.

결론적으로 다층 퍼셉트론을 필두로 한 딥러닝 기술은, 단순히 과거의 데이터를 학습하는 것을 넘어, 도시와 부동산을 구성하는 무한에 가까운 변수들의 복잡한 상호작용을 이해하고 그 안에 숨겨진 질서를 발견하는 새로운 지평을 열고 있다. 이는 보이지 않는 가치를 읽어내는 인간의 능력을 무한히 확장시키는 가장 강력하고 경이로운 조력자가 될 것이다.

2. 도시부동산 관련 딥러닝 기반의 순환신경망(RNN)을 활용한 시계열 주택가격 패턴 학습

2.1. 과거를 기억하는 인공지능: 순환신경망(RNN)과 시계열 패턴 학습

지금까지 우리가 살펴본 머신러닝 모델들은 특정 시점의 데이터를 '사진'처럼 찍어 분석하는 방식이었다. 하지만 도시와 부동산 시장은 정지된 사진이 아니라, 끊임없이 흘러가는 '영화'와 같다. 오늘날 아파트 가격은 단순히 현재의 조건만으로 결정되지 않는다. 지난 몇 년간의 가격 흐름, 금리의 변화, 정부의 정책 발표 등 과거로부터 이어진 연속적인 맥락 속에서 존재한다.

이처럼 시간의 흐름 속에 숨겨진 패턴, 즉 '이야기의 플롯'을 이해하기 위해 탄생한 것이 바로 순환신경망(Recurrent Neural Network, RNN)이다. RNN은 과거를 기억하는 특별한 능력을 통해, 부동산 시장의 동적인 미래를 예측하는 새로운 지평을 연다.

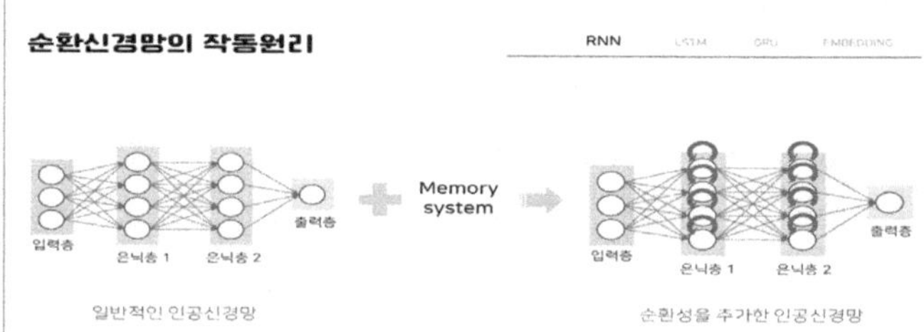

RNN원리 https://di-bigdata-study.tistory.com

2.1.1. 기억의 고리: 순환신경망(RNN)의 작동 원리

RNN은 이전 장에서 살펴본 다층 퍼셉트론(MLP)과 근본적으로 다른 구조를 가진다. MLP가 입력된 정보를 한 방향으로만 처리하는 데 반해, RNN은 내부에 '기억의 고리(Loop)'를 가지고 있다.

이는 마치 인간의 작업 기억(Working Memory)과 같다. 우리가 문장을 읽을 때, 앞서 읽은 단어를 기억하고 있기 때문에 다음 단어의 의미를 제대로 파악할 수 있는 것처럼, RNN은 특정 시점(t)의 데이터를 처리할 때, 해당 시점의 입력값뿐만 아니라 바로 이전 시점(t-1)에서 처리했던 정보의 '기억(Hidden State)'을 함께 고려한다. 이 기억은 다시 현재 시점(t)의 결과를 처리한 뒤 다음 시점(t+1)으로 전달된다.

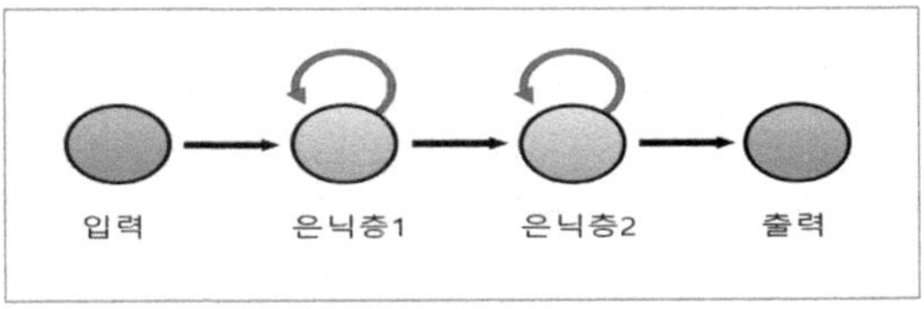

https://itstory1592.tistory.com

이러한 순환 구조 덕분에 RNN은 시계열 데이터(Time-series Data), 즉 시간 순서에 따라 기록된 데이터를 분석하는 데 탁월한 능력을 보인다. 예를 들어, 지난 10년간의 월별 주택 가격 데이터를 학습시킬 경우, RNN은 '3개월 연속 가격이 상승한 뒤에는 다음 달에도 상승할 확률이 높다'거나, '금리가 인상된 후 6개월 뒤부터는 거래량이 감소하는 경향이 있다'는 식의 시간적 순서와 맥락이 담긴 패턴을 스스로 학습한다.

물론, 기본적인 RNN은 기억력이 길지 않아 오래전의 정보를 쉽게 잊어버리는 '기울기 소실(Vanishing Gradient)' 문제가 있다. 이를 해결하기 위해, 중요한 정보는 오래 기억하고 불필요한 정보는 잊어버리는 '기억 게이트(Gate)'를 장착한 LSTM(Long Short-Term Memory)이나 GRU(Gated Recurrent Unit)와 같은 발전된 형태의 RNN이 현재 널리 사용되고 있다. 이들은 부동산 시장에 영향을 미치는 장기적인 흐름과 단기적인 충격을 모두 기억하고 분석하는 더욱 정교한 인공지능이라 할 수 있다.

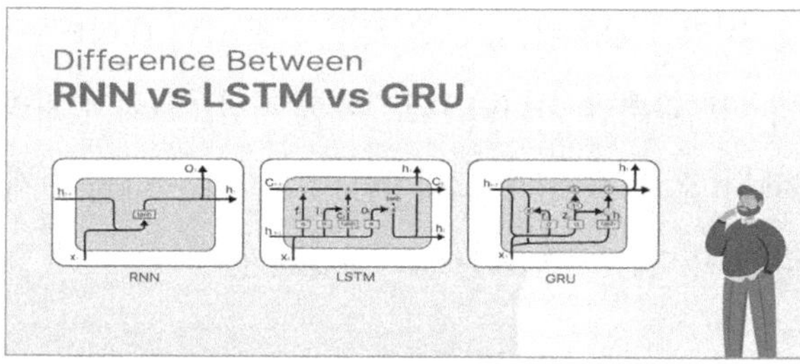

RNN vs LSTM vs GRU – Which is the Best? - Shiksha Online

[RNN, LSTM, GRU: 핵심 신경망 모델 비교 분석]

순환 신경망(Recurrent Neural Network, RNN)과 그 변형 모델인 LSTM(Long Short-Term Memory), GRU(Gated Recurrent Unit)는 시계열 데이터와 같이 순차적인 정보 처리에 강점을 보이는 딥러닝 모델이다. 각 모델은 고유한 목표와 작동 원리를 바탕으로 다양한 분야에서 활용되고 있으며, 특히 부동산 시장 분석 및 예측과 같은 복잡한 시계열 데이터 처리에서 그 가능성을 인정받고 있다. 본고에서는 세 모델의 핵심적인 특징과 장단점을 비교하고, 부동산 분야에서의 구체적인 활용 예시를 제시한다.

■ RNN, LSTM, GRU 목표, 작동원리 및 기술, 역할, 장단점, 활용예시 비교 분석표

구분	RNN (Recurrent Neural Network)	LSTM (Long Short-Term Memory)	GRU (Gated Recurrent Unit)
목표	순차적 데이터(Sequential Data) 내의 패턴 학습 및 예측	RNN의 장기 의존성 문제(Long-Term Dependency Problem) 해결	LSTM의 구조를 단순화하여 계산 효율성을 높이면서 유사한 성능 유지
작동원리 및 기술	이전 시점의 은닉 상태(Hidden State)를 다음 시점의 입력으로 재귀적으로 사용하여 정보의 연속성을 학습. 활성화 함수(주로 tanh 또는 ReLU)를 통해 출력을 결정.	입력, 망각, 출력 게이트(Input, Forget, Output Gate)와 셀 상태(Cell State)를 도입. 각 게이트가 셀 상태의 정보를 선택적으로 추가, 삭제, 출력하여 장기적인 정보를 효과적으로 보존.	업데이트, 리셋 게이트(Update, Reset Gate) 2개의 게이트로 구성. 셀 상태와 은닉 상태를 통합하여 LSTM보다 파라미터 수가 적고 구조가 단순함. 리셋 게이트는 과거 정보의 반영 비율을, 업데이트 게이트는 현재 정보와 과거 정보의 조합 비율을 결정.
역할	기본적인 순차 데이터 처리. 단기적인 패턴 인식에 주로 사용.	복잡하고 긴 시퀀스 데이터 처리. 자연어 처리, 음성 인식, 주가 예측 등 장기적인 맥락 파악이 중요한 분야에서 핵심적인 역할 수행.	LSTM과 유사한 성능을 요구하면서도 더 빠른 학습 속도와 적은 계산량이 필요한 환경에서 사용. 실시간 예측 시스템이나 비ㅁ교적 덜 복잡한 시퀀스 문제에 적합.
장점	- 구조가 간단하여 이해 및 구현이 비교적 용이함. - 짧은 시퀀스 데이터에 대해 준수한 성능을 보임.	- 게이트 메커니즘을 통해 장기 의존성 문제를 효과적으로 해결. - 그래디언트 소실/폭주(Vanishing/Exploding Gradient) 문제에 강건함. - 복잡한 패턴 학습 능력이 뛰어남.	- LSTM보다 구조가 단순하여 계산 비용이 적고 학습 속도가 빠름. - LSTM과 유사하거나 근접한 성능을 보이는 경우가 많음. - 적은 데이터셋에서도 비교적 좋은 성능을 발휘함.

단점	- 시퀀스가 길어질수록 과거 정보가 소실되는 장기 의존성 문제에 취약. - 그래디언트 소실 또는 폭주 문제 발생 가능성이 높음.	- 구조가 복잡하고 파라미터 수가 많아 계산 비용이 높고 학습 시간이 오래 걸림. - GRU에 비해 더 많은 학습 데이터가 필요할 수 있음.	- LSTM만큼 복잡한 데이터의 미세한 특징을 잡아내지 못할 수 있음. - 데이터의 특성에 따라 LSTM보다 성능이 낮게 나올 수 있음.
부동산에서 활용 예시	- 단기적인 주택 가격 변동 예측. - 특정 지역의 단기 임대 수요 예측.	- 과거 수십 년간의 부동산 가격, 거시 경제 지표, 정책 변화 등을 종합하여 장기적인 부동산 시장 트렌드 예측. - 부동산 관련 뉴스, 소셜 미디어 텍스트 데이터를 분석하여 시장 심리 지수 개발. - 특정 부동산의 미래 투자 수익률(ROI) 예측.	- 실시간으로 변동하는 부동산 매물 가격 예측. - 지역별 부동산 시장의 변동성을 빠르게 분석 및 예측. - 특정 조건(예: 지하철역 개통)에 따른 단기적인 가격 변화 시뮬레이션.

2.2. 가상 사례로 본 RNN의 시계열 예측 능력

RNN(LSTM)의 적용 가상 사례

주택시장 경기 순환의 조기 경보 시스템

1) **문제 상황:** 정부 산하 국책연구기관에서 향후 6개월 내 서울 주택시장이 '하강 국면'으로 전환될 가능성을 예측하여, 선제적인 시장 안정화 정책의 근거를 마련하고자 한다.

2) **전통적 접근법:** 현재의 주택 가격 지수, 거래량, 금리 등 개별 지표를 분석하여 전문가들이 정성적인 판단을 내린다. 하지만 각 변수들이 어떤 '순서'로 발생했을 때 시장이 변곡점을 맞이하는지에 대한 패턴을 파악하기는 어렵다.

3) RNN(LSTM)의 적용:

(1) **시계열 데이터 구축**: 지난 20년간의 월별 데이터를 시퀀스(Sequence) 형태로 구성한다. 각 월별 데이터에는 '주택 가격 지수', '거래량', '기준 금리', '신규 건축허가 면적', '정부의 주요 부동산 정책(규제 강화: -1, 완화: +1 등으로 수치화)' 등의 변수가 포함된다.

(2) **맥락적 패턴 학습**: LSTM 모델은 이 240개월(20년)짜리 시계열 '영화'를 학습한다. 이 과정에서 모델은 특정 사건들의 '연쇄 반응'을 기억한다. 예를 들어, [1단계: 3분기 연속 금리 인상] → [2단계: 거래량 급감] → [3단계: 언론의 부정적 보도 증가] 라는 순차적 사건의 조합이 발생했을 때, 역사적으로 4~6개월 뒤에는 90%의 확률로 시장이 하강 국면에 진입했다는 복합적인 시나리오를 학습한다.

4) **결론**: RNN은 개별 지표의 등락을 넘어, 시장 참여자들의 심리와 정책 효과가 시차를 두고 어떻게 상호작용하는지에 대한 동적인 '내러티브'를 이해한다. 이를 통해 시장의 위험 신호를 조기에 감지하는 정교한 조기 경보 시스템 역할을 수행하며, 정책 당국이 '소 잃고 외양간 고치는' 식의 대응에서 벗어나 선제적으로 움직일 수 있도록 돕는다.

RNN(GRU)의 적용 가상 사례

상업지구 젠트리피케이션의 '티핑 포인트' 예측

1) **문제 상황**: 한 부동산 투자회사가 최근 주목받기 시작한 특정 골목 상권이 언제 폭발적으로 성장하는 '티핑 포인트(Tipping Point)'에 도달할지를 예측하여, 임대료가 급등하기 직전에 건물을 매입하고자 한다.

2) **전통적 접근법**: 현장 답사를 통해 늘어난 유동인구나 새로 생긴 가게들을 보고 '뜨고 있다'고 판단하지만, 정확히 언제가 투자의 최적 시점

인지를 파악하기는 어렵다.

3) RNN(GRU)의 적용:

(1) **선행지표 시계열 구축**: 해당 상권의 지난 3년간 월별 데이터를 시퀀스로 구성한다. 데이터에는 '신규 창업 업종(카페, 디자인 스튜디오 등)', 'SNS 버즈량(언급량)', '방문객의 평균 체류 시간', '카드사의 20대 여성 매출액 비중' 등의 선행지표가 포함된다.

(2) **성장 스토리 학습**: GRU 모델은 젠트리피케이션의 전형적인 성장 스토리를 학습한다. 예를 들어, [초기: 소수의 디자인 스튜디오 창업] → [중기: SNS 버즈량의 완만한 증가와 체류 시간 증가] → [전환기: 영향력 있는 인플루언서의 방문과 미디어 노출 급증] → [성숙기: 대형 프랜차이즈 진입과 임대료 급등]의 순차적 단계를 이해한다.

(3) **티핑 포인트 예측**: 모델은 학습을 통해 '전환기', 즉 인플루언서의 방문이 급증하고 3개월이 지나는 시점이 바로 임대료가 비선형적으로 급등하는 '티핑 포인트'임을 발견한다.

4) **결론**: RNN은 단순히 '어디가' 뜰 것인지를 넘어, '언제' 그 잠재력이 폭발할 것인지를 예측하게 해준다. 이는 투자자가 최적의 타이밍에 진입하여 자본 이득을 극대화할 수 있도록 만드는, 한 차원 높은 수준의 의사결정을 가능하게 한다.

결론적으로 순환신경망(RNN)은 부동산 데이터 분석에 '기억'과 '시간'이라는 결정적인 차원을 더했다. 이를 통해 우리는 도시와 부동산 시장을 더 이상 단편적인 스냅샷의 조합이 아닌, 과거와 현재와 미래가 유기적으로 연결된 하나의 거대한 서사(Narrative)로 이해할 수 있게 되었다. 이 도시의 서사를 읽어내는 힘이야말로, 미래 가치를 꿰뚫어 보는 가장 깊이 있는 통찰이 될 것이다.

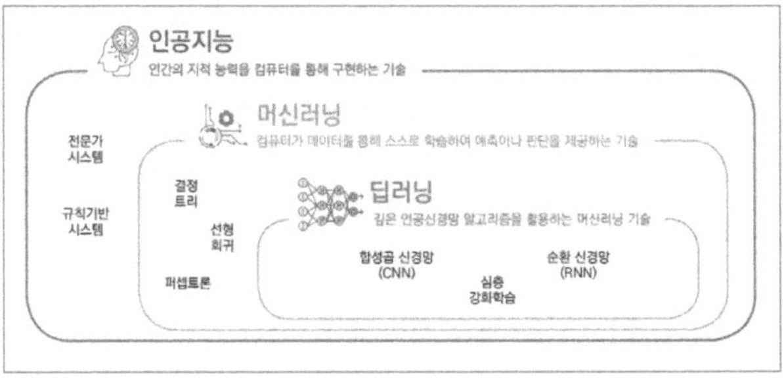

https://kyeonminsu.tistory.com

3. 도시부동산 관련 딥러닝 기반의 합성곱 신경망(CNN)을 활용한 위성사진 기반 입지 가치 평가

3.1. 도시의 얼굴을 읽는 인공지능의 눈: 합성곱 신경망(CNN)

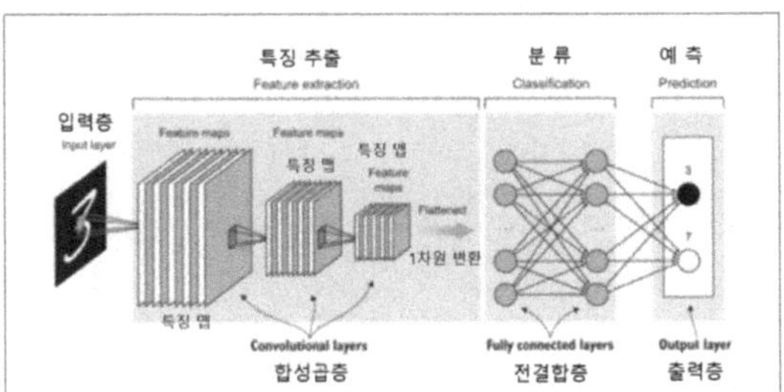

https://adondevas.tistory.com

지금까지 우리가 탐험한 인공지능 모델들은 주로 숫자나 텍스트, 혹은 시간의 순서가 담긴 데이터를 다루었다. 이는 마치 눈을 감은 채, 숫자로 된 정보와 언어로 된 설명에만 의존하여 세상을 이해하려는 것과 같다. 그러나 인간이 세상을 인식하는 가장 강력한 감각은 바로 '시각'이다.

그렇다면, 인공지능에게도 '보는 능력'을 부여할 수 있다면 어떨까? 이 질문에 대한 답이 바로 합성곱 신경망(Convolutional Neural Network, CNN)

이다. CNN은 이미지와 영상 속에서 패턴을 인식하는 데 특화된 딥러닝 모델로, 위성사진이나 항공사진, 거리뷰 이미지를 통해 도시의 물리적 형태와 공간 구조를 분석하고, 그 안에 숨겨진 가치를 평가하는 새로운 차원의 문을 열었다.

3.1.1. 이미지를 이해하는 계층적 학습법

CNN은 인간의 시신경이 사물을 인식하는 방식을 모방하여 설계되었다. 우리의 뇌는 이미지의 픽셀 하나하나를 보는 것이 아니라, 선(edge), 형태(shape), 질감(texture) 등 단순한 특징에서부터 시작하여, 이를 조합해 더 복잡한 형태(눈, 코, 입)를 인식하고, 최종적으로 '얼굴'이라는 전체를 이해한다. CNN 역시 이러한 계층적인 학습 방식을 따른다.

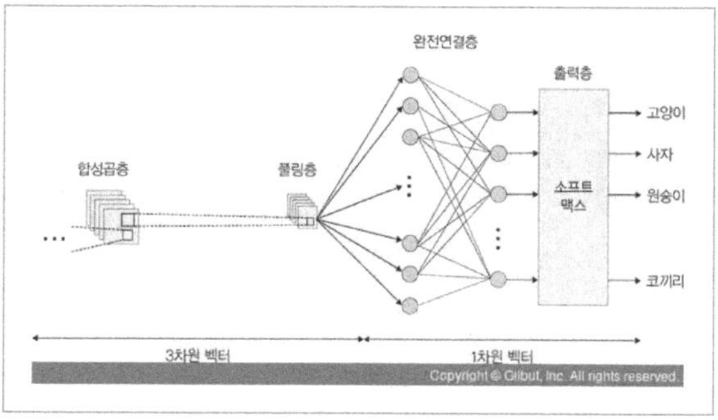

https://thebook.io

(1) **합성곱 계층(Convolutional Layer)**: 특징 추출기 CNN의 핵심이다. 이는 특정 패턴을 감지하는 '필터(Filter)' 또는 '커널(Kernel)'을 사용하여 이미지 위를 훑고 지나가는 과정이다. 마치 작은 돋보기를 들고 이미지 전체를 샅샅이 훑는 것과 같다.

- 어떤 필터는 '수평선'(도로나 건물의 윤곽선)을 찾아내는 데 특화되어 있다.
- 또 다른 필터는 '녹색의 질감'(공원이나 숲)을 찾아낸다.
- 또 다른 필터는 '일정한 간격의 격자무늬'(아파트 단지나 바둑판식 도시 구획)를 감지한다.

이 필터들이 이미지 위를 지나가면서 자신이 맡은 특징을 발견하면 그 위치에 강한 신호를 표시하는데, 그 결과물을 특징 맵(Feature Map)이라 한다. 첫 번째 합성곱 계층을 통과한 이미지는 '도로 지도', '녹지 지도', '건물 밀집 지도' 등 수십 개의 서로 다른 특징 지도로 분해된다.

(2) **풀링 계층**(Pooling Layer): 정보의 압축과 요약 합성곱 계층을 통해 추출된 방대한 특징 맵의 크기를 줄여, 정보를 요약하고 핵심만 남기는 과정이다. 이는 이미지의 세세한 부분에 집착하지 않고 전체적인 구조를 파악하게 하며, 계산 효율성을 높이는 역할을 한다.

(3) **완전 연결 계층**(Fully Connected Layer): 종합적 판단 여러 번의 합성곱과 풀링 과정을 거치면, 모델은 '잘 정돈된 주거지역의 공간 패턴'이나 '혼잡한 공업지대의 질감'과 같은 매우 고차원적이고 추상적인 시각적 특징을 학습하게 된다. 이 최종적인 시각 특징들은 이전 장에서 배운 다층 퍼셉트론(MLP)의 입력값으로 들어가, 종합적인 판단을 통해 '예상 부동산 가격'이라는 최종 결론을 도출한다.

결국 CNN은 위성사진이라는 거대한 시각 정보 속에서 가치와 관련된 유의미한 공간적 패턴을 스스로 학습하고, 이를 정량적인 데이터로 변환하는 '인공지능의 눈'이라 할 수 있다.

3.2. 가상 사례로 본 CNN의 공간 분석 능력

CNN의 적용 가상 사례 1

위성사진으로 주거단지의 '정주 환경 퀄리티'를 정량화하다

1) **문제 상황**: 행정구역, 학군, 교통 여건이 거의 동일한 두 개의 주거 지역이 있다. 하지만 A 지역의 부동산 가격이 B 지역보다 지속적으로 높게 형성된다. 전통적인 데이터로는 이 가격 차이를 설명하기 어렵다.

2) **CNN의 적용**:

(1) **데이터 학습**: 전국 수만 개의 주거 지역에 대한 고해상도 위성사진과 해당 지역의 평균 부동산 가격을 함께 CNN 모델에 학습시킨다.

(2) **스스로 패턴을 발견하는 CNN**: 모델은 무엇이 '좋은' 주거 환경인지 미리 배우지 않는다. 다만, 높은 가격대의 지역에서 공통적으로 나타나는 시각적 패턴을 스스로 학습한다. 예를 들어, CNN의 필터들은 다음과 같은 특징들을 높은 가치와 연관 짓는 법을 배운다.

- 도로가 넓고 구불구불한 곡선 형태를 띠는 패턴(Cul-de-sac, 막다른 길 구조)
- 건물들의 간격이 넓고 배치가 규칙적인 패턴
- 짙고 풍성한 수목의 질감과 높은 녹지 비율
- 강이나 호수 등 수변 공간(Blue Space)과의 인접성

(3) **'정주 환경 퀄리티 지수' 산출**: 학습된 CNN 모델은 이제 새로운 지역의 위성사진만 보고도, 그곳의 공간 구조와 녹지 패턴 등을 분석하여 '정주 환경 퀄리티 지수'를 0점에서 100점 사이의 점수로 산출한다. 분석 결과, A 지역은 92점, B 지역은 65점으로 나타났다.

3) **결론**: CNN은 '쾌적하다', '살기 좋다'와 같은 주관적이고 정성적인 느낌을, 위성사진의 공간 패턴 분석을 통해 객관적인 점수로 변환

했다. 이 지수는 기존의 어떤 변수보다도 주거 만족도와 부동산 가격을 더 정확하게 설명하는 강력한 '보이지 않는 변수'가 된다.

CNN의 적용 가상 사례 2

낙후 지역의 미래 성장 잠재력을 시각적으로 예측하다

낙후된 구도심, 생태문화도시로 환골탈태- 인천투데이

1) **문제 상황**: 한 개발 투자사가 현재는 낙후되어 있지만, 5년 뒤 상업적으로 크게 성장할 잠재력을 가진 지역을 선점하고자 한다.

2) **CNN의 적용**:

(1) **시계열 이미지 데이터 학습**: 서울의 여러 상권에 대해, '5년 전 위성사진'과 그 후 '5년간의 실질적인 토지 가격 상승률'을 짝지어 CNN 모델에 학습시킨다.

(2) **성장 잠재력의 시각적 단서 학습**: CNN은 5년 전 사진에서 미래의 높은 성장을 예고했던 시각적 단서들을 학습한다. 예를 들어, 다음과 같은 패턴이 높은 성장률과 강한 상관관계를 보임을 발견한다.

- 저층의 낡은 상업 건물들 사이에 넓은 주차장이나 낡은 창고 부지 등 미개발 토지가 다수 존재하는 패턴(재개발 및 신축 잠재력)

- 주요 간선도로나 지하철 노선과 인접해 있지만, 직접적인 개발은 아직 이루어지지 않은 지역의 패턴(교통 인프라의 잠재력)
- 기존 도심과 강이나 산으로 분리되지 않고, 지리적으로 연결되어 뻗어 나갈 수 있는 '확장 가능성'을 가진 공간 구조

(3) **미래 성장 잠재력 지도 제작:** 학습된 모델에 현재 시점의 저개발 지역 위성사진들을 입력한다. 모델은 사진을 분석하여 각 지역의 '미래 성장 잠재력 지수'를 계산하고, 이를 지도로 시각화 한다.

3) **결론:** CNN은 마치 숙련된 도시계획가나 부동산 전문가의 눈처럼, 현재의 모습 속에서 미래의 가능성을 읽어낸다. 땅의 물리적 형태와 공간적 맥락을 분석하여, 아직 가격이나 통계에 반영되지 않은 성장 잠재력을 발굴하는 '미래 예측 망원경' 역할을 수행한다. 이를 통해 투자사는 직관이 아닌, 데이터 기반의 시각적 증거를 바탕으로 성공 확률이 높은 투자를 감행할 수 있다.

결론적으로 합성곱 신경망(CNN)은 도시와 부동산을 바라보는 우리의 관점을 지상의 개별 필지에서, 도시 전체를 조망하는 하늘의 시점으로 바꾸어 놓았다. 인공지능의 '눈'은 이제 도시의 물리적 구조 속에 숨겨진 부의 지도를 읽어내고, 우리에게 그 비밀을 알려주기 시작했다.

4. 도시부동산 관련 딥러닝 기반의 자연어 처리(NLP)와 딥러닝의 융합: 부동산 리뷰 데이터의 감성 분석

[자연어 처리(NLP)란 무엇인가?]

자연어 처리(NLP)는 컴퓨터가 인간의 언어를 이해하고 처리할 수 있도록 하는 인공지능의 한 분야이다. 즉, 컴퓨터가 인간의 언어를 분석, 해석, 생성할 수 있게 만드는 기술이다. NLP는 텍스트나 음성 형태의 데

이터를 입력으로 받아, 의미 분석, 문장 생성, 기계 번역 등 다양한 작업을 수행할 수 있다

1) 주요 내용:

- 인간 언어 이해 및 처리:
  NLP는 컴퓨터가 자연어(일상적으로 사용하는 언어)를 이해하고 처리할 수 있도록 하는 것을 목표로 한다.
- 인공지능의 한 분야:
  NLP는 인공지능의 한 분야로, 다양한 인공지능 기술과 접목되어 활용된다.
- 다양한 작업 수행:
  NLP는 텍스트 분석, 감성 분석, 기계 번역, 질의응답 시스템 등 다양한 작업을 수행할 수 있다.
- 머신 러닝 활용:
  대부분의 NLP 모델은 머신 러닝 기술을 기반으로 구축된다.

2) NLP의 주요 구성 요소:

- 형태소 분석: 단어를 형태소 단위로 분해하여 분석하는 과정이다.
- 구문 분석: 문장의 문법적 구조를 분석하는 과정이다.
- 의미 분석: 단어와 문장의 의미를 분석하는 과정이다.
- 담화 분석: 문맥 속에서 문장의 의미를 분석하는 과정이다.

3) NLP의 활용 분야:

- 기계 번역: 구글 번역과 같은 서비스는 NLP 기술을 활용하여 언어를 번역한다.

• 챗봇: 챗봇은 NLP 기술을 활용하여 사용자와 대화한다.
• 검색 엔진: 검색 엔진은 NLP 기술을 활용하여 사용자의 검색어를 이해하고 관련 정보를 제공한다.
• 감성 분석: 소셜 미디어에서 텍스트를 분석하여 감정을 파악한다.
• 정보 추출: 텍스트에서 특정 정보를 추출한다.

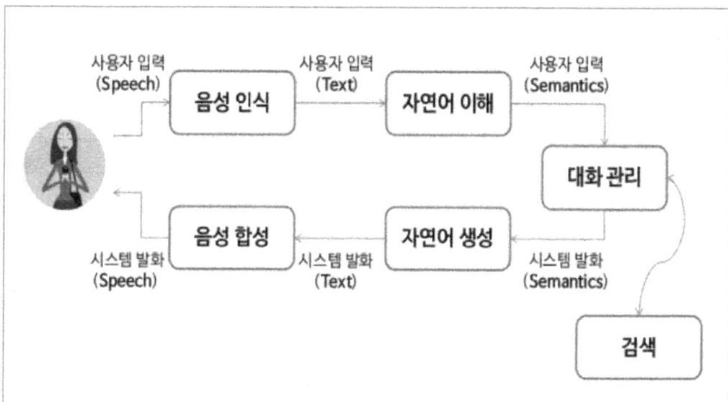

자연어 처리(NLP: Natural Language Processing) 기초개념
https://rosypark.tistory.com

4.1. NLP는 도시의 목소리를 듣는다: 자연어 처리와 딥러닝의 융합

지금까지 우리는 숫자, 이미지, 시계열 등 다양한 형태의 데이터를 분석하는 딥러닝의 힘을 살펴보았다. 하지만 도시와 부동산의 가치를 결정하는 가장 풍부하고도 미묘한 정보의 보고는 바로 인간의 '언어' 속에 있다.

부동산 플랫폼의 리뷰, 소셜미디어의 포스팅, 지역 커뮤니티의 대화, 뉴스 기사 속에는 그 공간에 대한 사람들의 생생한 경험, 만족, 불만, 그리고 미래에 대한 기대감이 고스란히 담겨있다.

자연어 처리(NLP: Natural Language Processing)는 이처럼 비정형적인 텍스트 데이터를 컴퓨터가 이해하고 분석할 수 있도록 하는 기술이며, 이것이 딥러닝과 만났을 때, 우리는 비로소 기계가 글의 행간에 숨은 의미와 감성을 읽어내는 경이로운 시대를 맞이하게 된다.

4.1.1. 언어를 데이터로: 딥러닝 기반 NLP의 작동 원리

컴퓨터는 '좋다'나 '나쁘다'와 같은 단어의 의미를 직접적으로 이해하지 못한다. 따라서 NLP의 첫 번째 과제는 단어를 컴퓨터가 이해할 수 있는 숫자로 변환하는 것이다. 딥러닝 시대의 NLP는 이 과제를 매우 정교한 방식으로 해결한다.

(1) **단어의 벡터화(Word Embedding)**: 과거에는 단순히 단어의 빈도를 세는 수준에 그쳤지만, 딥러닝 기반의 워드 임베딩(Word Embedding) 기술(예: Word2Vec, BERT)은 각 단어를 다차원의 공간 속 좌표, 즉 '벡터'로 변환한다. 이 '의미 공간' 속에서 비슷한 의미를 가진 단어들(예: '넓다', '쾌적하다', '시원하다')은 서로 가까운 곳에 위치하게 된다. 이를 통해 기계는 단어의 단순한 형태를 넘어, 그 안에 담긴 의미와 뉘앙스를 이해하기 시작한다.

(2) **문맥의 이해(Contextual Understanding)**: 단어의 의미는 문맥 속에서 결정된다. "이 집은 볕이 잘 든다"와 "이 집은 빚이 많다"에서 '볕'과 '빚'은 소리는 비슷하지만 의미는 정반대다. 딥러닝 모델, 특히 지난 장에서 살펴본 순환신경망(RNN)이나 LSTM, 그리고 최근 각광받는 트랜스포머(Transformer) 기반의 모델(예: BERT)은 단어의 순서와 문장 전체의 구조를 함께 학습하여, 이러한 문맥적 차이를 정확하게 파악한다.

(3) **감성 분석 및 분류(Sentiment Analysis & Classification)**: 단어의 의미와 문맥을 이해한 딥러닝 모델은 이제 주어진 텍스트의 최종적인

'감성'을 판단한다. 단순히 '긍정'과 '부정'으로 분류하는 것을 넘어, '기쁨', '분노', '실망' 등 더 세분화된 감정을 감지하거나, '교통', '학군', '소음', '인테리어' 등 특정 주제(Aspect)에 대한 감성을 개별적으로 분석하는 고차원적인 작업까지 수행한다.

결국, 딥러닝과 NLP의 융합은 컴퓨터에게 인간의 언어를 가르치는 것을 넘어, 그 언어 속에 담긴 복잡한 감정과 숨겨진 의도를 꿰뚫어 보는 능력을 부여하는 것이다.

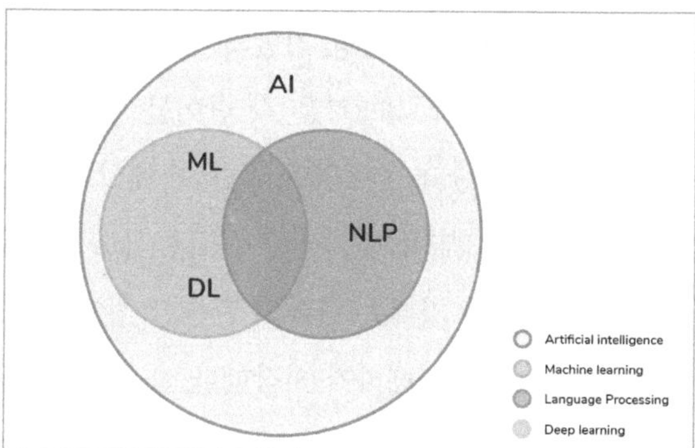

Difference between natural language processing nlp machine learning
https://omofomalaw.com

4.2. 가상 사례로 본 텍스트 데이터 분석의 힘

딥러닝(NLP)의 적용 가상 사례 1
아파트 단지의 '커뮤니티 활력 지수' 측정

1) 문제 상황: 모든 물리적 조건(입지, 면적, 연식)이 동일한 두 아파트 단지가 있다. 하지만 A 단지는 공동구매, 벼룩시장 등 주민 활동이 활발하고 분위기가 좋은 반면, B 단지는 주차 문제, 층간소음 등으로 주민 간

갈등이 잦다. 이러한 '커뮤니티의 질'이라는 무형의 가치를 투자자나 예비 매수자가 어떻게 알 수 있을까?

2) **딥러닝 NLP의 적용:**

(1) **데이터 수집:** 지난 1년간 두 아파트 단지의 온라인 입주민 카페(커뮤니티)에 올라온 수만 건의 게시글과 댓글을 익명으로 수집한다.

(2) **딥러닝 모델 분석:** 고성능 언어 모델(예: BERT)을 활용하여 텍스트를 심층 분석한다.

- 감성 분석: A 단지는 전체 게시글의 85%가 긍정 또는 중립인 반면, B 단지는 부정적인 감성의 게시글이 40%에 육박한다.
- 토픽 모델링: A 단지의 주요 키워드는 '공동구매', '나눔', '감사합니다', '놀이터' 등 긍정적이고 협력적인 단어들이 주를 이룬다. 반면, B 단지의 핵심 키워드는 '주차 위반', '소음 민원', '관리사무소', '항의' 등 갈등과 관련된 단어들이 빈번하게 등장한다.

(3) **'커뮤니티 활력 지수' 산출:** 분석 결과를 종합하여, A 단지는 91점, B 단지는 35점이라는 객관적인 '커뮤니티 활력 지수'를 산출한다.

3) **결론:** 딥러닝 NLP는 이전에는 측정 불가능했던 '공동체의 건강 상태'라는 사회적 자본을 데이터로 증명했다. 이 지수는 향후 해당 아파트의 가격 안정성, 거주 만족도, 그리고 잠재적 리스크를 예측하는 매우 중요한 선행지표가 된다.

딥러닝(NLP)의 적용 가상 사례 2

상업용 부동산의 '임차인 리스크' 사전 진단

1) **문제 상황:** 한 상가 건물주가 자신의 건물 1층에 새로 입점하려는 프랜차이즈 레스토랑 브랜드와 임대차 계약을 앞두고 있다. 해당 브랜드

종로구 명륜2가에 카페 『OHSLOW 성균관대점(오슬로우)』이 오픈한대 - 중구통신

의 현재 인기는 높아 보이지만, 장기적인 안정성을 확신하기 어렵다.

2) 딥러닝 NLP의 적용:

(1) **데이터 수집**: 해당 프랜차이즈의 전국 모든 지점에 대한 수만 건의 온라인 방문자 리뷰(네이버, 카카오맵, 블로그, 인스타그램 등)를 수집한다.

(2) **세부 속성 기반 감성 분석(ABSA, Aspect-Based Sentiment Analysis)**: 단순히 전체 평점을 보는 것을 넘어, 딥러닝 모델이 리뷰 내용을 분석하여 세부 속성별로 감성을 분해한다.

- 음식 맛: 긍정 92% (“인생 파스타”, “재료가 신선해요”)
- 가 격: 부정 65% (“가성비가 너무 떨어져요”, “비싼 편”)
- 서비스: 부정 55% (“직원이 불친절해요”, “주문이 너무 늦게 나와요”)
- 분위기: 긍정 80% (“데이트하기 좋아요”, “인테리어가 예뻐요”)

(3) **시계열 감성 변화 추적**: 지난 1년간 월별 리뷰 데이터를 분석한 결과, ‘서비스’에 대한 부정적 언급이 최근 3개월간 급증하고 있음을 발견한다.

3) **결론**: 딥러닝 NLP 분석을 통해, 이 브랜드가 ‘맛’과 ‘분위기’라는 강점에도 불구하고, ‘가격’과 ‘서비스’라는 고질적인 약점을 가지고 있으며, 특히 최근 서비스 품질이 악화되고 있다는 ‘운영 리스크’를 사전에 감지

할 수 있었다. 건물주는 이 데이터를 바탕으로 더 유리한 조건의 단기 계약을 제시하거나, 다른 우량 임차인을 찾는 등 정보에 기반한 합리적인 의사결정을 내릴 수 있다.

결론적으로, 딥러닝과 자연어 처리의 융합은 도시와 부동산을 둘러싼 사람들의 수많은 목소리에 귀를 기울이는 기술이다. 이는 딱딱한 숫자의 이면에 숨겨진 인간적인 맥락과 감성을 이해하게 함으로써, 우리가 공간의 가치를 더욱 깊고, 따뜻하고, 정확하게 파악하도록 돕는 가장 지적인 도구가 될 것이다.

5. 도시부동산 관련 하이브리드 딥러닝 모델: 다양한 알고리즘의 융합을 통한 예측 정확도 향상

5.1. 궁극의 융합, 하이브리드 딥러닝 모델의 탄생

지금까지 우리는 도시부동산의 가치를 분석하기 위해 각기 다른 능력을 가진 딥러닝 모델들을 탐험해왔다. 이미지의 공간 패턴을 읽는 데 탁월한 '시각의 전문가' 합성곱 신경망(CNN), 시간의 흐름과 맥락을 이해하는 '기억의 전문가' 순환신경망(RNN), 그리고 인간의 언어와 감성을 파고드는 '소통의 전문가' 자연어 처리(NLP) 모델까지. 그렇다면 만약, 이 각 분야의 전문가들을 하나의 '드림팀'으로 구성하여 동시에 정보를 분석하고 종합적인 판단을 내리게 한다면 어떨까? 이것이 바로 딥러닝의 최전선, 하이브리드 딥러닝 모델(Hybrid Deep Learning Model)의 세계다.

5.1.1. 각기 다른 감각의 융합: 하이브리드 모델의 원리

하이브리드 모델의 핵심 철학은 '가장 적합한 도구로 최상의 결과를 도출한 뒤, 이를 종합하여 최종 결론을 내린다'는 것이다. 현실의 부동산 가치는 어느 한 가지 요인만으로 결정되지 않는다. 건물의 외관, 과거 가격의 흐름, 사람들의 평판, 그리고 기본적인 제원 등 이질적인 데이터들이 복합적으로 작용하여 가치를 형성한다. 하이브리드 모델은 이러한 데이터의 종류에 따라 각각 가장 적합한 딥러닝 모델을 병렬적으로 배치하여 분석을 수행한다.

시각 정보 처리 스트림(CNN Stream): 위성사진, 항공사진, 거리뷰, 그리고 실내 사진과 같은 이미지 데이터는 CNN이 전담하여 분석한다. CNN은 이 시각 정보로부터 '녹지 공간의 비율', '건물의 노후도', '인테리어의 수준', '거리의 활력' 등 공간적, 심미적 특징을 추출하여 정량화된 '시각적 가치 점수'를 산출한다.

(1) **시계열 정보 처리 스트림**(RNN/LSTM Stream): 과거 수년간의 가격 변동 추이, 거래량 변화, 금리 및 정책 변화와 같은 시계열 데이터는 RNN 또는 LSTM이 맡는다. RNN은 이 데이터의 순차적 흐름을 학습하여, 현재 시장이 '상승 모멘텀'을 가지고 있는지 혹은 '하강 국면의 초기'에 진입했는지 등 동적인 시장의 '추세'를 분석한다.

(2) **텍스트 정보 처리 스트림**(NLP Stream): 부동산 리뷰, 뉴스 기사, 온라인 커뮤니티의 게시글과 같은 텍스트 데이터는 자연어 처리(NLP) 모델이 분석한다. 이 모델은 텍스트 속에서 사람들의 긍정, 부정 감성을 분석하고, '학군', '소음', '커뮤니티' 등 핵심적인 주제를 추출하여 '사회적 평판 점수'를 계산한다.

(3) **최종 판단**(Fusion Layer): 각 전문 모델이 추출해낸 고차원적인 분석 결과(시각적 가치, 시장 추세, 사회적 평판 등)는 기본적인 정형 데이터(면적, 층수 등)와 함께 마지막 '융합 계층(Fusion Layer)'으로 모인다. 이 최종 단계의 다층 퍼셉트론(MLP)은 마치 지휘자처럼, 각 분

야 전문가들의 의견을 종합하고 최종적인 가중치를 부여하여, 가장 정교하고 신뢰도 높은 '예측 부동산 가격'을 결론으로 내놓는다.

■ **하이브리드 딥러닝 모델의 CNN 스트림을 통한 시각적 가치 점수 산출 절차**

단계 (Step)	1. 데이터 수집	2. 특징 추출	3. 정량화
입력 데이터	위성사진, 항공사진, 거리뷰, 실내 사진	다양한 각도의 시각 정보	추출된 특징 벡터
처리 모델	-	CNN(합성곱 신경망)	완전 연결 계층(Fully Connected Layer)
추출되는 주요 특징	원본 이미지 데이터 (Raw Image Data)	- 녹지 공간의 비율 - 건물의 노후도 - 인테리어의 수준 - 거리의 활력 등	각 특징의 중요도를 종합 분석
최종 산출물	-	공간적, 심미적 특징 벡터(Spatial & Aesthetic Feature Vector)	정량화된 '시각적 가치 점수'(Quantified 'Visual Value Score')

결국 하이브리드 모델은 시각, 기억, 언어, 그리고 수리적 분석 능력을 모두 갖춘, 가장 이상적인 형태의 '인공지능 감정평가사'라 할 수 있다.

5.2. 가상 사례로 본 하이브리드 모델의 초격차 분석력

하이브리드 딥러닝의 적용 가상 사례 1

주택의 모든 것을 평가하는 '궁극의 자동 가치평가 모델(AVM)'

1) 문제 상황: 한 프롭테크 기업이 기존의 어떤 모델보다도 정확하고, 가치의 형성 요인까지 설명해주는 혁신적인 주택 자동 가치평가 모델을 개발하고자 한다.

아파트 단지를 고를 때 고려해야할 사항은? https://wealth-freedom.tistory.com

2) 하이브리드 딥러닝의 적용:

(1) **다중 데이터 스트림 입력**: 특정 아파트의 가치를 평가하기 위해, ① CNN 스트림에는 해당 주택의 내부 사진(인테리어 수준 평가), 창밖 조망 사진(조망권 가치 평가), 단지 위성사진(녹지 및 밀도 평가)을 입력한다. ② LSTM 스트림에는 지난 10년간의 해당 단지 월별 실거래가와 거래량, 그리고 기준금리 데이터를 입력한다. ③ NLP 스트림에는 해당 단지 입주민 카페의 최근 1년간 모든 게시글을 입력한다.

(2) **종합적 가치 분석**: 모델은 각 스트림에서 분석 결과를 도출한다. CNN은 '최상급 인테리어(A+), 파크뷰 확보(A), 단지 쾌적성 우수(A)'라는 결과를, LSTM은 '최근 3개월간 상승 모멘텀 유지'라는 결과를, NLP는 '커뮤니티 만족도 매우 높음(95점)'이라는 결과를 산출한다.

(3) **최종 가치 산정**: 융합 계층은 이 모든 분석 결과와 기본 제원(면적, 층수 등)을 종합하여 최종 예측 가격을 제시한다. 나아가, "기본 시세 대비, 우수한 인테리어 및 조망권으로 +7%, 높은 커뮤니티 만족도로 +3%의 가치 프리미엄이 형성되었습니다."와 같이 가격 결정 요인을 구체적으로 설명해준다.

3) **결론:** 하이브리드 모델은 주택의 물리적, 시장적, 사회적 가치를 모두 아우르는 '전인격적' 평가를 수행한다. 이는 단순히 가격을 맞추는 것을 넘어, 가치의 본질을 구성하는 핵심 DNA를 분석하여 제시하는, 한 차원 높은 수준의 가치 평가를 실현한다.

하이브리드 딥러닝의 적용 가상 사례 2

도시 쇠퇴의 원인을 진단하고 맞춤형 처방을 내리다

쇠퇴상권 활성화 '작은 변화' 시작… 포항시 관심 가져야 - 경북매일

1) **문제 상황:** 한 지자체에서 쇠퇴하고 있는 구도심 상권의 문제를 정확히 진단하고, 가장 효과적인 도시재생 전략을 수립하고자 한다.

2) 하이브리드 딥러닝의 적용:

(1) **다차원 쇠퇴 진단:** ① CNN 스트림은 과거와 현재의 거리뷰 이미지를 비교하여, '건물 외관의 노후화 속도'와 '공실 상점의 증가율'을 시각적으로 분석한다. ② LSTM 스트림은 지난 5년간의 유동인구 변화, 카드 매출액 변화, 신규 창업 및 폐업률 추이를 분석하여 '상권의 경제적 활력' 추세를 파악한다. ③ NLP 스트림은 지역 신문 기사와 온라인 여론을 분석하여, '범죄', '쓰레기 문제' 등 부정적인 키워드의 빈도 변화를 추적한다.

(2) **쇠퇴 원인 규명:** 모델은 분석 결과를 종합하여, 해당 상권 쇠퇴의 핵심 원인이 '경제적 기반의 약화'가 아니라, '물리적 환경의 노후

화와 부정적 이미지 확산'에 있음을 밝혀낸다. 즉, 상권을 찾는 사람들의 소비력은 여전하지만, 낡고 지저분한 거리 환경 때문에 발길이 줄어들고 있다는 진단을 내린다.

3) 결론: 하이브리드 모델은 도시 쇠퇴라는 복합적인 문제의 원인을 다각도로 진단하는 '도시의 종합병원' 역할을 한다. 지자체는 이 진단 결과를 바탕으로, 대규모 상업시설 유치와 같은 막대한 예산이 드는 정책 대신, '가로 환경 개선', '디자인 특화 거리 조성', '안전 캠페인' 등 저비용 고효율의 맞춤형 도시재생 처방을 내릴 수 있다. 이는 한정된 예산으로 최대의 정책 효과를 거두는, 데이터 기반의 스마트한 도시 행정을 가능하게 한다.

정리하면, 하이브리드 딥러닝 모델은 각기 다른 인공지능의 장점만을 결합하여 만든 궁극의 분석 도구다. 이는 도시와 부동산이라는 복잡계를 이해하기 위한 가장 진보된 방법론이며, 보이지 않는 가치를 읽어내는 우리의 능력을 상상 이상의 수준으로 끌어올릴 것이다. 이 강력한 도구를 통해, 우리는 비로소 도시의 과거와 현재, 그리고 미래를 총체적으로 이해하는 새로운 시대의 문을 열게 되었다.

제6장

AI로 분석하는 상권의 숨은 가치

1. GAN을 활용한 가상의 미래 상권 시뮬레이션 사례를 제시한다

1.1. AI의 상상력, 가상의 미래 도시를 그리다: GAN 기반 시뮬레이션

지금까지 우리는 데이터가 현실을 분석하고 미래를 예측하는 과정을 탐험했다. 그렇다면 여기서 한 걸음 더 나아가, 인공지능이 데이터에 기반하여 현실에 존재하지 않는, 그러나 존재할 법한 '새로운 미래'를 직접 그려낼 수 있다면 어떨까? 이것이 바로 생성적 적대 신경망(Generative Adversarial Network, GAN)이 열어젖힌 경이로운 세계다.

GAN은 두 개의 인공지능이 서로 경쟁하고 학습하며, 마치 인간처럼

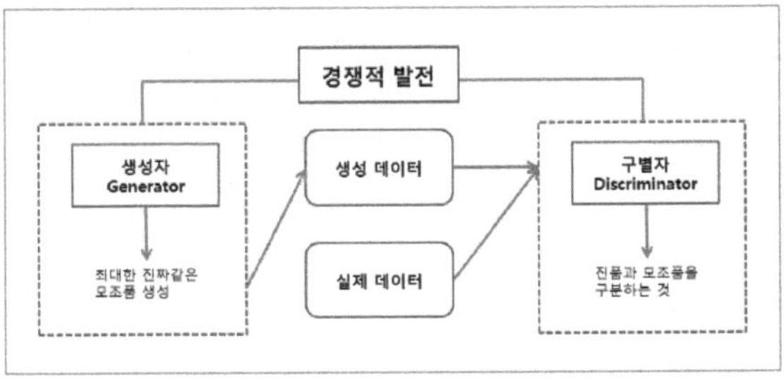

'창의력'을 발휘하여 새로운 이미지나 데이터를 생성해내는 기술이다. 도시계획과 부동산 분야에서 이는, 특정 지역의 미래 모습을 수백, 수천 가지의 사실적인 시나리오로 미리 그려보고, 최적의 대안을 선택하게 하는 궁극의 '가상 미래 시뮬레이터'의 등장을 의미한다.

1.1.1. 위조지폐범과 경찰: GAN의 작동 원리

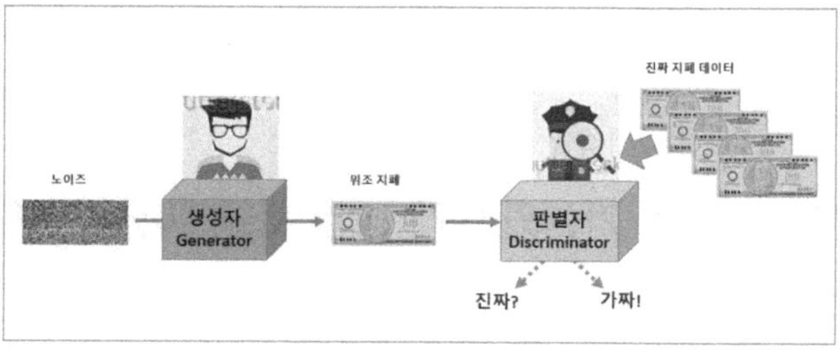

생성자는 판별자가 구별할 수 없을 만큼 정교한 가짜를 만드는게 목표!
https://taehojo.github.io

GAN의 작동 원리는 '위조지폐범'과 '경찰'의 치열한 두뇌 싸움에 비유할 수 있다.

(1) **생성자**(Generator): 창의적인 위조지폐범 생성자의 목표는 진짜와 거의 구별할 수 없는 '가짜 데이터(예: 가상의 도시 풍경 이미지)'를 만들어내는 것이다. 처음에는 매우 서투르고 조악한 가짜를 만들어낸다.

(2) **판별자**(Discriminator): 눈썰미 좋은 경찰 판별자의 목표는 생성자가 만든 데이터가 진짜인지 가짜인지를 감별해내는 것이다. 판별자는 수많은 '진짜 데이터(예: 실제 성공적인 상권들의 사진)'를 미리 학습하여, 진짜의 특징이 무엇인지를 잘 알고 있다.

(3) **경쟁을 통한 동반 성장:** 생성자는 자신이 만든 가짜가 판별자에게 계속 간파당하면서, 어떻게 하면 더 진짜처럼 만들 수 있을지를 학습한다. 반대로 판별자는 점점 더 정교해지는 가짜를 구별해내면서, 진짜와 가짜의 미세한 차이를 감별하는 능력이 더욱 예리해진다. 이 둘의 경쟁이 수없이 반복되다 보면, 결국 생성자는 판별자조차 속일 만큼 완벽에 가까운, 현실에 존재하지 않는 새로운 결과물을 창조해내는 경지에 이르게 된다.

도시부동산에서 이는, 성공적인 도시부동산의 수많은 시각적, 공간적 데이터를 학습한 AI가, 그 '성공의 문법'을 체득하여 새로운 미래 상권의 모습을 무한히 그려내는 것을 의미한다.

■ **GAN(생성형 적대 신경망) 요약**

구분	내용
개발자	2014년 이안 굿펠로우(Ian Goodfellow)와 동료들이 개발한다.
개념 및 작동 원리	서로 경쟁하는 생성자(Generator)와 판별자(Discriminator) 두 신경망으로 구성된다. - 생성자: 실제 데이터와 유사한 가짜 데이터를 생성한다. - 판별자: 생성된 데이터와 실제 데이터를 구별한다. 두 신경망이 서로 적대적으로 경쟁하며 학습하는 과정을 통해, 생성자는 실제와 거의 구별 불가능한 데이터를 생성하게 된다.
장점	- 실제와 매우 유사한 고품질 데이터 생성이 가능하다. - 레이블 없는 데이터로도 특징 학습 및 생성이 가능하다(준지도 학습). - 이미지 생성, 변환, 복원 등 다양한 분야에 응용될 수 있다.
단점	- 생성자와 판별자 간의 학습 균형을 맞추기 어려워 학습이 불안정할 수 있다. - 생성된 결과물의 품질을 객관적으로 평가할 명확한 지표가 부족하다. - 고품질 결과물을 위해 대량의 학습 데이터가 필요하다.

도시 분야 활용 예시	- 도시 이미지 및 조감도 생성: 특정 도시 스타일을 학습하여 새로운 도시 경관을 자동으로 생성한다. - 토지이용계획 최적화: 기존 패턴을 학습하여 효율적인 토지이용계획안을 생성한다. - 가로 경관 개선 및 시뮬레이션: 특정 거리의 개선된 모습을 시각적으로 제시한다. - 도시 데이터 증강: 분석에 필요한 가상의 도시 데이터를 생성하여 데이터셋을 확장한다.
시사점	- 디자인 탐색의 확장: 단시간 내 수많은 디자인 대안을 생성하여 혁신적인 도시 형태 탐색이 가능해진다. - 데이터 기반 의사결정 지원: 객관적 데이터 기반의 계획안 생성을 통해 주관적 판단을 보완한다. - 시민 참여 촉진: 일반 시민도 원하는 도시 모습을 쉽게 시각화하고 제안할 수 있게 되어 계획 과정의 투명성과 참여를 높인다.

1.2. 가상 사례로 본 GAN의 미래 시뮬레이션

GAN의 활용 가상 사례 1

낡은 항구 배후단지의 '미래 모습' 디자인 공모전

https://www.incheontoday.com

1) **문제 상황:** 한 지방 도시가 수십 년간 방치된 낡은 항구 배후단지를 젊은이들이 찾는 '힙한' 해변 상권으로 재개발하고자 한다. 그러나 어떤 모습으로 만들어야 성공할지, 그 청사진이 막막하다.

2) GAN의 활용:

(1) 데이터 학습: GAN 모델에 전 세계의 성공적인 워터프런트(Waterfront) 상권 이미지 수만 장을 학습시킨다. 여기에는 바르셀로나의 포트 벨, 샌프란시스코의 피셔맨스 워프, 그리고 부산의 해리단길 등의 거리 풍경, 건물 디자인, 공공 공간, 보행자 동선 데이터가 모두 포함된다.

(2) 가상의 미래 생성: 학습을 마친 생성자는 해당 항구 배후단지의 현재 지형과 도로망을 바탕으로, 수백 가지의 각기 다른 '미래 재개발 조감도' 이미지를 생성하기 시작한다.

- 어떤 이미지는 낡은 창고를 개조한 로스터리 카페와 독립서점이 어우러진 모습을 보여준다.
- 또 다른 이미지는 넓은 해변 광장과 컨테이너를 활용한 팝업 스토어, 그리고 야외 공연장이 조화를 이루는 모습을 그려낸다.

(3) 시민 참여형 의사결정: 시청은 이 AI가 생성한 수백 개의 미래 시나리오를 메타버스 플랫폼에 그대로 구현한다. 시민들은 가상현실 속에서 AI가 디자인한 미래의 거리를 직접 걸어보고, 가장 마음에 드는 디자인에 투표한다.

3) 결론: GAN은 소수의 건축가나 도시계획가의 머릿속에만 있던 미래를, 모든 시민이 체험하고 선택할 수 있는 '살아있는 대안'으로 바꾸어 놓았다. 이는 도시계획의 패러다임을 전문가 중심의 하향식 설계에서, 데이터와 시민 참여에 기반한 상향식 디자인으로 전환시키는 혁명적인 계기가 된다.

GAN의 활용 가상 사례 2

'지속가능한 오피스 상권' 시뮬레이션

1) **문제 상황**: 한 대형 자산운용사가 재택근무의 확산으로 위기를 맞은 서울의 오래된 오피스 빌딩을 매입하여, 미래에도 경쟁력을 잃지 않을 새로운 형태의 복합 상업 공간으로 리모델링하고자 한다.

2) **GAN의 활용**:

(1) **복합 데이터 학습**: 이번에는 단순한 이미지를 넘어, 성공적인 최신 복합 오피스 공간의 공간 구성 데이터(오피스, 리테일, 녹지 비율), 에너지 효율 데이터, 그리고 그곳 사용자들의 만족도 및 생산성 데이터까지 함께 학습시킨다. GAN은 '어떤 공간 구성이 사용자의 만족도와 생산성을 극대화하는가'라는 복잡한 상관관계를 학습한다.

(2) **조건부 생성 및 최적화**: 자산운용사는 GAN에게 몇 가지 조건을 제시한다. "① 전체 면적의 20%는 반드시 녹지 공간으로 할당하고, ② 1인 기업과 스타트업을 위한 공유 오피스 공간을 포함하며, ③ 에너지 소비는 기존 대비 30% 절감할 것." 이 조건을 만족하는 최적의 공간 설계안을 생성해달라고 요청한다.

(3) **가상 시뮬레이션 및 수익성 검증**: GAN은 이 조건을 만족하는 수십 가지의 3차원 공간 설계안과 예상 조감도를 생성한다. 자산운용사는 이 가상 설계안들을 기반으로, 예상 임대수익, 공사비, 그리고 장기적인 운영비까지 시뮬레이션하여, 가장 수익성이 높은 최종안을 선택한다.

3) **결론**: GAN은 단순한 디자이너를 넘어, 창의적인 아이디어와 데이터 기반의 수익성 분석을 동시에 수행하는 '전략적 파트너' 역할을 한다. 이는 불확실한 미래의 시장 변화에 능동적으로 대응하고, 부동산의 자산

가치를 극대화하는 가장 진보된 형태의 리스크 관리 도구가 된다.

종합하면, GAN은 데이터 분석의 마지막 지평, 즉 '창조'의 영역에 도달한 기술이다. 이는 더 이상 과거를 분석하고 현재를 진단하는 것을 넘어, 우리가 상상하지 못했던 새로운 가능성을 눈앞에 그려주고, 그중 가장 바람직한 미래를 선택할 수 있도록 돕는다. AI가 꿈꾸는 도시의 미래를 통해, 우리는 비로소 더 나은 현실을 만들어갈 무한한 영감을 얻게 될 것이다.

2. CNN을 활용한 이미지 기반 상권 매력도 분석 모델을 소개한다

2.1. AI의 눈, 상권의 표정을 읽다: CNN 기반 상권 매력도 분석

1) CNN은 거리의 사진 한 장 속에서, 성공적인 상권이 가진 시각적 특징과 패턴을 학습하여, 그곳의 잠재적 가치를 평가하는 새로운 차원의 분석 모델을 제시한다.

한 상권의 가치는 과연 임대료, 유동인구, 매출과 같은 숫자로만 설명될 수 있을까? 우리가 어떤 거리를 '걷고 싶다'거나 '머물고 싶다'고 느끼게 만드는 힘은, 그곳의 분위기, 미학적 쾌적함, 그리고 시각적인 활력에서 나온다.

합성곱 신경망(CNN: Convolutional Neural Network)은 바로 이 눈에 보이는, 그러나 측정하기 어려웠던 상권의 '매력'을 정량적으로 분석하는 인공지능의 눈이다. CNN은 거리의 사진 한 장 속에서, 성공적인 상권이 가진 시각적 특징과 패턴을 학습하여, 그곳의 잠재적 가치를 평가하는 새로운 차원의 분석 모델을 제시한다.

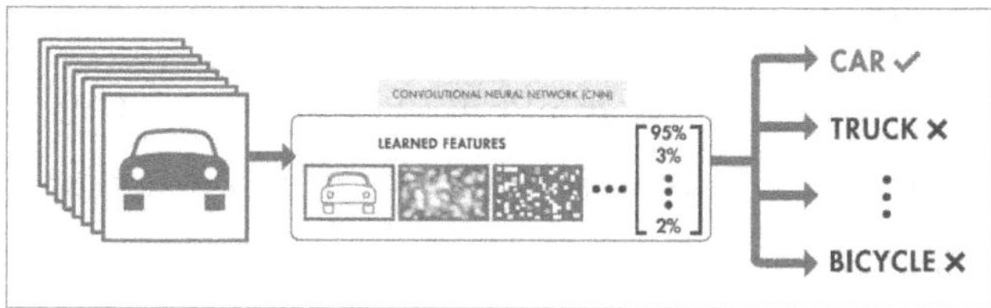

CNN: Convolutional Neural Network https://www.teacher.unt.ba

2.1.1. 상권의 얼굴을 인식하는 CNN의 원리

CNN은 인간의 시각 인지 시스템을 모방한 딥러닝 모델이다. 우리가 사물을 볼 때, 단순한 선과 형태에서 시작해 점차 복잡한 전체의 모습을 인식하는 것처럼, CNN 역시 이미지의 가장 기본적인 시각적 요소부터 학습하여 고차원적인 의미를 파악한다.

(1) **특징 추출**(Feature Extraction): CNN은 다양한 종류의 '필터'를 사용하여 이미지 위를 훑는다.

- 어떤 필터는 '깨끗하고 잘 정돈된 보도블록의 질감'을 찾아낸다.
- 다른 필터는 '푸른 가로수나 화분'과 같은 녹색 요소를 감지한다.
- 또 다른 필터는 '감각적인 디자인의 간판'이나 '개방감 있는 통유리창'과 같은 건축적 패턴을 인식한다.
- 반대로, '어지러운 그래피티', '거리에 널린 쓰레기', '낡고 벗겨진 건물 외벽'과 같은 부정적인 시각적 특징을 찾아내는 필터도 있다.

(2) **패턴 학습 및 매력도 점수화**: 모델은 수만 장의 상권 이미지와 해당 상권의 실제 성과 지표(예: 높은 임대료, 높은 매출, 긴 체류시간 등)를 함께 학습한다. 이 과정을 통해, CNN은 어떤 시각적 요소들의 조합이 '매력적인 상권'의 성공 공식인지를 스스로 터득하게 된다. 예를 들어, '넓은 보도', '풍부한 녹지', '개성 있는 파사드(façade)', 그

리고 '야외 테라스'의 조합이 높은 매력도 점수와 강한 상관관계가 있음을 학습한다.

(3) **새로운 상권 평가:** 학습을 마친 CNN 모델은 이제, 한 번도 본 적 없는 새로운 상권의 거리 사진만 보고도 그곳의 시각적 요소들을 종합적으로 분석하여, '상권 매력도 지수'를 0점에서 100점 사이의 객관적인 점수로 산출해낸다.

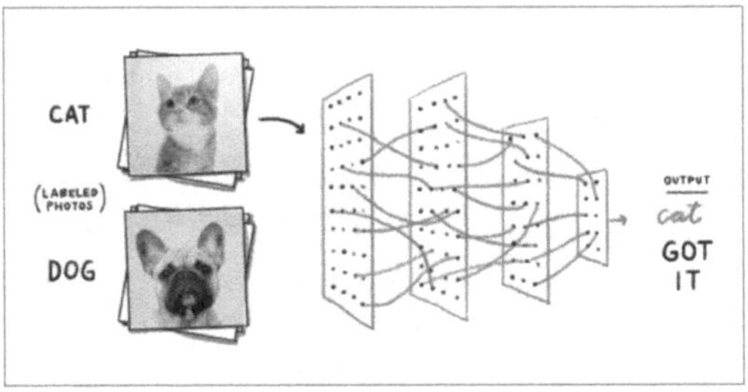

[딥러닝] CNN 알고리즘의 원리 | JY's Blog

2.2. 가상 사례로 본 CNN의 상권 분석 능력

CNN 기반 매력도 분석 가상 사례 1

'사진발 잘 받는 골목'의 숨겨진 가치를 증명하다

프랜차이즈 카페 1년 새 3000개 늘었다'https://www.sedaily.com

1) **문제 상황:** 한 프랜차이즈 카페 본사가 신규 지점 후보지로 두 곳을 검토 중이다. A 후보지는 지하철역 앞 대로변으로, 공식적인 유동인구 데이터는 매우 높다. B 후보지는 거기서 두 블록 안쪽에 위치한 조용한 골목으로, 데이터상으로는 열세에 있다.

2) **CNN 기반 매력도 분석:**

(1) **이미지 분석:** 두 후보지의 거리뷰(Street View) 이미지와, 인스타그램에 '#A후보지', '#B후보지'로 태그된 이미지들을 수집하여 CNN 모델에 입력한다.

(2) **분석 결과:**

- A 후보지(대로변): CNN 모델은 '획일적인 프랜차이즈 간판', '좁은 보도', '회색빛의 단조로운 건물 외벽' 등을 주요 특징으로 인식하고, '상권 매력도 지수'를 45점으로 낮게 평가한다.
- B 후보지(골목 안): 모델은 '잘 가꿔진 화단', '파스텔톤의 건물 색감', '아기자기한 손글씨 간판', '가게 앞 벤치' 등을 긍정적인 시각 요소로 판단한다. 특히, 인스타그램 이미지 분석 결과, 방문객들이 이곳을 배경으로 사진을 찍고 공유하는 '인증샷' 행위가 빈번함을 발견한다. 이를 바탕으로 '상권 매력도 지수'를 88점으로 매우 높게 평가한다.

3) **결론:** CNN 분석은 B 골목이 단순한 길이 아니라, 방문객들에게 '사진 찍고 싶은' 강한 시각적 동기를 부여하는 '목적지형 공간'임을 증명했다. 이는 비록 유동인구는 적더라도, 방문객 한 명 한 명의 체류시간과 소비 잠재력은 훨씬 높다는 것을 의미한다. 카페 본사는 이 데이터를 근거로, 임대료는 더 저렴하면서도 브랜드 이미지와 고객 충성도를 높일 수 있

CNN 기반 매력도 분석 가상 사례 2

데이터 기반의 도시 디자인 가이드라인 수립

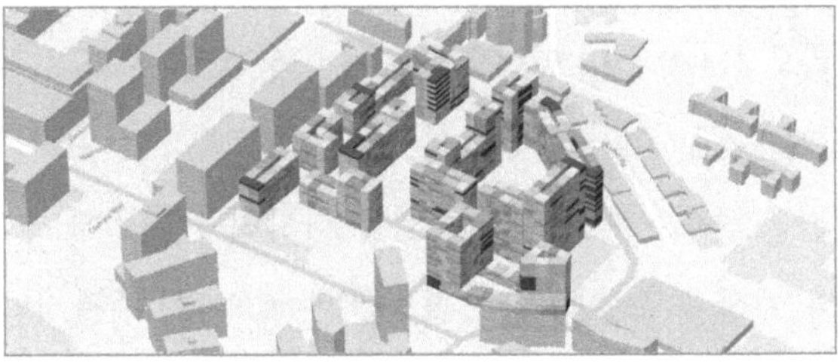

www.bluelabellabs.com

1) **문제 상황:** 한 지자체에서 구도심 상권 활성화를 위해 '간판 개선 사업'과 '보행 환경 개선 사업'을 추진하고자 한다. 하지만 어떤 디자인이 실제로 상권의 매력을 높이는지에 대한 객관적인 기준이 없어, 사업 방향을 결정하기 어렵다.

2) **CNN 기반 매력도 분석:**

(1) **데이터 학습:** 전국에서 '성공적'이라고 평가받는 상권들의 거리 이미지 수천 장을 학습시켜, 높은 매력도 점수와 연관된 시각적 디자인 요소의 '성공 문법'을 모델이 스스로 학습하게 한다.

(2) **가상 시뮬레이션:** 현재 구도심 거리 사진을 바탕으로, 여러 가지 개선 시나리오를 가상으로 적용한 이미지를 생성한다.

- 시나리오 1: 모든 간판을 동일한 글씨체와 크기의 정형화된 간판으로 교체한 이미지.
- 시나리오 2: 각 상점의 개성을 살리면서도, 색상과 재질의 조화를 고려한 디자인 간판을 적용한 이미지.
- 시나리오 3: 보도블록을 교체하고 길가에 화단을 조성한 이미지.

(3) 매력도 변화 예측: 이 가상의 이미지들을 CNN 모델에 입력하여, 각 시나리오가 상권 매력도 지수에 미치는 영향을 예측한다. 분석 결과, 시나리오 1은 오히려 점수가 하락했고(-10점), 시나리오 2(+25점)와 시나리오 3(+30점)이 매력도를 크게 향상시키는 것으로 나타났다.

3) 결론: 지자체는 이 시뮬레이션 결과를 바탕으로, 획일적인 간판 정비 사업 예산을 줄이는 대신, 개성 있는 디자인을 지원하고 보행 환경을 개선하는 데 예산을 집중하기로 결정한다. CNN은 주관적인 '디자인'의 영역에 객관적인 '데이터'의 잣대를 제공함으로써, 가장 효율적이고 효과적인 도시재생 정책을 수립하는 과학적인 근거를 제시한 것이다.

결론적으로, CNN은 도시와 상권을 바라보는 우리의 눈을 한 차원 높은 수준으로 끌어올린다. 이는 더 이상 숫자에만 매몰되지 않고, 공간이 가진 시각적 언어와 그 안에 담긴 매력의 본질을 이해하게 함으로써, 미래의 가치를 창조하는 가장 강력하고도 심미적인 통찰력을 우리에게 선물한다.

3. 상권 간 유사도 분석을 통해 상호 대체성과 보완성을 진단한다

3.1. 도시의 동맹과 경쟁: 상권 간 유사도 분석

1) 빅데이터는 각 상권이 가진 고유의 DNA를 정밀하게 비교하는 유사도 분석(Similarity Analysis)을 통해, 상권 간의 관계가 '경쟁'인지 '협력'인지를 과학적으로 진단하고, 그 안에 숨겨진 역학 관계와 투자가능성을 예측하는 단계에 이르렀다.

도시의 상권은 결코 고립된 섬이 아니다. 그것들은 서로의 고객을 빼앗기 위해 치열하게 경쟁하는 대체재(Substitute)이거나, 서로 다른 매력으로 고객을 함께 끌어들이며 상생하는 보완재(Complement)로서, 보이지 않는 거대한 생태계를 이루고 있다. 과거 우리는 이러한 상권 간의 관계를 직관과 경험에 의존해 어렴풋이 짐작할 뿐이었다.

그러나 이제 빅데이터는 각 상권이 가진 고유의 DNA를 정밀하게 비교하는 유사도 분석(Similarity Analysis)을 통해, 상권 간의 관계가 '경쟁'인지 '협력'인지를 과학적으로 진단하고, 그 안에 숨겨진 도시의 역학 관계와 미래 발전 가능성을 예측하는 새로운 지평을 열었다.

3.1.1. 상권의 DNA를 비교하는 저울

상권 간 유사도 분석은, 우리가 앞서 탐험했던 다양한 빅데이터를 종합하여 각 상권의 '정체성'을 정의하고, 이 정체성들이 서로 얼마나 닮았는지를 측정하는 과정이다. 상권의 DNA를 구성하는 핵심 데이터는 다음과 같다.

(1) **고객 프로파일**: 통신사 위치데이터와 카드 매출 데이터를 통해 분석된 주 고객층의 연령, 성별, 거주지 분포. 두 상권의 고객 프로파일이 겹칠수록 대체 관계일 가능성이 높다.

(2) **업종 구성(MD Mix)**: 입점해 있는 점포들의 업종(예: 명품, SPA, F&B, 카페) 비율. 비슷한 업종 포트폴리오를 가졌다면 강력한 경쟁 상대다.

(3) **소비 패턴**: 시간대별/요일별 매출 분포와 평균 객단가. 주말 저녁에 20대 여성의 소액 결제가 집중되는 두 상권은 서로를 대체할 가능성이 크다.

(4) '#데이트코스', '#힙플레이스'와 같은 키워드를 공유하는 두 상권은 동일한 시장에서 경쟁한다.

이러한 다차원적인 데이터를 바탕으로 두 상권 간의 유사도 점수를 계산한다. 점수가 높으면 서로의 고객을 빼앗는 대체성이 강한 관계, 점수가 낮으면서도 두 상권 간의 방문객 이동(Flow)이 활발하다면 서로의 부족한 점을 채워주는 보완성이 강한 관계로 해석할 수 있다.

3.2. 가상 사례로 본 상권 관계의 진단

유사도 분석의 적용 가상 사례 1

'더현대 서울'의 등장과 영등포 상권의 생존 전략

더현대 서울 https://www.hankyung.com

1) 문제 상황: 2021년, 여의도에 파격적인 공간 구성을 갖춘 '더현대 서울'이 문을 열었다. 바로 인근에 위치한 전통의 강자, '신세계백화점 타임스퀘어점'(이하 신세계 영등포)의 경영진은 더현대 서울이 자신들의 고객을 얼마나 빼앗아갈지(대체성), 그리고 어떻게 대응해야 할지 데이터 기반의 전략을 수립하고자 한다.

2) 유사도 분석의 적용:

(1) **DNA 비교:** 두 백화점의 입점 브랜드 리스트, 방문객의 연령/소득/거주지 프로파일, 그리고 시간대별 매출 패턴 데이터를 비교 분석한다.

(2) **높은 대체성 확인**: 분석 결과, 두 백화점의 유사도 점수는 85%로 매우 높게 나타난다. 특히, 신세계 영등포의 핵심 고객이었던 목동, 광명, 구로 지역의 30~40대 고소득층 가족 단위 고객이 더현대 서울로 대거 이동하고 있음이 위치데이터 흐름 분석을 통해 명확히 확인된다. 이는 두 백화점이 동일한 시장을 두고 제로섬 게임을 벌이는 강력한 대체 관계임을 의미한다.

(3) **차별화 전략 수립**: 신세계 영등포 경영진은 '새로움'이나 '규모'로는 더현대 서울과 경쟁할 수 없다고 판단한다. 대신, 더현대 서울이 상대적으로 부족한 부분을 공략하여 '대체재'가 아닌 '보완재'로 포지셔닝하는 전략을 세운다. 데이터 분석 결과, 더현대 서울에는 성인 중심의 콘텐츠는 많지만, 영유아 및 아동을 위한 체험형 콘텐츠가 부족함을 발견한다.

3) **결론**: 신세계 영등포는 '리빙'과 '키즈' 카테고리를 대대적으로 강화하고, 국내 최대 규모의 체험형 키즈카페와 교육 콘텐츠를 결합한 '가족 특화 공간'으로의 리뉴얼을 단행한다. 이는 '트렌디한 경험'은 더현대에서, '가족과의 시간'은 신세계에서 보내도록 만드는, 상권의 역할을 분담하고 공존을 모색하는 데이터 기반의 현명한 생존 전략이다.

유사도 분석의 적용 가상 사례 2

'가로수길'과 '세로수길'의 완벽한 공생 관계

1) **문제 상황**: 한 글로벌 부동산 투자사가 신사동 가로수길의 상업용 빌딩 매입을 고려 중이다. 이들은 가로수길의 장기적인 성장 잠재력을 평가하기 위해, 주변 골목 상권(통칭 '세로수길')과의 관계를 분석하고자 한다.

가로수길 https://realty.chosun.com

2) 유사도 분석의 적용:

(1) DNA 비교: 가로수길(대로변)과 세로수길(이면도로)의 업종 구성, 임대료 수준, 방문객 데이터를 비교 분석한다.

(2) 낮은 유사성과 강한 연결성 발견: 분석 결과, 두 상권의 유사도 점수는 25%로 매우 낮게 나타난다.

- 가로수길: 글로벌 패션/뷰티 브랜드의 대형 플래그십 스토어, 높은 임대료, 높은 통과 유동인구.
- 세로수길: 오너셰프가 운영하는 개성 있는 맛집, 독립 카페, 소규모 디자이너 편집숍, 상대적으로 낮은 임대료. 이처럼 서로 다른 DNA를 가졌음에도 불구하고, 위치데이터 흐름 분석 결과, 두 상권 사이를 오가는 방문객의 흐름이 매우 활발하다는 사실이 발견된다.

3) 결론: 가로수길과 세로수길은 서로 경쟁하는 대체 관계가 아닌, 완벽하게 시너지를 내는 보완 관계임이 증명되었다. 방문객들은 가로수길에서 쇼핑을 즐긴 뒤, 식사와 휴식을 위해 자연스럽게 세로수길로 이동하는 하나의 '소비 여정'을 그리고 있었다. 세로수길의 독특한 F&B 콘텐츠가 가로수길의 쇼핑 매력을 강화하고, 가로수길의 강력한 집객력이 세로

수길에 활력을 불어넣는 선순환 구조인 것이다. 투자사는 이 강력한 공생 생태계의 존재를 확인하고, 가로수길의 장기적인 가치 안정성을 확신하며 투자를 결정한다.

결론적으로, 상권 간 유사도 분석은 도시의 상업 지도를 개별 점들의 집합이 아닌, 서로 영향을 주고받는 역동적인 '관계의 네트워크'로 이해하게 만드는 새로운 눈이다. 이 보이지 않는 관계의 그물을 읽어내는 능력이야 말로, 상권의 흥망성쇠를 예측하고 미래의 가치를 선점하는 가장 깊이 있는 통찰이 될 것이다.

4. NLP를 활용한 고객 리뷰 데이터 감성 분석 결과를 제시한다

4.1. 도시의 감성을 듣다: NLP를 활용한 고객 리뷰 감성 분석

1) 감성 분석(Sentiment Analysis)은 이 흩어진 목소리들 속에서 긍정과 부정의 미묘한 결을 가려내고, 주관적인 느낌을 객관적인 데이터로 변환하여, 부동산의 미래 가치를 예측하는 새로운 차원의 문을 여는 기술이다.

부동산의 가치는 더 이상 물리적 속성의 총합만으로 결정되지 않는다. 그 공간을 경험한 사람들이 남긴 수많은 목소리, 즉 부동산 리뷰와 후기 데이터는 눈에 보이지 않지만 강력하게 작동하는 '평판 자본(Reputation Capital)'을 형성한다. "살아보니 어떠세요?"라는 질문에 대한 수만, 수백만 개의 대답 속에는 공식적인 데이터가 결코 담아낼 수 없는 공간의 진짜 얼굴이 담겨 있다.

감성 분석(Sentiment Analysis)은 이 흩어진 목소리들 속에서 긍정과 부정의 미묘한 결을 가려내고, 주관적인 느낌을 객관적인 데이터로 변환하여, 부동산의 미래 가치를 예측하는 새로운 차원의 문을 여는 기술이다.

4.1.1. 감성의 언어를 해독하는 기술

감성 분석은 인공지능이 인간의 언어(자연어)를 이해하고 그 안에 담긴 감정적 뉘앙스를 파악하는 자연어 처리(NLP)의 핵심 분야다. 이 기술은 부동산 리뷰 데이터를 다음과 같이 심층적으로 해부한다.

(1) **문서 단위 감성 분류**: 가장 기본적인 분석으로, 리뷰 텍스트 전체가 긍정적인지, 부정적인지, 혹은 중립적인지를 판단한다. 이를 통해 특정 아파트 단지나 상가 건물에 대한 전반적인 여론의 방향성을 파악할 수 있다.

(2) **속성 기반 감성 분석**(Aspect-Based Sentiment Analysis, ABSA): 감성 분석의 진정한 힘은 이 단계에서 발휘된다. 이는 단순히 전체적인 긍정/부정을 넘어, 텍스트가 언급하는 특정 '속성'에 대한 감성을 개별적으로 추출하는 고차원적인 분석이다.

- 주거용 부동산: "교통은 정말 편리한데, 층간소음은 너무 심각해요."라는 리뷰가 있다면, 모델은 '교통' 속성에 대해서는 '긍정'을, '층간소음' 속성에 대해서는 '부정'을 각각 분리하여 점수화한다. 이를 통해 우리는 해당 부동산의 다차원적인 강점과 약점을 명확히 진단할 수 있다.
- 상업용 부동산: "음식 맛은 최고지만, 주차가 너무 불편해서 다시 가고 싶진 않네요."라는 식당 리뷰에서, '음식 맛'과 '주차'라는 두 개의 다른 속성에 대한 상반된 평가를 추출하여, 해당 상가의 잠재적 성공 요인과 실패 요인을 분석한다.

(3) **핵심 키워드 및 토픽 추출**: 수많은 리뷰에서 공통적으로, 그리고 중요하게 언급되는 키워드나 주제를 도출한다. 이를 통해 시장이 특정 부동산의 가치를 평가할 때 어떤 요소를 가장 중요하게 생각하는지를 역으로 파악할 수 있다.

이러한 과정을 통해, '살기 좋다'거나 '장사하기 힘들다'는 막연한 평판은 이제 '교통 만족도 9.2점, 소음 불만도 7.8점, 커뮤니티 활력 8.5점'과 같은 구체적이고 비교 가능한 데이터로 재탄생한다.

4.2. 가상 사례로 본 감성 분석의 활용 가능성

리뷰 데이터 감성 분석 결과 가상 사례 1

신축 오피스텔의 '숨겨진 미래'를 예측하다

1) **문제 상황**: 한 투자자가 비슷한 시기에 준공된 두 신축 오피스텔, 'A 타워'와 'B 팰리스' 중 투자를 결정해야 한다. 입지, 분양가, 시공사 등 모든 공식적인 조건은 거의 동일하다.

2) **리뷰 데이터 감성 분석 결과**:

(1) **데이터 수집**: 입주 후 1년간 부동산 플랫폼(직방, 다방 등)과 온라인 커뮤니티에 올라온 두 오피스텔의 실거주 리뷰 데이터를 수집한다.

(2) **속성 기반 감성 분석(ABSA) 결과 대시보드**:

- A 타워:

  종합 만족도: 6.8/ 10점

  속성별 만족도:

  교통: 9.5점 (긍정 키워드: #초역세권, #편리함)

  옵션: 8.5점 (긍정 키워드: #풀옵션, #신축)

  소음: 3.2점 (부정 키워드: #방음최악, #옆집소음, #복도소리)

관리: 4.1점 (부정 키워드: #관리비, #택배분실, #느린처리)

- B 팰리스:

종합 만족도: 8.9 / 10점

속성별 만족도:

교통: 8.2점 (긍정 키워드: #도보10분, #마을버스)

옵션: 8.8점 (긍정 키워드: #깔끔함, #수납공간)

소음: 9.1점 (긍정 키워드: #조용함, #방음잘됨)

관리: 9.5점 (긍정 키워드: #깨끗함, #친절한관리실, #보안철저)

3) 결론: 감성 분석 결과는 두 오피스텔의 보이지 않는 미래를 명확히 보여준다. A 타워는 뛰어난 입지에도 불구하고, '소음'과 '관리'라는 실거주 품질의 핵심적인 문제로 인해 임차인들의 만족도가 낮다. 이는 높은 임차인 회전율과 향후 공실 리스크로 이어질 강력한 신호다. 반면, B 팰리스는 높은 거주 만족도를 바탕으로 안정적인 임차인 확보와 꾸준한 가치 상승이 기대된다. 투자자는 이 데이터를 통해 겉으로 드러나지 않는 '내실'을 보고 현명한 투자 결정을 내릴 수 있다.

리뷰 데이터 감성 분석 결과 가상 사례 2

쇠퇴하는 상점가의 '진짜 문제'를 진단하다

1) 문제 상황: 한 지자체에서 유동인구 감소로 쇠퇴하고 있는 '중앙로 상점가'의 활성화 사업을 추진하고자 한다. 하지만 문제의 원인을 정확히 몰라 효과적인 처방을 내리기 어렵다.

2) 리뷰 데이터 감성 분석 결과:

(1) 데이터 수집: 지난 3년간 '중앙로 상점가' 내의 모든 식당, 카페, 상점에 대한 네이버/카카오맵, 블로그 등의 방문자 리뷰 데이터를 수

청년 상인 성장지원… '중앙로상점가 청년몰 활성화' 제주시 제주인뉴스

집하여 시계열로 분석한다.

(2) 감성 및 키워드 트렌드 분석:

- 3년 전: 긍정 감성 80%. 주요 긍정 키워드는 '#가성비', '#푸짐함', '#단골집' 등이었다.
- 최근 1년: 긍정 감성이 55%로 급락. 새롭게 등장한 주요 부정 키워드는 '#주차전쟁', '#불친절', '#찾기힘듦' 등이었다. 놀랍게도, '#맛'이나 '#품질'에 대한 부정적 언급은 거의 증가하지 않았다.

3) **결론:** 감성 분석은 상점가 쇠퇴의 원인이 '상품의 질' 하락이 아님을 명확히 보여주었다. 진짜 문제는 (1) 주변 지역 개발로 인한 주차 공간 부족 심화, (2) 높아진 임대료로 인한 기존 상인들의 서비스 질 하락, (3) 복잡한 골목 구조 등 외적인 환경 요인에 있었다. 지자체는 이 진단 결과를 바탕으로, 효과 없는 마케팅 예산을 줄이는 대신, '공영주차장 확충', '상인 친절 교육 지원', '안내 시스템 개선' 등 문제의 핵심을 짚는, 데이터 기반의 효과적인 도시재생 전략을 수립할 수 있다.

결론적으로 부동산 리뷰 데이터에 대한 감성 분석은, 도시와 공간을 향한 수많은 사람들의 집단적인 지성이자, 살아있는 경험의 기록 보관소다. 이 목소리 속에 담긴 감성을 과학적으로 분석하는 능력이야 말로, 딱딱한 숫자의 이면에 숨겨진 진짜 가치를 발견하고 미래의 기회와 위기를 예측하는, 빅데이터 시대의 가장 섬세하고도 강력한 통찰력이라 할 수 있을 것이다.

5. 혼합형 AI 모델(CNN, RNN, NLP)을 활용한 상권 가치 예측 사례를 비교한다

5.1. AI 드림팀의 탄생: 혼합형 모델을 활용한 상권 가치 예측

지금까지 우리는 도시와 부동산의 가치를 분석하기 위해 각기 다른 능력을 가진 인공지능 모델들을 탐험해왔다. 이미지의 공간 패턴을 읽는 데 탁월한 '시각의 전문가' 합성곱 신경망(CNN), 시간의 흐름과 맥락을 이해하는 '기억의 전문가' 순환신경망(RNN), 그리고 인간의 언어와 감성을 파고드는 '소통의 전문가' 자연어 처리(NLP) 모델까지.

그렇다면 만약, 이 각 분야의 전문가들을 하나의 '드림팀'으로 구성하여 동시에 정보를 분석하고 종합적인 판단을 내리게 한다면 어떨까? 이것이 바로 딥러닝의 최전선, 혼합형 AI 모델(Hybrid AI Model) 또는 앙상블(Ensemble) 모델의 세계다.

5.1.1. 각기 다른 감각의 융합: 혼합형 모델의 원리

혼합형 모델의 핵심 철학은 '가장 적합한 도구로 최상의 결과를 도출한 뒤, 이를 종합하여 최종 결론을 내린다'는 것이다. 현실의 상권 가치는 어느 한 가지 요인만으로 결정되지 않는다. 거리의 시각적 매력, 유동인구의 변화 추세, 방문객들의 생생한 리뷰, 그리고 기본적인 임대료와 매출 데이터 등 이질적인 정보들이 복합적으로 작용하여 가치를 형성한다.

혼합형 모델은 이러한 데이터의 종류에 따라 각각 가장 적합한 AI 모델을 병렬적으로 배치하여 분석을 수행한다.

(1) **시각 정보 처리 스트림**(CNN Stream): 거리뷰, 위성사진, 그리고 소셜미디어의 인증샷과 같은 이미지 데이터는 CNN이 전담하여 분석한다. CNN은 이 시각 정보로부터 '거리의 청결도', '간판의 디자인 수준', '녹지 공간의 비율', '보행 공간의 개방감' 등 공간의 심미적 매력도를 추출하여 정량화된 '시각적 매력 점수'를 산출한다.

(2) **시계열 정보 처리 스트림**(LSTM Stream): 지난 수년간의 월별 유동인구, 카드 매출액, 공실률, 임대료 변동 데이터는 LSTM(장단기 메모리 신경망)이 맡는다. LSTM은 이 데이터의 순차적 흐름을 학습하여, 현재 상권이 '성장 모멘텀'을 가지고 있는지 혹은 '쇠퇴 국면의 초기'에 진입했는지 등 동적인 시장의 '추세'를 분석한다.

(3) **텍스트 정보 처리 스트림**(NLP Stream): 부동산 플랫폼, 네이버 지도, 블로그 등에 남겨진 방문객들의 리뷰 데이터는 자연어 처리(NLP) 모델이 분석한다. 이 모델은 텍스트 속에서 '맛', '분위기', '서비스', '주차' 등 특정 속성에 대한 긍정, 부정 감성을 분석하고, '힙하다', '가성비', '불친절' 등 핵심 키워드를 추출하여 '사회적 평판 점수'를 계산한다.

(4) **최종 판단**(Fusion Layer): 각 전문 모델이 추출해낸 고차원적인 분석 결과(시각적 매력, 시장 추세, 사회적 평판 등)는 기본적인 정형 데이터(면적, 층수 등)와 함께 마지막 '융합 계층(Fusion Layer)'으로 모인다. 이 최종 단계의 모델은 마치 지휘자처럼, 각 분야 전문가들의 의견을 종합하고 최종적인 가중치를 부여하여, 가장 정교하고 신뢰도 높은 '미래 상권 가치 예측 지수' 또는 '예상 임대료'를 결론으로 내놓는다.

■ 혼합형 AI 모델 별 목표, 작용원리 및 기술, 역할, 장단점, 도시부동산 활용 예시 비교분석표

구분	CNN Stream(시각 정보 처리)	LSTM Stream (시계열 정보 처리)	NLP Stream (텍스트 정보 처리)	Fusion Layer (융합 계층)
목표	이미지 데이터로부터 공간의 심미적, 물리적 매력도를 정량적으로 평가한다.	시계열 데이터의 순차적 흐름을 학습하여 상권의 동적인 추세와 성장 모멘텀을 파악한다.	비정형 텍스트 데이터에서 특정 속성에 대한 대중의 감성과 평판을 분석하여 점수화한다.	각 전문 모델의 분석 결과를 종합하고 최종 가중치를 부여하여, 가장 정교한 미래 가치 예측치를 도출한다.
작용원리 및 기술	합성곱 신경망(CNN) 기술을 활용하여 거리뷰, 위성사진 등 이미지 데이터의 패턴과 특징을 학습하고 분석한다.	장단기 메모리 신경망(LSTM) 기술을 통해 유동인구, 매출액 등 시간의 흐름에 따른 데이터의 장기 의존성과 순차적 패턴을 학습한다.	자연어 처리(NLP) 기술을 기반으로 텍스트를 문맥적으로 이해하고, 감성 분석 및 핵심 키워드 추출을 수행한다.	다중 입력 데이터를 처리하는 심층 신경망(DNN) 또는 기타 앙상블 모델을 사용하며, 각 스트림에서 전달된 특징(Feature)에 가중치를 부여하여 최종 결론을 낸다.
역할	거리의 청결도, 디자인 수준, 녹지 비율 등을 분석하여 '시각적 매력 점수'를 산출하는 역할을 수행한다.	월별 유동인구, 공실률 등의 변화를 분석하여 상권의 '성장/쇠퇴 추세'를 판단하는 역할을 맡는다.	방문객 리뷰를 분석하여 '맛', '분위기' 등에 대한 긍/부정 감성을 바탕으로 '사회적 평판 점수'를 계산하는 역할을 한다.	시각, 추세, 평판 점수와 기본 데이터를 종합하여 '미래 상권 가치 예측 지수'나 '예상 임대료' 등 최종 결론을 내리는 지휘자 역할을 한다.

장단점	(장점) 객관적이고 정량화된 시각 정보 분석이 가능하다. (단점) 이미지에 포착되지 않는 내부 컨디션이나 유동적인 시장 상황은 반영하지 못한다.	(장점) 시장의 동적인 변화와 미래 추세를 예측하는 데 강점을 가진다. (단점) 갑작스러운 이벤트나 외부 충격으로 인한 급격한 변화 예측에는 한계가 있을 수 있다.	(장점) 소비자의 생생한 목소리와 주관적 경험을 데이터화할 수 있다. (단점) 악의적이거나 편향된 리뷰 데이터에 의해 분석 결과가 왜곡될 수 있다.	(장점) 여러 이질적 데이터를 종합하여 편향을 줄이고 가장 신뢰도 높은 결론을 도출한다. (단점) 모델 구조가 복잡해지고, 각 스트림의 결과에 대한 최종 가중치 설정의 정확성이 매우 중요하다.
도시 부동산 활용 예시	특정 상가의 거리뷰 이미지를 분석하여 '간판의 시인성'과 '건물 외관의 노후도'를 점수화하고 임대료 책정에 참고 자료로 활용된다.	지난 3년간의 분기별 상가 공실률 데이터를 분석하여, 해당 상권이 안정기에 접어들었는지 혹은 침체기에 있는지 판단하는 데 활용된다.	네이버 지도에 등록된 특정 식당의 방문자 리뷰 1,000건을 분석하여 '서비스' 항목의 긍정 비율이 85%임을 확인하고 상가 가치 평가에 반영한다.	신규 상가 투자 결정을 위해, CNN이 분석한 '시각적 매력 점수'(8.5/10), LSTM이 분석한 '성장 추세'(상승), NLP가 분석한 '평판 점수'(긍정적)와 면적, 층수 데이터를 종합하여 향후 1년 뒤 예상 수익률을 5.7%로 예측한다.

결국 혼합형 모델은 시각, 기억, 언어, 그리고 수리적 분석 능력을 모두 갖춘, 가장 이상적인 형태의 '인공지능 상권 분석가'라 할 수 있다.

5.2. 가상 사례로 본 혼합형 모델(LSTM, CNN, NLP)의 초 격차 분석력

혼합형 AI 모델의 분석 결과 비교 가상 사례 1

신생 수제 버거 브랜드의 '성공 확률이 가장 높은 첫 매장 찾기'

1) 문제 상황: 뛰어난 맛을 가진 신생 수제 버거 브랜드가 첫 매장을 열고자 한다. 이들의 타겟 고객은 트렌드에 민감한 20~30대다. 후보지는 유동인구가 보장된 강남역 대로변과, 최근 뜨고 있는 성수동의 한 골목이다.

2) 혼합형 AI 모델의 분석 결과 비교:

(1) 강남역 대로변:

- LSTM 분석: 유동인구와 매출 데이터는 안정적이지만, 최근 성장률은 정체 상태.
- CNN 분석: 거리 이미지는 회색 빌딩과 획일적인 간판으로 가득해 '시각적 매력도'는 낮음(4/10점).
- NLP 분석: 주변 상권 리뷰의 핵심 키워드는 '#직장인', '#점심', '#가성비' 등으로, 타겟 고객과의 연관성이 낮음.
- 최종 예측: 단기 매출은 안정적이나, 장기적인 브랜드 가치 형성에는 불리. '성공 확률: 65%'

(2) 성수동 골목:

- LSTM 분석: 유동인구는 적지만, 20~30대의 주말 방문객과 F&B 매출이 최근 1년간 폭발적으로 증가하는 '성장 추세'가 뚜렷함.
- CNN 분석: 붉은 벽돌 건물, 그래피티, 개성 있는 가게 외관 등으로 '시각적 매력도'가 매우 높음(9/10점).
- NLP 분석: 리뷰의 핵심 키워드는 '#데이트', '#인생샷', '#힙플레이스' 등으로, 타겟 고객의 관심사와 완벽하게 일치함.

• 최종 예측: 초기 리스크는 있으나, 브랜드가 시장에 안착할 경우 폭발적인 성장이 기대됨. '성공 확률: 88%'

3) **결론**: 혼합형 모델은 단순히 현재의 유동인구나 매출이 아닌, 상권의 '성장성(LSTM)', '분위기(CNN)', 그리고 '정체성(NLP)'을 종합적으로 분석하여, 브랜드의 미래를 위한 최적의 선택지를 명확히 제시한다.

혼합형 AI 모델의 분석 결과 비교 가상 사례 2

쇠퇴하는 지방 구도심 상권의 '맞춤형 부활 시나리오' 제시

무안군, 생활밀착형 도시재생 스마트기술 지원사업 선정
https://www.indifocus.kr

1) **문제 상황**: 인구 감소와 노후화로 활력을 잃어가는 한 지방 중소도시의 구도심 상권을 되살리기 위한 최적의 도시재생 전략을 수립하고자 한다.

2) **혼합형 AI 모델의 분석 및 시뮬레이션**:

(1) **현상 진단**:

• LSTM: 유동인구와 매출이 지난 5년간 지속적으로 감소. 특히, 청년층의 이탈이 심각.

- CNN: 건물 외관이 낡고, 보행 공간이 부족하며, 야간 조명이 어두워 '시각적 매력도'가 매우 낮음.
- NLP: 지역 커뮤니티의 여론은 '#주차불편', '#갈곳없음', '#위험함' 등 부정적인 키워드가 지배적.

(2) **가상 시나리오 시뮬레이션:** 모델은 이 진단 결과를 바탕으로, 여러 가지 개선 시나리오를 적용했을 때 '상권 가치 예측 지수'가 어떻게 변하는지를 시뮬레이션 한다.

- 시나리오 A(대형 쇼핑몰 유치): 단기적인 유동인구는 증가하나, 주변 소상공인과의 부조화로 NLP 기반 '지역 만족도' 점수는 하락.
- 시나리오 B(보행 환경 개선 + 야간 조명 설치): CNN 기반 '시각적 매력도'와 NLP 기반 '안전 체감도'가 크게 상승하며, 20~30대 여성의 야간 체류시간이 증가할 것으로 예측2.
- 시나리오 C(청년 창업 지원 + 임대료 보조): LSTM 기반 '신규 창업률'이 증가하고, NLP 분석 결과 '#활기', '#새로운' 등 긍정적 키워드가 증가할 것으로 예측.

3) **결론:** 혼합형 모델은 시나리오 B와 C를 결합하는 것이 가장 지속가능하고 효과적인 전략임을 제시한다. 즉, 물리적 환경을 개선하여 사람들이 머물고 싶게 만들고, 그 공간을 채울 수 있는 청년들의 창의적인 콘텐츠를 지원하는 것이 최적의 해법이라는 것이다. 이는 단편적인 처방이 아닌, 도시의 문제를 종합적으로 진단하고 예측하는 데이터 기반의 과학적인 도시계획을 가능하게 한다.

결론적으로, 혼합형 AI 모델은 각기 다른 인공지능의 장점만을 결합하여 만든 궁극의 분석 도구다. 이는 도시와 부동산이라는 복잡계를 이해하기 위한 가장 진보된 방법론이며, 보이지 않는 가치를 읽어내는 우리의 능력을 상상 이상의 수준으로 끌어올릴 것이다.

제 7 장

주거용 부동산 평가를 위한 빅데이터 분석 방법

1. 빅데이터 기반으로 아파트 실거래가의 시계열 분석 기반 가치예측을 실시한다

1.1. 시간의 흐름 속에서 미래를 읽다: 시계열 분석 기반 가치 예측

부동산의 가격은 결코 홀로 존재하지 않는다. 그것은 과거로부터 흘러와 현재에 잠시 머물다 미래로 향하는 거대한 시간의 강물 위에 떠 있는 한 점과 같다. 시계열 분석(Time-series Analysis)은 이 시간의 강물에 숨겨진 패턴과 리듬을 찾아내어, 미래의 물줄기가 어디로 향할지를 예측하는 강력한 항해술이다.

특히 국토교통부를 통해 매일같이 쏟아지는 방대한 아파트 실거래가 데이터는, 빅데이터 시대의 시계열 분석을 통해 과거에는 상상할 수 없었던 정교한 수준의 가치 예측을 가능하게 하는 가장 중요한 원천이 된다.

1.1.1. 가격 데이터에 숨겨진 네 가지 요소

모든 시계열 데이터 안에는 일반적으로 네 가지 구성 요소가 숨어

있다. 이들을 분해하고 이해하는 것이 시계열 분석의 첫걸음이다.

(1) **추세**(Trend): 장기적인 가격의 방향성이다. 우상향하는 상승 추세, 우하향하는 하락 추세, 또는 특별한 방향성 없이 움직이는 횡보 추세가 있다. 이는 경제 성장, 인구 구조 변화 등 거시적인 동인에 의해 결정된다.

(2) **계절성**(Seasonality): 1년을 주기로 반복되는 예측 가능한 패턴이다. 예를 들어, 봄 이사철(3~5월)에 거래가 활발해지며 가격이 소폭 상승하고, 여름 휴가철이나 겨울 비수기에는 거래가 한산해지는 현상이 여기에 해당한다.

(3) **순환**(Cycle): 계절성보다 주기가 긴, 3~10년 이상의 장기적인 경기 변동에 따른 가격의 상승과 하강 패턴이다. 부동산 시장의 호황과 불황 사이클이 대표적인 예다.

(4) **불규칙 요인**(Irregular Component): 정부의 갑작스러운 부동산 정책 발표, 글로벌 금융 위기, 팬데믹 등 예측 불가능한 돌발 사건으로 인한 가격의 급변동을 의미한다.

1.1.2. ARIMA(자기회귀이동평균 모델)나 LSTM(장단기 메모리 신경망)목표, 역할, 장단점, 활용예시

과거에는 제한된 데이터로 인해 이러한 요소들을 어렴풋이 추정할 수 밖에 없었다. 하지만 이제 빅데이터와 ARIMA(자기회귀이동평균 모델)나 LSTM(장단기 메모리 신경망)과 같은 정교한 알고리즘을 통해, 우리는 이 네 가지 요소를 정밀하게 분리하고, 각 요소가 미래 가격에 미칠 영향을 수학적으로 모델링할 수 있게 되었다.

■ ARIMA(자기회귀이동평균 모델)나 LSTM(장단기 메모리 신경망)목표, 역할, 장단점, 활용예시

구분	ARIMA(자기회귀이동평균 모델)	LSTM(장단기 메모리 신경망)
목표	시계열 데이터의 과거 값과 오차항을 이용하여 미래 값을 예측합니다. 시계열의 정상성(평균, 분산, 공분산이 시간에 따라 변하지 않는 특성)을 가정하고, 이를 기반으로 패턴을 모델링합니다.	복잡하고 비선형적인 시계열 데이터의 장기적인 의존성을 학습하여 미래 값을 예측합니다. 시계열의 순차적인 특성을 이해하고 기억하여 예측 정확도를 높이는 것을 목표로 합니다.
역할	- 과거 시계열 데이터의 선형적인 패턴을 분석하고 예측하는 데 사용됩니다. - 자기회귀(AR), 차분(I), 이동평균(MA) 요소를 조합하여 모델을 구축합니다. - 데이터의 정상성을 확보하기 위한 차분(Differencing) 과정을 포함합니다.	- 시계열 데이터 내의 복잡한 비선형 패턴과 장기적인 의존 관계를 학습하여 예측합니다. - 순차적인 데이터의 문맥을 이해하고, 중요한 정보를 기억하며 불필요한 정보를 잊어버리는 '게이트(Gate)' 메커니즘을 사용합니다. - 자연어 처리, 음성 인식 등 다양한 순차 데이터 분석에 활용됩니다.
장점	- 모델의 해석이 용이하며, 각 계수가 의미하는 바를 명확하게 알 수 있습니다. - 데이터의 크기가 상대적으로 작고, 선형적인 패턴을 가질 때 효율적입니다. - 모델링 과정이 비교적 단순하여 계산 비용이 적게 듭니다.	- 복잡한 비선형 패턴과 장기적인 의존성을 효과적으로 학습할 수 있습니다. - 데이터의 크기가 크고, 복잡한 패턴을 가질 때 높은 예측 정확도를 보입니다. - 다양한 종류의 시계열 데이터에 적용할 수 있는 유연성이 높습니다.
단점	- 시계열 데이터가 비선형적인 패턴을 가질 때 예측 성능이 떨어집니다. - 모델의 정상성 가정을 충족시키기 위해 데이터 전처리(차분)가 필요합니다. - 장기적인 의존성을 학습하는 데 한계가 있습니다.	- 모델의 내부 작동 방식이 복잡하여 해석이 어렵습니다. - 많은 양의 데이터와 높은 계산 자원이 필요합니다. - 과적합(Overfitting)의 위험이 있어, 이를 방지하기 위한 추가적인 기술이 필요할 수 있습니다.

도시 부동산 활용 예시	예시: 서울시 강남구 아파트의 월별 평균 매매가 데이터가 있다고 가정합니다. ARIMA 모델은 과거 10년간의 가격 데이터를 분석하여, 매년 비슷한 시기에 발생하는 가격 상승(계절성)이나 일정 비율로 꾸준히 상승하는 추세(추세성)를 파악하고, 이를 바탕으로 다음 달의 평균 매매가를 예측하는 데 활용될 수 있습니다.	예시: 강남구 아파트의 매매가 데이터 외에 주변 상권 매출액, 인구 유입량, 금리 변화, 신규 공급 물량 등 다양한 변수들을 포함한 복합적인 시계열 데이터가 있다고 가정합니다. LSTM 모델은 이 복잡한 데이터들의 비선형적인 관계를 학습하여, 단순히 과거 가격뿐만 아니라 다양한 요인들이 미래 가격에 미치는 복합적인 영향을 파악하고 예측하는 데 활용될 수 있습니다.

1.2. 가상 사례로 본 시계열 분석의 예측력

빅데이터 시계열 분석의 적용 가상 사례 1

대한민국 부동산 시장의 거시적 미래 시나리오 예측

그림 I -41. 정권별 주택 정책 변화와 아파트 매매가격지수 추이

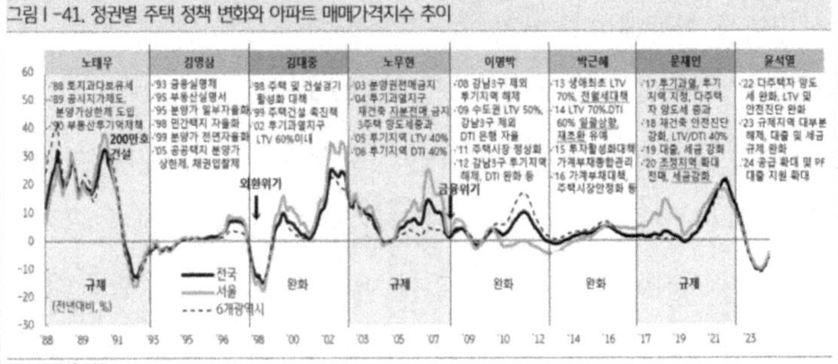

자료: KB경영연구소

1) 문제 상황: 한 경제 연구소에서 향후 3년간 대한민국 전체 아파트 시장의 가격 흐름을 예측하여, 장기적인 국가 경제 정책 수립의 기초 자료로 활용하고자 한다.

2) 빅데이터 시계열 분석의 적용:

(1) 다차원 시계열 데이터 구축: 지난 25년간의 전국 월별 아파트 매매

가격지수, 전세가격지수, 거래량, 미분양 주택 수, 기준금리, 가계 부채 총액, M2 광의통화량, 그리고 주요 부동산 정책 발표 시점 데이터를 하나의 거대한 시계열 데이터셋으로 구축한다.

(2) **LSTM 모델 학습**: 이 복합적인 시계열 데이터를 LSTM 모델에 학습시킨다. 모델은 각 변수들 사이의 복잡한 시차 관계(Time Lag)를 학습한다. 예를 들어, '기준금리 인상이 시작되고 6개월 후부터 미분양 주택이 증가하기 시작하며, 이것이 12개월 이상 지속될 경우, 18개월 후부터는 본격적인 가격 하락 추세가 나타난다'는 식의 장기적인 인과관계를 스스로 발견한다.

(3) **미래 시나리오 시뮬레이션**: 학습된 모델을 기반으로, 향후 금리가 동결될 경우, 0.25%p 인상될 경우, 또는 0.25%p 인하될 경우 등 다양한 거시경제 시나리오에 따른 미래 36개월의 아파트 가격지수 변화를 시뮬레이션한다.

3) **결론**: 시계열 분석은 단순히 과거의 패턴을 연장하는 것을 넘어, 다양한 변수들이 빚어내는 복합적인 상호작용을 통해 미래에 발생 가능한 여러 시나리오를 과학적으로 제시한다. 이는 정책 결정자들이 특정 정책이 미래 시장에 미칠 파급효과를 미리 가늠하고, 최적의 대응 전략을 수립할 수 있도록 만드는 강력한 '미래 시뮬레이터' 역할을 한다.

빅데이터 시계열 분석의 적용 가상 사례 2

개별 아파트 단지의 '미래가치 성장률' 진단

1) **문제 상황**: 한 예비 신혼부부가 서울 마포구의 'A 아파트'와 서대문구의 'B 아파트'를 두고 고민 중이다. 현재 두 아파트의 가격은 비슷하지만, 5년 뒤 어느 아파트의 자산 가치가 더 높을지 궁금하다.

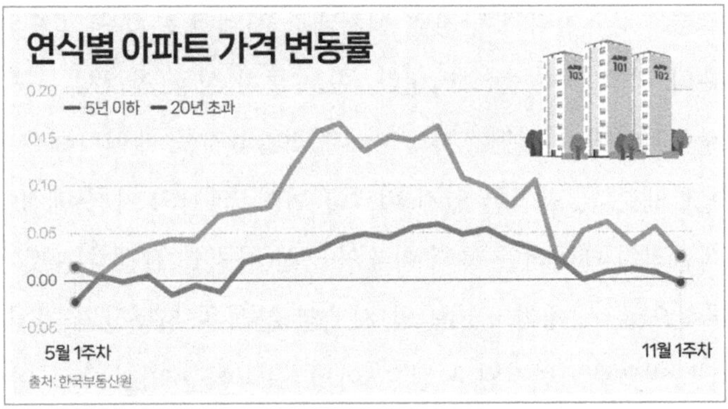

https://www.gpkorea.com

2) 빅데이터 시계열 분석의 적용:

(1) **개별 단지 시계열 데이터 구축**: 지난 15년간 두 아파트 단지의 모든 실거래가 데이터를 월별 평균 가격으로 변환하여 시계열을 생성한다. 여기에 해당 단지의 월별 전세가율, 거래 회전율(전체 세대수 대비 거래 건수) 데이터를 추가한다.

(2) **추세와 변동성 분석**: ARIMA 모델을 통해 두 아파트의 장기적인 가격 '추세 기울기'와 '가격 변동성'을 분석한다. 분석 결과, A 아파트는 꾸준히 우상향하는 안정적인 추세를 보인 반면, B 아파트는 시장 호황기에는 더 가파르게 올랐지만 불황기에는 더 큰 폭으로 하락하는 높은 변동성을 보였다.

(3) **미래 가격 경로 예측**: 분석된 추세와 패턴을 기반으로 향후 5년간의 가격 경로를 예측한다. 모델은 향후 시장이 안정적인 횡보세를 보일 경우, 변동성이 낮은 A 아파트의 가치 안정성이 더 높을 것이며, 만약 또 다른 상승장이 올 경우 B 아파트의 상승 탄력이 더 클 수 있다는 확률적 예측 결과를 제시한다.

3) 결론: 개별 아파트 단지의 실거래가 시계열 분석은 그 단지가 가진 고유의 '가격 DNA'를 드러낸다. 이는 투자 성향(안정성 추구 vs. 고수익 추구)에 따라 어떤 부동산이 더 적합한지를 데이터에 기반하여 판단하게 해준다. 막연한 입지 비교를 넘어, 과거의 가격 궤적이 증명하는 객관적인 데이터를 통해 미래의 자산 가치를 진단하는 것이다.

결론적으로, 빅데이터 기반의 시계열 분석은 부동산의 가치를 '점'이 아닌 '선'으로, '정지된 사진'이 아닌 '움직이는 영상'으로 이해하게 만드는 패러다임의 전환이다. 시간 속에 축적된 수많은 거래 기록의 리듬을 읽어내는 능력이야 말로, 불확실한 미래의 시장을 항해하는 가장 정교하고 신뢰도 높은 나침반이 될 것이다.

2. 빅데이터 기반으로 학군, 공원, 역세권 등 입지요소 데이터를 통합 분석한다

2.1. 입지의 DNA를 해부하다: 학군, 공원, 역세권 데이터의 융합

부동산의 가치를 논할 때, 우리는 언제나 '입지'라는 절대적인 명제와 마주하게 된다. 좋은 입지란 무엇인가? 과거 우리는 이 질문에 대해 '학군이 좋다', '공원이 가깝다', '역세권이다'와 같은 단편적인 사실들을 나열하는 데 그쳤다. 각각의 요소가 중요하단 것은 알지만, 그것들이 어떻게 상호작용하며, 특정 부동산의 가치에 정확히 얼마만큼의 영향을 미치는지를 객관적으로 설명하기는 어려웠다.

그러나 이제 빅데이터는 이 각각의 입지 요소를 정밀하게 측정하고, 나아가 이들을 하나의 거대한 방정식으로 통합하여, 특정 공간이 가진 고유의 '입지 DNA'를 분석하는 것을 가능하게 했다.

2.1.1. 입지 요소를 재정의하는 빅데이터

빅데이터는 전통적인 입지 요소의 개념을 한 차원 높은 수준으로 확장하고 구체화한다.

1) **학군:** 평판과 밀도의 데이터화 과거의 학군 분석이 특정 학교까지의 물리적 거리에 머물렀다면, 빅데이터 기반의 학군 분석은 훨씬 다차원적이다.

- 학업 성취도 데이터: 학교알리미 등에 공시된 국가학업성취도 평가 결과, 특목고 및 명문대 진학률 등 객관적인 학업 성취 데이터를 수집한다.
- 학원가 데이터: 특정 지역 내 학원들의 밀집도, 유명 강사의 분포, 그리고 온라인 리뷰를 통한 평판 데이터를 분석하여 '사교육 환경 지수'를 산출한다.
- 커뮤니티 여론 분석: 지역 맘카페나 부동산 커뮤니티의 텍스트 데이터를 자연어 처리(NLP) 기술로 분석하여, 특정 학교나 학군에 대한 학부모들의 실질적인 만족도와 평판을 정량화한다. 이 모든 데이터를 종합하여, 우리는 '강남구 대치동'의 학군 가치를 '최상위권 대학 진학률 95점, 최우수 학원가 밀집도 98점, 학부모 만족도 93점' 과 같이 구체적인 '학군 파워 지수'로 변환할 수 있다.

(2) **공원:** 녹지의 질을 측정하다 '공세권'이나 '숲세권'이라는 말은 이제 단순히 공원이 옆에 있다는 사실을 넘어, 그 녹지가 주는 '질적인 혜택'을 의미한다.

- 실질 녹지 비율 분석: 합성곱 신경망(CNN)으로 위성사진을 분석하여, 서류상의 공원 면적이 아닌 실제 수목이 우거진 '실질 녹

지 면적'과 그 비율을 0.1% 단위까지 정밀하게 측정한다.

- 공원의 질 평가: GIS 데이터와 리뷰 데이터를 결합하여 공원의 규모, 산책로의 길이, 편의시설(놀이터, 벤치, 화장실 등)의 수와 관리 상태, 그리고 방문객들의 만족도를 종합하여 '공원 퀄리티 지수'를 산출한다.
- 접근성 분석: 단순 직선거리가 아닌, 실제 보행자 도로망을 기반으로 단지 입구에서 공원 입구까지의 실질 도보 시간과 횡단보도 유무 등을 고려하여 접근성을 평가한다.

(3) **역세권:** 시간과 연결성의 가치 역세권의 가치는 이제 '거리'가 아닌 '시간'과 '연결성'으로 재정의된다.

- 실질 이동 시간 분석: 내비게이션 및 대중교통 앱의 API 데이터를 활용하여, 특정 지점에서 강남, 광화문, 여의도 등 핵심 업무지구까지의 출퇴근 시간대별 평균 소요 시간을 분 단위로 계산한다.
- 환승 편의성 평가: 단순한 역세권이 아닌, 2개 이상의 노선이 교차하는 '환승 역세권'에 높은 가중치를 부여하고, 버스 노선의 밀도와 배차 간격까지 고려하여 '대중교통 연결성 지수'를 평가한다.
- 생활권 확장성 분석: 해당 역을 중심으로 30분 내에 도달할 수 있는 문화시설, 대형 쇼핑몰, 종합병원 등의 범위를 분석하여, 역세권이 제공하는 실질적인 생활 반경의 넓이를 측정한다.

2.2. 가상 사례로 본 입지 데이터 통합 분석의 힘

빅데이터 통합 분석의 적용 가상 사례 1

신혼부부를 위한 '생애 첫 주택' 최적 입지 추천

1) **문제 상황:** 30대 신혼부부가 서울에서 10억 원의 예산으로 생애

첫 주택을 구하고 있다. 남편은 강남으로, 아내는 광화문으로 출퇴근한다. 현재는 자녀가 없지만, 미래의 교육 환경도 중요하게 생각한다.

2) 빅데이터 통합 분석의 적용:

(1) **맞춤형 필터링:** 먼저, 부부의 직장까지 대중교통으로 각각 40분 이내에 도달 가능한 모든 지역을 1차 후보군으로 필터링한다.

(2) **가중치 부여 및 입지 DNA 분석:** 신혼부부의 요구사항에 맞춰 '대중교통 연결성(가중치 40%)', '미래 학군 잠재력(가중치 30%)', '공원 등 생활 쾌적성(가중치 30%)'으로 가중치를 설정한다. 이후 각 후보 지역의 입지 요소 데이터를 분석한다.

- A 지역(예: 마포구): 교통 연결성은 최상(95점)이나, 학군 파워 지수는 보통(70점), 공원 퀄리티는 보통(75점)으로 나타난다.
- B 지역(예: 동작구): 교통 연결성은 우수(88점), 학군 파워 지수는 상위권 학원가와 인접하여 잠재력이 높고(85점), 대규모 공원이 있어 공원 퀄리티도 최상(92점)이다.

(3) **최적 입지 추천:** 각 지수에 가중치를 적용한 '종합 입지 점수'를 계산한 결과, B 지역이 88.1점으로 A 지역의 81.5점보다 높게 나타난다. 시스템은 B 지역을 최적 입지로 추천하며, "교통, 미래 학군, 생활 쾌적성의 세 가지 요소를 가장 균형 있게 만족시키는 최적의 선택지"라는 구체적인 추천 이유를 함께 제시한다.

3) **결론:** 빅데이터 통합 분석은 막연한 고민을 명확한 숫자로 변환하여, 개인의 라이프스타일과 미래 계획에 가장 부합하는 최적의 의사결정을 돕는 '개인 맞춤형 입지 컨설턴트' 역할을 수행한다.

빅데이터 통합 분석의 적용 가상 사례 2

외국인 투자자를 위한 서울 상업용 부동산 투자 분석

1) **문제 상황:** 한 해외 연기금이 서울의 상업용 부동산에 투자를 고려 중이다. 이들은 안정적인 임대수익과 함께, 미래의 자산 가치 상승을 동시에 추구한다.

2) **빅데이터 통합 분석의 적용:**

(1) **외국인 특화 입지 요소 정의:** 외국인 비즈니스맨과 관광객에게 중요한 입지 요소를 새롭게 정의한다. '주요 업무지구(GBD, YBD) 접근성', '5성급 호텔 및 고급 레지던스 밀집도', '미쉐린 가이드 등재 레스토랑 분포', '대규모 공원 및 고궁 등 관광자원 접근성', '인천국제공항까지의 이동 시간' 등을 핵심 변수로 설정한다.

(2) **'글로벌 비즈니스 친화도' 지수 개발:** 이 변수들을 통합 분석하여, 서울 시내 각 지역의 '글로벌 비즈니스 친화도 지수'를 산출한다.

(3) **투자 유망 지역 발굴:** 분석 결과, 전통적인 강남이나 명동 외에, 최근 고급 주거 및 문화 시설이 급증하고 용산공원 개발이라는 거대한 잠재력을 품고 있는 '용산-한남' 지역의 종합 점수가 급상승하고 있음을 발견한다. 모델은 이 지역이 향후 서울의 새로운 '글로벌 비즈니스 허브'로 성장할 가능성이 가장 높다고 예측한다.

3) **결론:** 입지 데이터 통합 분석은 특정 수요층(외국인 투자자)의 관점에서 도시 공간을 재해석하고, 그들의 요구에 부합하는 숨겨진 투자 기회를 발굴하는 강력한 도구가 된다. 이는 로컬의 시각을 넘어, 글로벌 자본의 흐름을 예측하고 유치하는 과학적인 근거를 제시한다.

종합하면, 빅데이터는 '학군', '공원', '역세권'이라는 개별 구슬들을 '입지 가치'라는 하나의 목걸이로 꿰는 정교한 실과 같다. 이 보이지 않는 실의 움직임을 읽어내는 능력이야 말로, 복잡한 도시 속에서 흔들리지 않는 가치의 본질을 찾아내는 가장 현명한 방법이 될 것이다

3. 빅데이터 기반으로 층수, 평형, 노후도 등 물리적 속성 데이터의 정제방식을 소개한다

3.1. 원석을 다이아몬드로: 물리적 속성 데이터의 정제

부동산의 가치를 구성하는 가장 기본적인 정보는 층수, 면적, 그리고 나이와 같은 물리적 속성이다. 이는 마치 건물의 출생증명서와도 같다. 그러나 이 숫자들은 가공되지 않은 '원석'과 같아서, 그 자체만으로는 시장의 복잡한 가치 체계를 온전히 설명하지 못한다.

15층은 14층보다 항상 더 비쌀까? 30년 된 아파트는 29년 된 아파트와 가치가 비슷할까? 빅데이터 기반의 데이터 정제(Data Refining)는 이러한 순진한 질문에 반기를 들고, 단순한 숫자에 숨겨진 비선형적이고 맥락적인 가치를 추출하여 빛나는 다이아몬드로 바꾸는 현대의 연금술이다.

3.1.1. 숫자의 함정을 넘어 가치를 재해석하다

머신 러닝 모델은 우리가 주는 데이터를 그대로 받아들여 학습한다. 만약 우리가 정제되지 않은 원석을 그대로 던져준다면, 모델은 결코 정교한 예측을 해낼 수 없다. 따라서 데이터의 본질적 의미를 모델이 잘 이해할 수 있도록, 그 형태를 변환하고 재창조하는 과정이 필수적이다.

[화제의 분양현장] 아파트 1층 단점 개선 '전용정원 특허' 나왔다 | 동아일보

1) 층수(Floor): 단순 서열이 아닌 '위계'의 발견

(1) **문제점:** 1층, 2층, 3층… 이라는 숫자 자체는 가치의 비선형성을 설명하지 못한다. 1층의 가치 하락폭은 사생활 침해와 보안 문제로 매우 크지만, 2층과 3층의 차이는 미미하다. 반면, 최상층(탑층)은 '펜트하우스 프리미엄'으로 인해 바로 아래층보다 가치가 급등하기도 한다.

(2) **데이터 정제 방식:**

- 범주화(Categorization): 층수를 연속적인 숫자가 아닌, 의미 있는 그룹으로 묶는다. 예를 들어, '1층', '저층부(2~4층)', '중층부', '고층부(로열층)', '최상층'과 같이 범주형 변수로 변환한다. 이를 통해 모델은 각 그룹이 가진 고유의 가치 프리미엄 또는 디스카운트를 학습하게 된다.
- 상대적 위치 변환: 건물의 총 층수 대비 해당 층의 상대적 위치(예: 15층/30층 건물 = 0.5)를 새로운 변수로 생성한다. 이는 15층짜리 건물의 15층(탑층)과 50층짜리 건물의 15층(저층부)이 가진 전혀 다른 가치를 모델이 구분할 수 있게 해준다.

2) 평형(Area): 크기를 넘어 '수요'를 읽다

(1) **문제점**: 전용면적(㎡)은 가격에 가장 큰 영향을 미치는 변수지만, 그 관계는 단순 비례하지 않는다. 특정 크기(예: 국민평형 84㎡)에 대한 선호도가 집중되기도 하고, 면적이 커질수록 평당 가격의 상승률은 둔화되는 경향을 보인다.

(2) 데이터 정제 방식:

- 수요 기반 범주화: 시장에서 통용되는 수요의 단위를 기준으로 평형을 나눈다. '초소형(원룸)', '소형(20평대)', '국민평형(30평대)', '중대형(40평대)', '대형 펜트하우스' 등으로 범주화하여, 각 평형대가 가진 시장의 수요와 환금성의 차이를 반영한다.
- 상호작용 변수 생성: 지역 특성과 평형을 결합한 새로운 변수를 만든다. 예를 들어, '강남구의 대형 평형'과 '강북구의 대형 평형'은 서로 다른 가치 상승 공식을 가질 가능성이 높다. '지역 평형'이라는 상호작용 변수는 이러한 지역적 맥락을 모델에 학습시킨다.

3) 노후도(Age): 시간의 흐름 속에 숨은 '이벤트'를 포착하다

(1) **문제점**: 건물의 나이는 감가상각의 주요인이지만, 그 가치 하락은 결코 일정하지 않다. 특히, 재건축 가능 연한인 30년을 기점으로 29년 된 아파트와 31년 된 아파트의 가치는 하늘과 땅 차이로 벌어질 수 있다.

(2) 데이터 정제 방식:

- 이벤트 기반 범주화: 건물의 나이를 '생애주기'에 따라 나눈다. '신축(준공 5년 이내)', '준신축(5~15년)', '구축(15~29년)',

'재건축 기대(30년 이상)' 와 같이, 시장이 인식하는 특정 이벤트(재건축)를 기준으로 데이터를 분할한다. 이는 모델이 30년이라는 변곡점에서 발생하는 가치의 비선형적 급등을 학습하게 하는 핵심적인 정제 방식이다.

- 리모델링 여부 변수화: 부동산 매물 설명 텍스트나 내부 사진 데이터를 분석하여 '리모델링 완료' 여부를 0 또는 1의 이진 변수로 생성한다. 이는 오래된 아파트라도 내부 수리를 통해 가치가 상승하는 현실을 반영하여, 노후도의 부정적 영향을 상쇄하는 중요한 변수가 된다.

3.2. 가상 사례로 본 데이터 정제의 마법

데이터 정제 및 분석 가상 사례 1

재건축 아파트의 '가치 역전' 현상 분석

1) **문제 상황**: 서울 상계동의 35년 된 5층짜리 A 아파트(4층)와, 인근의 준공 10년 된 25층짜리 B 아파트(20층, 로열층)가 매물로 나왔다. 단순 물리적 속성으로는 B 아파트가 모든 면에서 우월해 보인다.

2) **데이터 정제 및 분석**:

(1) **원시 데이터의 함정**: 정제되지 않은 데이터를 모델에 넣으면, 모델은 '층수: 20 〉 4', '나이: 10 〈 35'라는 단순 계산에 따라 B 아파트의 가치를 훨씬 높게 예측하는 오류를 범한다.

(2) **정제된 데이터의 통찰**: 정제된 모델은 A 아파트의 나이 '35년'을 '재건축 기대' 라는 강력한 긍정적 범주로 인식한다. 또한, 이 '재건축 기대' 변수가 '압구정동'이라는 최상급 입지 변수와 결합될 때, 그 가중치가 폭발적으로 증가하는 상호작용을 학습했다. 반면, B 아

파트의 '로열층' 프리미엄과 '준신축' 프리미엄은 A 아파트의 재건축 기대 수익률에 비하면 미미한 수준이다.

3) **결론:** 데이터 정제는 낡고 낮은 아파트에 숨겨진 엄청난 미래 가치를 발견하게 했다. 이는 단순한 숫자의 비교를 넘어, 시장의 '기대 심리'와 '이벤트'를 데이터로 변환함으로써, 현실의 가치 평가 메커니즘을 정확하게 모방하는 것이다.

데이터 정제 및 분석 가상 사례 2

신도시 아파트 단지의 최적 평형 구성 전략 수립

1) **문제 상황:** 한 건설사가 3기 신도시 부지에 3천 세대 규모의 대단지 아파트를 공급할 계획이다. 수익을 극대화하기 위한 최적의 평형(면적) 구성 비율을 결정해야 한다.

2) **데이터 정제 및 분석:**

(1) **원시 데이터의 한계:** 전국 아파트 거래 데이터를 분석하면, 일반적으로 '국민평형(84㎡)'의 거래량이 가장 많으므로, 84㎡ 위주로 공급하는 안일한 결정을 내릴 수 있다.

(2) **정제된 데이터의 맞춤형 전략:** 모델은 '신도시'라는 입지 특성과 잠재 수요층(주로 3040 영유아 자녀 가구)의 특성을 함께 분석한다.

- 수요 기반 범주화: 평형 데이터를 '25평 이하(신혼부부)', '34평(4인 가족 표준)', '45평 이상(다자녀/고소득)'으로 정제한다.
- 상호작용 분석: '신도시' 입지 변수와 각 평형 범주 변수의 과거 거래량, 가격 상승률을 분석한 결과, 해당 지역에서는 '34평'의 인기가 압도적으로 높고, 그 다음으로 '25평'의 수요가 탄탄함을 발견한다. 반면 '45평 이상'은 수요가 적어 미분양

리스크가 크다고 예측한다.

3) **결론**: 데이터 정제를 통해, 건설사는 전국 평균이 아닌 '해당 신도시'의 시장 특성에 완벽하게 부합하는 맞춤형 평형 구성(예: 34평 60%, 25평 30%, 기타 10%)을 결정할 수 있다. 이는 미분양 리스크를 최소화하고 사업 수익성을 극대화하는, 데이터 기반의 과학적인 의사결정이다.

종합하면, 물리적 속성 데이터의 정제는 빅데이터 분석의 성패를 좌우하는 가장 근본적인 과정이다. 이는 단순한 기술적 처리를 넘어, 시장의 논리와 인간의 욕망을 데이터의 언어로 번역하는 창의적인 작업이다. 이 과정을 통해 비로소 우리는 숫자의 표면 아래 숨겨진 진짜 가치를 읽어내는 혜안을 갖게 될 것이다.

4. 빅데이터 기반으로 커뮤니티, 커뮤니케이션 데이터와 만족도 간의 상관성을 분석한다

4.1. 보이지 않는 자산, 커뮤니티의 가치를 측정하다

1) 공간을 채우는 사람들과 그들이 맺는 관계, 즉 커뮤니티(Community)는 눈에 보이지 않지만, 거주 만족도와 자산 가치를 결정하는 가장 핵심적인 사회적 자본(Social Capital)이다.

부동산의 가치는 벽돌과 시멘트, 그리고 토지의 면적만으로 결정되지 않는다. 그 공간을 채우는 사람들과 그들이 맺는 관계, 즉 커뮤니티(Community)는 눈에 보이지 않지만, 거주 만족도와 자산 가치를 결정하는 가장 핵심적인 사회적 자본(Social Capital)이다.

과거 우리는 '이웃 간의 정이 좋다'거나 '분위기가 삭막하다'는 식의 주관적인 느낌에 의존해 이를 판단해야 했다. 그러나 이제 빅데이터는 온라인 입주민 카페의 게시글, 아파트 앱의 공지사항과 댓글, 공동 시설 예약 데이터 등, 주민들 사이의 커뮤니케이션 데이터(Communication Data)를 분석하여, 이 무형의 자산을 측정 가능하고 관리 가능한 지표로 바꾸어 놓고 있다.

4.1.1. 소통의 흔적에서 만족도를 읽다

커뮤니케이션 데이터는 공동체의 건강 상태를 보여주는 가장 정밀한 청진기다. 딥러닝 기반의 자연어 처리(NLP) 기술은 이 데이터 속에 숨겨진 주민들의 집단적인 감성과 관심사를 분석하여, 만족도와의 깊은 상관관계를 밝혀낸다.

(1) **소통의 양**(Quantity)**과 질**(Quality): 단순히 게시글의 수를 세는 것을 넘어, 그 내용의 감성을 분석한다. '감사합니다', '함께해요'와 같은 긍정적인 단어의 빈도와 '항의', '불편', '민원' 등 부정적인 단어의 빈도를 비교하여 '긍정 소통 비율'을 산출한다. 긍정 소통 비율이 높은 공동체일수록, 문제 해결 능력이 뛰어나고 거주 만족도가 높을 확률이 크다.

(2) **소통의 주제**(Topic): 토픽 모델링 기법을 통해 주민들의 주된 관심사가 무엇인지를 파악한다. '공동구매', '벼룩시장', '재능기부' 등 협력적이고 생산적인 주제가 주를 이룬다면 커뮤니티가 건강하다는 신호다. 반면, '주차 시비', '층간소음', '관리비 비리' 등 갈등적인 주제가 대다수를 차지한다면, 이는 잠재적인 만족도 하락과 분쟁의 위험을 내포하고 있음을 의미한다.

(3) **소통의 네트워크**(Network): 누가 누구와 소통하는지를 분석하여 커

뮤니티의 구조를 파악한다. 소수의 인원만 활발히 활동하는 폐쇄적인 구조인지, 아니면 다양한 주민들이 서로 연결되어 정보를 공유하는 개방적이고 촘촘한 네트워크 구조인지를 분석한다. 후자의 경우, 정보의 확산 속도가 빠르고 집단적인 문제 해결 능력이 뛰어나며, 이는 높은 만족도로 이어진다.

이러한 분석을 통해 우리는 '커뮤니티 활력 지수', '갈등 관리 지수', '정보 공유 지수' 등 객관적인 지표를 개발할 수 있으며, 이 지표들은 부동산의 미래 가치를 예측하는 매우 중요한 선행지표가 된다.

4.2. 가상 사례로 본 커뮤니케이션 데이터의 힘

커뮤니케이션 데이터 분석 가상 사례 1

'유령 아파트'와 '활기찬 아파트'의 가격 차이 비밀

아파트에 커뮤니티 시설이 왜 필요할까? https://brunch.co.kr

1) 문제 상황: 입지, 규모, 연식, 시공사까지 모든 조건이 거의 동일한 두 개의 아파트 단지, 'A 팰리스'와 'B 캐슬'이 있다. 하지만 지난 5년간 'B 캐슬'의 가격 상승률이 'A 팰리스'보다 꾸준히 5% 이상 높게 나타났다. 전통적인 분석으로는 이 차이를 설명하기 어렵다.

2) 커뮤니케이션 데이터 분석:

(1) 데이터 수집: 두 단지의 온라인 입주민 카페와 아파트 관리 앱의 지

난 3년간 데이터를 수집한다.

⑵ **분석 결과:**

- A 팰리스: 월평균 게시글 수는 10여 개에 불과하며, 대부분 관리사무소의 일방적인 공지사항이다. 주민 간의 소통은 거의 없고, 간혹 올라오는 글은 주차나 소음 문제에 대한 불만뿐이다. '커뮤니티 활력 지수'는 25점으로 측정된다.
- B 캐슬: 월평균 게시글 수가 200개가 넘으며, 주민들이 자발적으로 시작한 '주말 농구 동호회 모집', '육아용품 공동구매', '단지 내 벼룩시장 개최' 등 협력적인 활동에 대한 논의가 활발하다. 감성 분석 결과, 긍정 소통 비율이 90%에 육박하며, '커뮤니티 활력 지수'는 93점으로 나타난다.

3) **결론:** 두 아파트의 가격 차이는 눈에 보이는 물리적 조건이 아닌, 눈에 보이지 않는 '사회적 자본'의 차이에서 비롯되었다. B 캐슬의 활발한 커뮤니티는 단순한 친목을 넘어, 공동의 문제를 해결하고 거주 환경의 질을 스스로 높이는 원동력이 되었다. 이는 잠재 매수자들에게 '살고 싶은 곳'이라는 강력한 시그널로 작용하여, 지속적인 수요와 가격 프리미엄을 만들어낸 것이다.

커뮤니케이션 데이터 분석 가상 사례 2

상업용 빌딩의 '입주사 만족도' 예측 및 관리

1) **문제 상황:** 서울 중심업무지구(CBD)의 대형 오피스 빌딩 '파이낸스 타워'의 자산관리팀은 입주사들의 만족도를 높이고 공실률을 최소화하는 방안을 찾고 있다.

2) 커뮤니케이션 데이터 분석:

(1) **데이터 소스 정의:** 입주사 전용 온라인 게시판, 시설 보수 요청 시스템의 텍스트 데이터, 그리고 익명으로 실시하는 분기별 만족도 조사의 서술형 답변을 데이터 소스로 활용한다.

(2) **불만 패턴의 조기 감지:** NLP 분석을 통해, 최근 3개월간 '엘리베이터 속도', '공조 시스템', '지하주차장 청결'과 관련된 부정적인 키워드의 언급 빈도가 급증하고 있음을 발견한다. 이는 공식적인 민원이 접수되기 전에, 입주사들의 잠재적인 불만이 수면 아래에서 커지고 있음을 보여주는 조기 경보 신호다.

(3) **선제적 대응 및 만족도 향상:** 자산관리팀은 이 데이터를 바탕으로, 대대적인 엘리베이터 시스템 점검 및 교체, 공조 필터 교체 주기 단축, 주차장 특별 청소 등을 선제적으로 실시한다. 이후, 개선 사항을 온라인 게시판에 상세히 공지하고 피드백을 받는다. 6개월 뒤, 관련 부정 키워드는 80% 이상 감소하고, 만족도 조사 점수는 15% 상승한다.

3) **결론:** 커뮤니케이션 데이터 분석은 사후 대응이 아닌 '예측 기반의 선제적 자산관리'를 가능하게 한다. 입주사들의 작은 목소리에 귀 기울이고, 데이터 속에서 잠재적 문제를 미리 발견하여 해결함으로써, 빌딩의 물리적 가치를 넘어 서비스 만족도라는 무형의 가치를 극대화할 수 있다. 이는 결국 낮은 공실률과 안정적인 임대 수입으로 이어지는 가장 효과적인 전략이다.

결론적으로, 커뮤니티와 커뮤니케이션 데이터는 더 이상 부차적인 요소가 아니다. 그것은 공간의 사회적 건강 상태를 나타내는 핵심 지표이며, 거주자와 입주사의 만족도를 예측하고, 나아가 부동산의 장기적인 가치를 결정하는 가장 강력한 '보이지 않는 손'이다. 이 손의 움직임을 읽어내는 자가 미래 부동산 시장의 진정한 승자가 될 것이다.

5. 빅데이터 기반으로 지역별 주거선호도 패턴을 군집분석 기반으로 도출한다

5.1. 도시의 숨겨진 부족을 찾아서: 군집분석과 주거 선호도 패턴

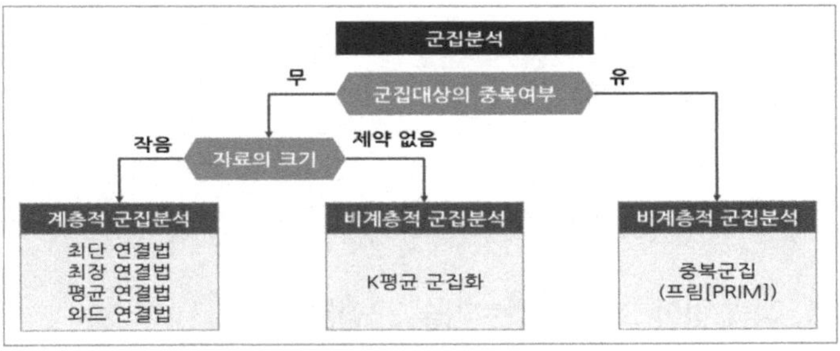

https://bokyeong-kim.github.io

도시는 단 하나의 얼굴을 가지고 있지 않다. 그것은 소득 수준, 연령대, 가족 구성, 그리고 라이프스타일에 따라 각기 다른 욕망을 가진 수많은 '부족(Tribe)'들이 모여 사는 거대한 모자이크와 같다. 과거 우리는 서울을 강남과 강북, 혹은 부촌과 서민촌이라는 이분법적인 틀로 이해하려 했다.

그러나 빅데이터 시대의 군집분석(Cluster Analysis)은 이러한 단순한 구분을 넘어, 도시 곳곳에 숨겨진 다양한 주거 선호도 패턴을 발견하고, 비슷한 욕망을 가진 집단들을 하나의 '군집'으로 묶어내는 놀라운 탐사 도구다. 이는 도시를 서열화하는 것이 아니라, 그 안에 내재된 다채로운 개성과 정체성을 이해하는 새로운 눈을 제공한다.

군집 분석(Cluster analysis)이란 주어진 데이터들의 특성을 고려해 데이터 집단(클러스터)을 정의하고 데이터 집단의 대표할 수 있는 대표점을 찾는 것으로 데이터 마이닝의 한 방법이다. 클러스터란 비슷한 특성을 가진 데이터들의 집단이다.

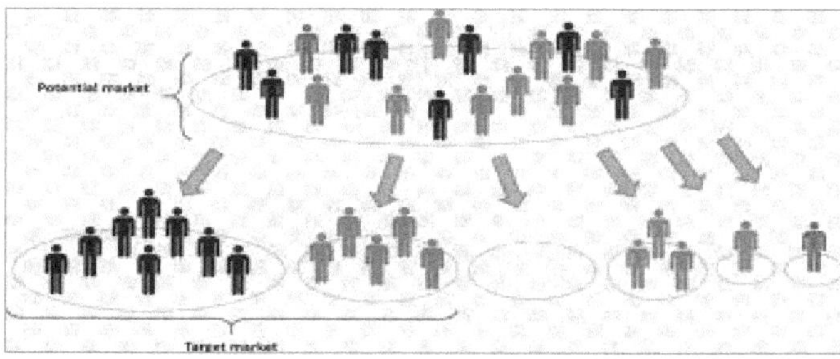

Cluster analysis https://www.cleanpng.com

5.1.1. 정답 없이 그룹을 찾는 기술, 군집분석

군집분석은 머신러닝의 한 분야인 비지도 학습(Unsupervised Learning)의 대표적인 기법이다. 이는 '정답'이 미리 주어지지 않은 상태에서, 데이터의 내재적 속성(유사성)만을 가지고 비슷한 데이터끼리 그룹을 짓는 방식이다. 마치 뒤섞인 과일 상자에서 사과, 바나나, 오렌지를 각각의 더미로 분류하듯, 군집분석은 도시의 여러 지역(예: 행정동)을 그들이 가진 고유의 데이터 특성에 따라 자연스러운 그룹으로 묶어준다.

['유사성'을 판단하는 기준]

이때 '유사성'을 판단하는 기준은 매우 다차원적이다.

- 인구통계학적 특성: 평균 연령, 1인 가구 비율, 유소년 인구 비율, 소득 수준 등

• 소비 및 활동 패턴: 카드 데이터로 분석한 업종별 소비 비중(예: 교육비 vs. 유흥비), 통신사 데이터로 파악한 주말 활동 반경 및 체류 시간
• 물리적 환경: 아파트 비율, 노후 주택 비율, 공원 및 녹지 접근성, 대중교통 편의성
• 사회·문화적 특성: 소셜미디어에서 언급되는 지역 핵심 키워드, 문화시설 밀집도

군집분석 알고리즘(예: K-Means)은 이 수많은 변수들을 종합하여, 다차원 공간상에서 서로 '가까운' 지역들을 하나의 군집으로 정의한다. 그 결과, 우리는 '강남'이라는 단일한 이름 뒤에 숨겨진 여러 개의 다른 얼굴을, 그리고 우리가 미처 알지 못했던 새로운 도시의 부족들을 발견하게 된다.

5.2. 가상 사례로 본 군집분석의 통찰

군집분석의 적용 가상 사례 1

서울의 일곱 가지 라이프스타일 지도

1) **문제 상황:** 한 대형 건설사가 천편일률적인 아파트 공급에서 벗어나, 특정 라이프스타일에 최적화된 맞춤형 주거 상품을 개발하고자 한다. 이를 위해 서울의 복잡한 주거 시장을 세분화하여 이해할 필요가 있다.

2) **군집분석의 적용:**

(1) **데이터 통합:** 서울시 전체 행정동을 대상으로 인구, 소득, 소비, 교통, 환경, 소셜미디어 키워드 등 약 50여 개의 변수를 통합 데이터셋으로 구축한다.

(2) **군집 도출**: 군집분석을 실행한 결과, 서울은 크게 7개의 주요 주거 선호도 군집으로 나뉜다는 사실을 발견한다.

- 군집 1: '교육열 최상위권'(대치동, 목동 일대): 40대 인구 및 10대 자녀 비율이 압도적으로 높고, 소득 수준 최상위, 전체 소비에서 교육비(특히 학원) 비중이 40%를 넘는 특징을 보인다.
- 군집 2: '24시간 워커홀릭'(강남·서초 업무지구, 구로디지털단지 인근): 20~30대 1인 가구 비율이 극도로 높고, 심야 시간대 배달 음식 및 편의점 소비가 많으며, 주중 유동인구는 많지만 주말에는 도시 외곽으로 빠져나가는 패턴을 보인다.
- 군집 3: '힙스터 크리에이터'(연남동, 성수동, 해방촌 일대): 소득 수준은 중간이지만 문화·예술 관련 소비 비중이 높고, 독립서점·소규모 갤러리·개성 있는 카페가 밀집해 있다. SNS 키워드는 '#감성', '#작업실' 등이 주를 이룬다.
- 군집 4: '안정된 중산층 가족'(중계동, 상암동, 강동구 일대): 30~40대 인구와 유소년 자녀 비율이 균형을 이루며, 대형마트 소비 비중이 높고, 대규모 공원 접근성이 중요한 가치로 작용한다.
- (이 외에 '전통적 부촌', '대학가 청년', '액티브 시니어' 군집 등 추가 발견)

3) **결론**: 건설사는 이 '라이프스타일 지도'를 바탕으로 사업 전략을 완전히 재수립한다. '힙스터 크리에이터' 군집 지역에는 소형 주거 공간과 공유 작업실, 전시 공간이 결합된 복합 시설을, '24시간 워커홀릭' 군집 지역에는 최고급 빌트인 가전과 조식 서비스, 피트니스 센터를 갖춘 하이엔드 오피스텔을 공급하는 등, 각 부족의 욕망에 정확히 부합하는 맞춤형 상품을 기획한다.

군집분석의 적용 가상 사례 2

신도시의 '미래 주민'을 위한 도시 설계

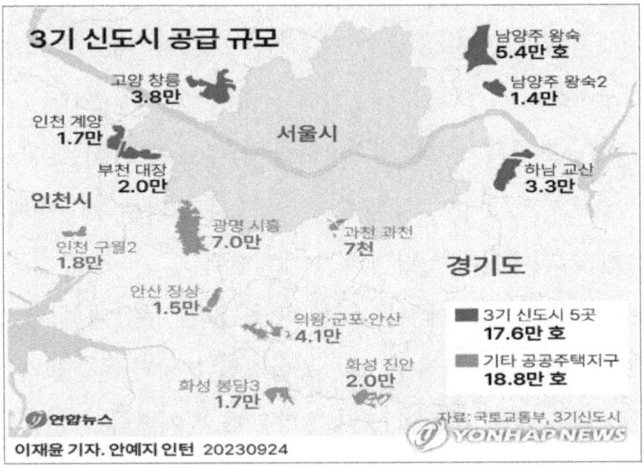

[그래픽] 3기 신도시 공급 규모 | 연합뉴스

1) **문제 상황:** 국토교통부와 LH가 3기 신도시를 계획하면서, 과거의 획일적인 아파트 단지 위주의 '베드타운' 설계에서 벗어나, 다양한 계층이 조화롭게 어우러지는 '포용 도시'를 만들고자 한다.

2) **군집분석의 적용:**

(1) **잠재 수요자 군집화:** 특정 지역이 아닌, 수도권 전체의 잠재적 이주 희망 가구를 대상으로 라이프스타일 데이터를 분석한다. 설문조사, 카드 소비 패턴, 통신사 이동 데이터를 활용하여 이들을 몇 개의 핵심적인 '미래 주민 군집'으로 분류한다.

(2) **군집 특성 정의:** 분석 결과, 신도시의 주요 수요층은 (A) '자연 친화적 육아 가구', (B) '탈서울을 꿈꾸는 프리랜서·예술가', (C) '은퇴 후 제2의 삶을 준비하는 액티브 시니어' 등 세 가지 핵심 군집으로 나뉜다.

(3) **수요 기반 도시계획**: 이 군집들의 특성을 반영하여 신도시 내부 공간을 구획한다.

- (A) 군집을 위해서는 단지 내 유기농 직거래 장터와 대규모 생태공원, 혁신 초등학교를 중심으로 한 '에코-맘 타운'을 조성한다.
- (B) 군집을 위해서는 저렴한 임대료의 라이브-워크(Live-Work) 스튜디오, 공유 오피스, 그리고 커뮤니티 카페가 밀집한 '크리에이티브 빌리지'를 계획한다.
- (C) 군집을 위해서는 모든 턱을 없앤 무장애 설계(Barrier-free Design)를 적용하고, 종합병원 분원과 문화센터, 게이트볼장을 갖춘 '시니어 웰니스 타운'을 배치한다.

3) **결론**: 군집분석은 도시계획가에게 미래 주민들의 다양한 목소리를 미리 듣게 해주는 '타임머신' 역할을 한다. 공급자 중심의 획일적인 계획에서 벗어나, 데이터가 말해주는 수요자의 다양한 삶의 방식을 공간에 담아냄으로써, 처음부터 다채롭고 활기 넘치는 지속가능한 도시를 설계할 수 있게 된다.

군집분석은 도시를 이해하는 우리의 관점을 근본적으로 바꾸어 놓는다. 이는 더 이상 지역을 선으로 나누고 순위를 매기는 작업이 아니다. 그것은 도시라는 거대한 캔버스 위에 그려진, 각기 다른 색깔과 질감을 가진 커뮤니티들의 복잡한 패턴을 발견하고, 그들의 고유한 이야기를 존중하는 과정이다. 이 보이지 않는 부족들의 지도를 읽는 능력이야말로, 미래 도시의 가치를 창조하는 가장 현명한 길잡이가 될 것이다.

제8장

상업용 부동산 평가에 활용되는 데이터와 모델

1. 상가의 유동인구 및 체류시간 데이터를 공간 분석한다

1.1. 상권의 혈류를 추적하다: 유동인구와 체류시간의 공간 분석

1) 이제 빅데이터는 통신사의 기지국 신호, 공공 Wi-Fi 접속 기록, 그리고 CCTV 영상 분석을 통해, 단순히 사람의 수를 세는 것을 넘어 그들의 움직임(Flow)과 머무름(Stay), 즉 유동인구와 체류시간을 정밀하게 측정한다.

상업용 부동산의 가치는 그곳을 스쳐 지나가는 사람들의 발걸음 위에서 결정된다. 과거 우리는 특정 상권의 잠재력을 평가하기 위해, 카운터로 행인의 수를 세거나 어림짐작으로 '목이 좋다'고 판단하는 원시적인 방법에 의존했다. 그러나 이는 상권의 표면만을 훑는 것에 불과했다.

이제 빅데이터는 통신사의 기지국 신호, 공공 Wi-Fi 접속 기록, 그리고 CCTV 영상 분석을 통해, 단순히 사람의 수를 세는 것을 넘어 그들의 움직임(Flow)과 머무름(Stay), 즉 유동인구와 체류시간을 정밀하게 측정한다. 이는 상권의 혈류를 분석하여, 어디가 진짜 피가 끓는 심장이고 어디가 그저 피가 스쳐 가는 동맥인지를 구분하는, 현대 상권 분석의 가장 강력한 도구다.

1.1.1. 공간을 이해하는 새로운 차원: 흐름과 머무름

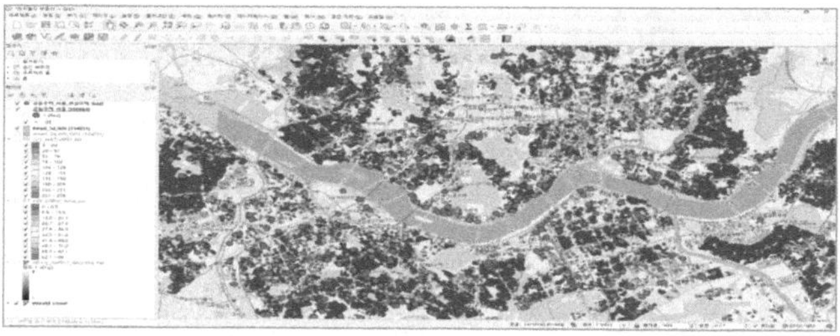

공간빅데이터 분석플랫폼 http://geobigdata.go.kr/portal

유동인구와 체류시간 데이터는 상권의 가치를 평가하는 데 있어 질적으로 다른 두 개의 차원을 제공한다.

1) **유동인구**(Floating Population): 기회의 총량 유동인구는 특정 시간 동안 특정 지역을 지나간 사람들의 총량을 의미한다. 이는 잠재 고객의 규모, 즉 '기회의 총량'을 나타내는 가장 기본적인 지표다. 빅데이터는 여기서 한 걸음 더 나아간다.

(1) **시간대별 패턴 분석**: 주중 점심시간에 직장인들이 집중되는지, 주말 저녁에 데이트족이 몰리는지를 파악하여 상권의 주된 '영업 시간'을 정의한다.

(2) **인구통계학적 분석**: 어떤 연령대와 성별이 주로 방문하는지를 분석하여 상권의 핵심 고객층을 명확히 한다.

(3) **공간적 흐름 분석**(Origin-Destination): 사람들이 어디에서 와서 어디로 흘러가는지를 추적하여, 상권의 실질적인 영향력 범위와 다른

지역과의 연결성을 파악한다.

2) **체류시간(Dwell Time): 기회의 질(質)** 체류시간은 방문객이 특정 공간에 얼마나 오래 머물렀는지를 나타낸다. 이는 유동인구의 양보다 훨씬 중요한, '기회의 질'을 측정하는 결정적인 지표다. 긴 체류시간은 방문객이 그저 스쳐 지나간 것이 아니라, 그 공간을 '목적지'로 삼아 무언가를 탐색하고 경험하며, 최종적으로 소비할 의지가 높다는 것을 의미한다.

(1) **공간의 성격 규정:** 체류시간이 짧은 곳은 주로 '통과형 공간(Corridor)'일 가능성이 높고, 긴 곳은 '목적지형 공간(Destination)'으로 볼 수 있다.

(2) **소비 잠재력 예측:** 일반적으로 체류시간과 소비액은 강한 정비례 관계를 보인다. 오래 머무를수록 식사, 쇼핑, 문화 활동 등 추가적인 소비로 이어질 확률이 기하급수적으로 높아진다.

이 두 데이터를 공간 분석(Spatial Analysis) 기법, 특히 히트맵(Heatmap)으로 시각화하면, 우리는 상권 내에서 사람들이 가장 뜨겁게 모이고 오래 머무는 '핫스팟'과, 사람은 많지만 아무도 머물지 않는 '콜드스팟'을 한눈에 식별할 수 있다.

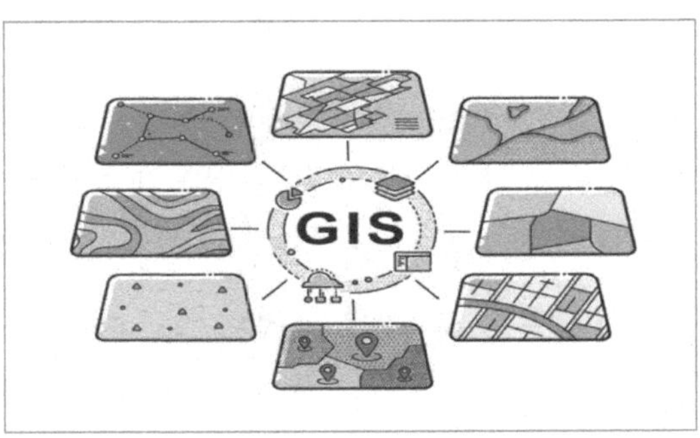

Spatial Analysis, https://spatialanalysis522.pythonanywhere.com/

1.2. 가상 사례로 본 공간 분석의 힘

빅데이터 공간 분석 가상 사례 1

홍대 앞, 두 골목의 엇갈린 운명

1) **문제 상황**: 한 글로벌 패션 브랜드가 홍대 상권에 플래그십 스토어를 열고자 한다. 후보지는 지하철역에서 이어지는 대로변의 A 골목과, 거기서 한 블록 안쪽에 위치한 B 골목이다. 전통적인 관점에서는 유동인구가 압도적으로 많은 A 골목이 당연한 선택지다.

2) 빅데이터 공간 분석:

(1) **유동인구 분석**: 예상대로, A 골목의 시간당 유동인구는 B 골목의 3배에 달한다. 하지만 이들의 이동 경로를 분석한 결과, 80% 이상이 다른 목적지로 가기 위해 골목을 '통과'할 뿐이었다.

(2) **체류시간 분석**: 여기서 극적인 반전이 일어난다. A 골목의 평균 체류시간은 7분에 불과했지만, B 골목의 평균 체류시간은 45분에 달했다. B 골목에 들어선 사람들은 그곳의 편집숍, 카페, 레스토랑을 적극적으로 탐색하고 경험했다.

(3) **히트맵 분석**: A 골목은 전체가 미지근한 온도를 보이는 반면, B 골목은 특정 가게들 앞이 매우 뜨거운 '핫스팟'으로 나타났다. 이는 B 골목이 단순한 길이 아니라, 강력한 집객력을 가진 '목적지들의 클러스터'임을 의미한다.

3) **결론**: 브랜드는 A 골목의 허상과 같은 유동인구 대신, B 골목의 '진짜 고객'이 가진 높은 구매 잠재력을 선택했다. 데이터는 단순히 사람이 많은 곳이 아니라, '돈을 쓸 준비가 된 사람이 오래 머무는 곳'이 진짜 명당임을 증명했다. 이는 임대료는 더 저렴하면서도 매출은 더 높은, 최적의 투자 결정을 이끌어냈다.

빅데이터 공간 분석 가상 사례 2

복합쇼핑몰 '스타필드'의 공간 효율성 최적화

1) **문제 상황:** 거대한 복합쇼핑몰 '스타필드'의 운영팀은 방문객들의 동선을 최적화하고, 비활성화된 '데드 스페이스(Dead Space)'를 찾아내 공간 효율성을 높이고자 한다.

2) **빅데이터 공간 분석:**

(1) **실내 동선 및 체류시간 추적:** 쇼핑몰 내 공공 Wi-Fi 신호를 기반으로 방문객들의 이동 경로와 각 매장 앞에서의 체류시간을 정밀하게 추적한다.

(2) **공간 분석 및 패턴 발견:**

- 흐름 분석: 대부분의 방문객이 1층의 명품 매장과 3층의 식당가 사이를 직선으로만 오갈 뿐, 2층의 스포츠 및 아웃도어 매장 구역은 거의 방문하지 않는 '동선 단절' 현상을 발견한다.
- 체류시간 히트맵: 1층의 특정 카페 앞과 3층의 유명 맛집 앞에서는 체류시간이 매우 길게 나타나는 반면, 2층 전체는 차가운 '콜드존'으로 나타난다. 특히, 2층의 한가운데 위치한 넓은 휴게 공간은 아무도 이용하지 않는 완벽한 데드 스페이스임이 확인된다.
- 데이터 기반 처방: 운영팀은 이 분석 결과를 바탕으로, 2층 데드 스페이스에 아이들이 열광하는 대형 캐릭터 팝업 스토어와 체험형 놀이 공간을 한시적으로 설치한다.

3) **결론:** 새로운 앵커 테넌트(Anchor Tenant)의 등장은 방문객들의 동선을 2층으로 유도하는 강력한 자석 역할을 했다. 아이를 따라 2층으로 올라온 부모들은 자연스럽게 주변의 스포츠 매장과 아웃도어 매장을 둘러보게 되었고, 3개월 뒤 2층의 평균 체류시간은 400% 증가했으며, 해당

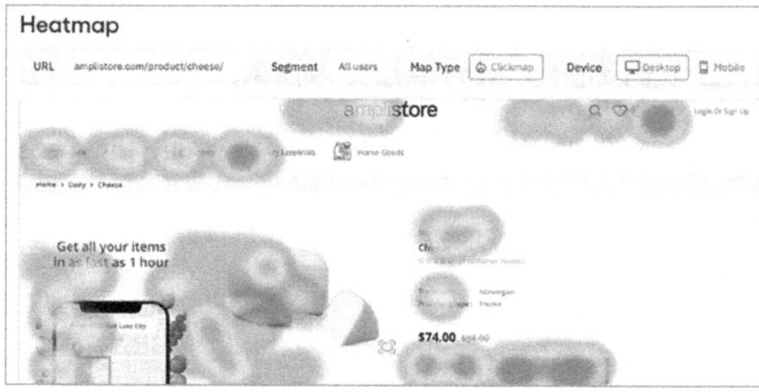

히트맵이란? : 유저들의 행동 데이터를 한 눈에 시각화하세요
https://blog.ab180.co/posts/what-is-heatmaps

구역의 매출은 30% 이상 상승했다. 데이터는 죽어있던 공간에 활력을 불어넣고, 쇼핑몰 전체의 가치를 끌어올리는 가장 효과적인 설계도가 된 것이다.

정리하면, 유동인구와 체류시간 데이터의 공간 분석은, 상업용 부동산의 가치를 평가하고 창출하는 패러다임을 바꾸고 있다. 이는 더 이상 감이나 우연에 의존하는 투자가 아닌, 고객의 행동 데이터를 기반으로 성공 확률을 극대화하는 과학적인 프로젝트다. 도시의 혈류를 읽는 자가 상권의 미래를 지배하게 될 것이다.

2. 업종별 카드매출 빅데이터와 상권 가치 간의 상관성을 탐색한다

2.1. 돈의 흐름으로 상권의 미래를 읽다: 업종별 카드매출 데이터 분석

한 상권의 진정한 가치는 그곳을 스쳐 가는 사람들의 수가 아닌, 그들이 열고 간 지갑의 두께로 증명된다. 과거 우리는 상권의 활력을 유동인구라는 간접적인 지표로 어림짐작할 뿐이었다.

그러나 이제 우리는 업종별 카드매출 빅데이터라는 현미경을 통해, 상권의 모세혈관을 흐르는 돈의 흐름을 직접적으로, 그리고 정밀하게 들여다볼 수 있게 되었다. 이 데이터는 상권의 현재 건강 상태를 진단하는 청진기이자, 미래의 성장 가능성을 예측하는 가장 강력한 수정 구슬이다.

2.1.1. 카드매출 데이터가 밝히는 상권의 경제적 DNA

신용카드, 체크카드, 그리고 각종 페이 서비스의 결제 데이터는 상권의 경제 활동에 대한 가장 객관적이고 풍부한 정보를 담고 있다. 이 데이터를 분석함으로써 우리는 각 상권이 가진 고유의 경제적 DNA를 해독할 수 있다.

(1) **매출의 규모와 성장성:** 이는 상권의 가장 기본적인 활력을 나타낸다. 특정 지역의 총매출액과 그 성장률을 시계열로 분석하면, 어떤 상권이 떠오르고 있고 어떤 상권이 쇠퇴하고 있는지를 명확히 파악할 수 있다.

(2) **업종 포트폴리오:** 전체 매출에서 어떤 업종이 차지하는 비중이 높은지를 분석하면, 그 상권의 핵심적인 정체성을 알 수 있다. 한식/중식/일식 등 일반음식점 매출 비중이 높다면 안정적인 오피스 또는 주거 배후 상권, 카페/디저트 및 서양음식 비중이 높다면 젊은 층 중심의 트렌디한 상권, 유흥주점 매출이 높다면 전형적인 유흥 상권으로 규정할 수 있다.

(3) **소비의 시간적 리듬:** 시간대별, 요일별 매출 패턴은 상권의 성격을 더욱 선명하게 보여준다. 주중 점심시간(12-1시)에 매출이 집중된다면 오피스 상권, 주말 저녁(6-9시)에 매출이 폭발한다면 대표적인 광역 상권 또는 데이트 상권으로 볼 수 있다.

(4) **고객 프로파일:** 결제 데이터를 통해 분석된 고객의 연령대와 성별은

상권의 핵심 수요층이 누구인지를 명확히 알려준다. 이는 특정 업종의 입점 전략을 수립하는 데 결정적인 정보를 제공한다.

이러한 다 차원적인 분석을 통해, 우리는 막연한 '이미지'가 아닌, 데이터로 증명된 상권의 실질 가치와 마주하게 된다.

2.2. 가상 사례로 본 카드매출 데이터의 통찰력

카드매출 데이터의 시계열 분석 가상 사례 1

죽은 상권의 부활, '성수동'의 비밀 코드

1) 문제 상황: 한 부동산 자산운용사가 서울 시내에서 향후 5년간 자산가치 상승률이 가장 높을 것으로 기대되는 '넥스트 핫플레이스'를 발굴하여 선제적으로 투자하고자 한다.

2) 카드매출 데이터의 시계열 분석:

(1) **데이터 분석:** 과거 성수동이 지금처럼 뜨기 전인 2010년대 중반부터 최근까지의 카드매출 데이터를 시계열로 분석한다.

(2) **성장의 전조 현상 발견:** 분석 결과, 다음과 같은 명확한 패턴이 발견된다.

- 1단계(잉태기): 자동차 정비소와 수제화 공방이 밀집했던 지역에서, '카페/디저트' 업종의 매출이 미미하게 발생하기 시작한다. 이 때의 고객은 주로 해당 지역을 탐험하는 소수의 20대 여성이다.
- 2단계(확산기): '카페/디저트' 매출이 전년 대비 100% 이상 폭증하고, '서양음식(레스토랑, 와인바)'과 '패션/잡화(편집숍)' 업종의 매출이 동반 상승하기 시작한다. 30대 여성 고객의 유입이 눈에 띄게 증가한다.
- 3단계(성숙기): '문화/레저(갤러리, 팝업스토어)' 업종의 매출이

발생하고, 주말 유동인구가 폭발하며 전 연령대로 고객층이 확대된다.

3) **결론:** 자산운용사는 이 '성공 방정식'을 하나의 패턴으로 인식하고, 현재 서울의 여러 낙후된 공업지역(예: 문래동, 을지로 등)의 카드매출 데이터를 분석한다. 그 결과, 문래동의 특정 구역에서 성수동의 '1단계'와 매우 유사한 패턴이 감지됨을 발견한다. 이들은 이 지역이 '제2의 성수동'이 될 잠재력이 가장 높다고 판단하고, 데이터에 기반하여 확신을 가지고 투자를 집행한다.

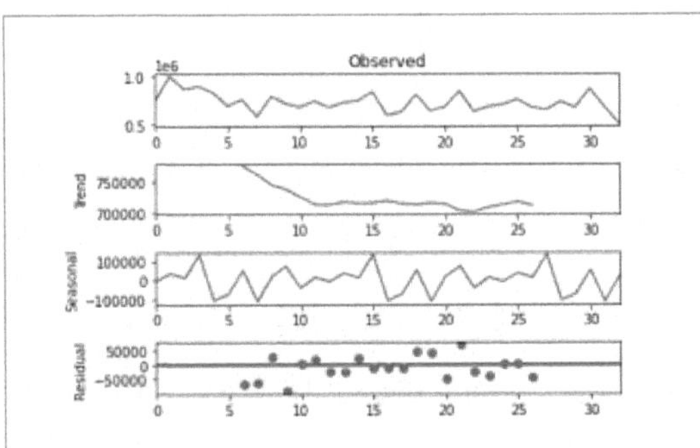

[머신러닝 with Python] 상점 신용카드 매출 예측, https://jaylala.tistory.com

카드매출 데이터의 시계열 분석 가상 사례 2

실패하지 않는 창업을 위한 '업종 궁합' 분석

1) **문제 상황:** 40대 퇴직자 박 씨가 모아둔 퇴직금으로 안정적인 치킨 전문점 창업을 준비 중이다. 후보지는 아파트 단지 앞 A 상가와, 학원과 독서실이 밀집한 B 상가다.

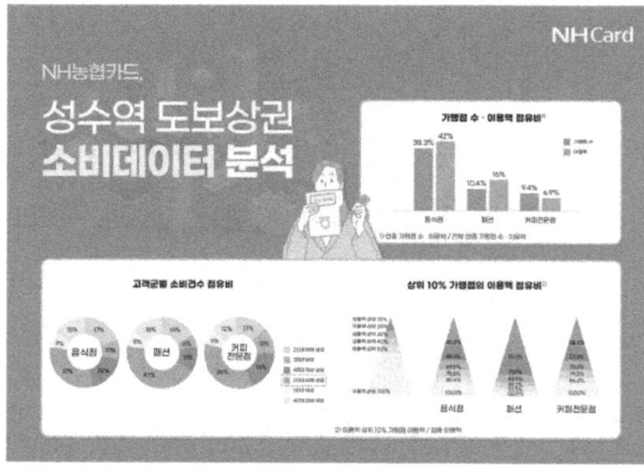

NH농협카드, 성수역 도보상권 소비 데이터 분석 - 팍스경제TV

2) 카드매출 데이터의 공간 분석:

(1) 상권 DNA 분석:

- A 상가(아파트 단지 앞): 주 고객층은 30~50대 가족 단위이며, 주말 저녁 시간대 '한식'과 '중식' 등 가족 외식 관련 매출 비중이 높다. '치킨' 업종의 매출도 꾸준히 발생하고 있다.
- B 상가(학원가): 주 고객층은 10대 학생과 20대 초반이며, 평일 저녁 시간대 '패스트푸드'와 '분식', 그리고 '편의점' 매출이 압도적으로 높다. '치킨' 업종의 객단가는 매우 낮고, 주로 저가 브랜드 위주로 소비된다.

(2) 업종 궁합(Affinity) 분석: A 상권에서는 '치킨'과 '마트' 업종의 연관 구매율이 높게 나타나, 장을 보고 귀가하는 길에 치킨을 포장해가는 가족 단위 고객이 많음을 알 수 있다. B 상권에서는 '치킨'보다 '피자'나 '떡볶이' 등 학생들이 더 선호하는 간식 업종과의 경쟁이 매우 치열하다.

3) 결론: 박 씨는 단순히 유동인구가 많은 B 상가 대신, 자신의 타겟 고

객과 업종 특성에 완벽하게 부합하는 A 상가를 선택한다. 카드매출 데이터는 박 씨에게 '어디에' 가게를 열어야 하는지를 넘어, '누구에게, 언제, 무엇을 팔아야 성공하는지'에 대한 과학적인 해답을 제시했다. 이는 예비창업자의 실패 확률을 획기적으로 낮추는 가장 강력한 나침반이 된다.

결론적으로 업종별 카드매출 데이터는 상권의 현재를 비추는 거울이자 미래를 예측하는 지도다. 돈의 흐름을 읽는 것은 곧 소비자의 욕망을 읽는 것이며, 이는 불확실한 상업용 부동산 시장에서 가장 확실한 가치를 찾아내는 지혜의 시작이다.

3. 공실률, 임대료, 점포 회전율 등 시장지표 데이터를 분석한다

3.1. 상권의 건강검진표: 공실률, 임대료, 회전율 데이터 분석

도시의 상권은 살아있는 유기체와 같다. 끊임없이 세포(점포)가 생겨나고 사라지며, 그 건강 상태에 따라 활력이 넘치기도 하고 병 들어가기도 한다. 과거 우리는 상권의 상태를 파악하기 위해 직접 거리를 걸으며 눈으로 빈 가게를 세거나, 부동산 중개소에 붙은 시세를 확인하는 수준에 머물렀다.

그러나 이제 빅데이터는 공실률(Vacancy Rate), 임대료(Rent), 그리고 점포 회전율(Store Turnover Rate)이라는 세 가지 핵심 시장지표를 정밀하게 추적하고 융합하여, 상권의 현재를 진단하고 미래를 예측하는 가장 객관적인 '건강검진표'를 우리 손에 쥐여준다.

3.1.1. 상권의 활력 징후를 읽는 세 가지 지표

이 세 가지 시장지표는 각각 상권의 다른 측면을 보여주지만, 이들이 결합될 때 비로소 상권의 총체적인 건강 상태와 미래 방향성을 읽을 수 있다.

1) **공실률:** 상권의 '체온' 공실률은 특정 시점에 상권 내에서 비어있는 점포의 비율을 의미한다. 이는 상권의 건강 상태를 가장 직관적으로 보여주는 '체온계'와 같다.

(1) **높은 공실률:** 상권의 체온이 비정상적으로 높다는, 즉 문제가 발생했다는 명백한 위험 신호다. 임대료가 과도하게 높거나, 유동인구가 감소하거나, 혹은 상권의 매력 자체가 떨어지고 있음을 의미한다.

(2) **빅데이터 기반 심층 분석:** 빅데이터는 단순히 전체 공실률을 넘어, '층별 공실률'(1층은 꽉 찼지만 2, 3층의 공실이 늘어나는 현상), '장기 공실률'(6개월 이상 비어있는 악성 공실의 비율) 등을 분석하여, 겉으로 드러나지 않는 상권의 구조적 문제를 진단한다.

2) **임대료:** 상권의 '가치' 임대료는 시장이 그 상권에 매기는 '가격표'다. 이는 상권의 현재 가치와 인기도를 가장 직접적으로 반영한다.

(1) **임대료 수준과 변동:** 높은 임대료는 그 자체로 상권의 힘을 증명하지만, 그 변동 추이가 더욱 중요하다. 꾸준히 상승하는 임대료는 건강한 성장 신호다.

(2) **빅데이터 기반 심층 분석:** 빅데이터는 건물주가 부르는 '호가(Asking Rent)'와 실제 계약이 체결되는 '실효 임대료(Effective Rent)' 사이의 격차를 분석한다. 호가는 높은데 실효 임대료가 낮아지거나 렌트프리(Rent-Free) 기간이 길어진다면, 이는 상권의 힘이 약해지고 있다는 중요한 증거가 된다.

3) **점포 회전율:** 상권의 '신진대사' 점포 회전율은 일정 기간 동안 점포가 얼마나 자주 바뀌는지를 나타내는 지표로, 상권의 '신진대사' 활력도를 보여준다.

(1) **적정한 회전율:** 새로운 트렌드를 반영하는 가게들이 꾸준히 들어서는 적정한 수준의 회전율은 상권의 건강함과 역동성을 의미한다.

(2) **과도하게 높은 회전율:** 가게가 너무 자주 바뀐다는 것은 임차인들이 높은 임대료나 낮은 매출을 견디지 못하고 떠나간다는 의미다. 이는 상권이 불안정하고 위험이 높다는 강력한 경고다.

(3) **과도하게 낮은 회전율:** 가게가 거의 바뀌지 않는 것은 상권이 안정적이라고 볼 수도 있지만, 한편으로는 새로운 활력을 잃고 정체되어 있다는 신호일 수도 있다.

3.2. 가상 사례로 본 시장지표 데이터의 진단력

시장지표 데이터 통합 분석 가상 사례 1

'인스타 핫플' 거리의 숨겨진 버블 붕괴 신호

1) **문제 상황:** SNS에서 '핫플레이스'로 떠오른 서울의 한 골목길. 주말마다 젊은이들로 북적이고, 건물주들은 임대료 호가를 계속해서 올리고 있다. 겉보기에는 최고의 투자처처럼 보인다.

2) **시장지표 데이터 통합 분석:**

(1) **임대료 분석:** 호가는 지난 2년간 50% 급등했다. 그러나 실효 임대료 데이터를 분석한 결과, 신규 계약의 상당수가 3~6개월의 렌트프리를 제공하고 있으며, 실제 월세는 호가 대비 20% 이상 낮게 형성되고 있었다.

지금 서울 핫플레이스가 궁금해? 네이버 블로그

(2) **공실률 분석:** 1층의 공실률은 2% 미만으로 매우 낮았다. 하지만 2층과 3층의 공실률은 지난 1년간 5%에서 15%로 급증하고 있었다.

(3) **점포 회전율 분석:** 1층 점포의 회전율이 1년 미만으로 매우 높게 나타났다. 특히, 개성 있는 독립 가게들이 문을 닫고, 그 자리를 단기 팝업스토어나 저가 프랜차이즈가 채우는 '업종의 하향화' 현상이 뚜렷하게 발견된다.

3) **결론:** 시장지표 데이터는 이 상권의 화려한 외면 뒤에 숨겨진 심각한 '버블'을 경고하고 있다. 높은 임대료를 감당하지 못한 양질의 임차인들이 떠나가고 있으며, 상권의 고유한 매력이 사라지고 있는 것이다. 데이터는 곧 닥쳐올 임대료 하락과 자산 가치 하락의 전조를 명확히 보여주었다.

시장지표 데이터 통합 분석 가상 사례 2

잊혀진 인쇄소 골목에서 발견한 '진짜 기회'

1) **문제 상황:** 서울 을지로의 낡은 인쇄소 골목. 낮에는 조용하고, 저녁에는 인적이 드물다. 공실률은 30%에 달하고 임대료는 매우 저렴하다. 누구도 주목하지 않는 쇠퇴한 상권으로 보인다.

2) **시장지표 데이터 통합 분석:**

(1) **공실률 분석:** 전체 공실률은 높지만, 시계열 분석 결과 지난 6개월

인쇄 선진국'의 인쇄골목이 이래도 되나요 - 오마이뉴스

간 공실률이 35%에서 30%로 소폭이지만 꾸준히 감소하고 있음을 발견한다. 특히, 2년 이상 비어있던 '장기 악성 공실'이 해소되기 시작했다.

(2) **임대료 분석**: 임대료 수준은 여전히 낮지만, 최근 체결된 신규 계약의 실효 임대료가 이전 계약보다 5~10%씩 상승하고 있다.

(3) **점포 회전율 분석**: 거의 0에 가깝던 점포 회전율이 움직이기 시작했다. 새로 들어오는 업종은 인쇄소가 아닌, '와인바', '위스키바', '퓨전 다이닝' 등 높은 객단가를 가진 독특한 가게들이다.

(4) **교차 분석**: 이 지역의 카드매출 데이터를 교차 분석한 결과, 방문객 수는 적지만 1인당 소비액은 강남 상권 못지않게 높으며, 주 고객층은 구매력 높은 30대 전문직이라는 사실이 확인된다.

3) **결론**: 시장지표 데이터는 쇠퇴한 인쇄소 골목이 '아는 사람만 아는' 고품격 미식 상권으로 조용히 변모하고 있는 '건강한 젠트리피케이션'의 초기 단계를 정확히 포착했다. 투자자는 남들이 모두 외면하는 곳에서, 데이터가 증명하는 미래의 가치를 발견하고 시장을 선점하는 기회를 잡을 수 있다.

결론적으로 공실률, 임대료, 점포 회전율이라는 세 가지 시장지표는 상권의 과거를 기록하고 현재를 진단하며 미래를 예고하는 가장 정직한 언어다. 이 언어를 빅데이터라는 번역기로 해독할 수 있을 때, 우리는 비로소 상권의 표피 아래 꿈틀대는 진짜 생명력과 마주하게 될 것이다.

4. 유사 상권 클러스터링을 통한 상가 유형별 가치 차이를 제시한다

4.1. 보이지 않는 상권의 지도를 그리다: 유사 상권 클러스터링

우리는 흔히 상권을 '강남', '홍대', '명동'과 같은 지리적 이름으로 이해한다. 그러나 과연 '강남'이라는 이름 아래 묶인 모든 상권이 동일한 얼굴을 하고 있을까? 테헤란로의 오피스 상권과 가로수길의 트렌디한 패션 상권은 그곳을 채우는 사람도, 돈의 흐름도, 공간의 리듬도 전혀 다르다.

유사 상권 클러스터링(Clustering)은 이처럼 지역명이라는 허울 뒤에 숨겨진 상권의 실질적인 DNA를 분석하여, 비슷한 특성을 가진 상권들을 하나의 '부족(Tribe)'으로 묶어내는 빅데이터 시대의 지도 제작술이다. 이는 도시의 상업 공간을 서열 화하는 것이 아니라, 그 안에 숨겨진 다양한 정체성과 가치의 차이를 과학적으로 증명하는 과정이다.

4.1.1. 상권의 DNA를 구성하는 데이터

군집분석은 '정답' 없이 데이터의 내재적 유사성만으로 그룹을 만드는 비지도 학습(Unsupervised Learning) 기법이다. 컴퓨터는 각 상권이 가진 다차원적인 데이터 특성을 기반으로, 공간상에서 서로 '가까운' 상권들을 찾아내어 같은 클러스터로 분류한다.

[상권의 DNA를 구성하는 핵심 데이터]

이때 상권의 DNA를 구성하는 핵심 데이터는 다음과 같다.

(1) **소비자 프로파일:** 카드 매출 데이터를 통해 분석된 주 고객층의 연령대와 성별.(예: 20대 여성 중심 vs. 40대 남성 직장인 중심)

(2) **업종 구성 및 소비 패턴:** 전체 매출에서 차지하는 업종별 비중(예: F&B, 패션, 유흥)과 시간대별/요일별 매출 리듬.(예: 주중 점심형 vs. 주말 저녁형)

(3) **시장 지표:** 평균 임대료 수준, 공실률, 그리고 점포의 회전율.(예: 고임대료-저공실률의 성숙 상권 vs. 저임대료-고회전율의 성장 상권)

(4) **물리적-사회적 환경:** 유동인구의 규모와 체류 시간, 인근의 오피스/주거단지/대학 등 배후지 특성, 소셜미디어에서의 핵심 키워드.

이러한 변수들을 종합하여, 우리는 비로소 '이름'이 아닌 '성격'으로 상권을 재분류하고, 그 유형별 가치의 차이를 명확히 이해할 수 있게 된다.

4.2. 가상 사례로 본 클러스터링의 힘

클러스터링 분석의 적용 가상 사례 1

강남의 여러 얼굴, 최적의 레스토랑 입지 찾기

1) **문제 상황:** 유명 셰프가 자신의 명성을 걸고, 30~40대 고소득층을 타겟으로 하는 최고급 파인 다이닝 레스토랑을 '강남'에 열고자 한다. 그

서울 파인다이닝 안뜨레 호텔 레스토랑 강남 데이트 추천 : 네이버 블로그

는 막연히 강남역 인근의 유동인구가 많은 곳을 최적의 입지로 생각하고 있다.

2) **클러스터링 분석의 적용:**

(1) **강남구 상권 세분화:** 강남구 내의 모든 상업 블록을 대상으로 위에서 언급한 데이터들을 활용해 군집분석을 실시한다.

(2) **세 개의 다른 '강남' 발견:** 분석 결과, 강남 상권은 크게 세 개의 다른 클러스터로 나뉜다.

- 클러스터 A(테헤란로 오피스 코어): 30~50대 직장인 중심. 주중 점심시간에 중저가 음식점 매출이 폭발하고, 저녁에는 법인카드 결제가 많은 비즈니스 상권. 주말은 공동화 현상을 보인다.
- 클러스터 B(신사/압구정 패션·뷰티 코어): 20~30대 여성 중심. 주말 오후에 트렌디한 카페, 디자이너 브랜드, 피부과, 성형외과 등의 매출이 집중된다. '경험'과 '과시'의 소비 성향이 강하다.
- 클러스터 C(청담/도산공원 럭셔리 다이닝 코어): 30~40대 고소득층 중심. 방문객 수는 적지만 객단가가 압도적으로 높다. 저녁과 주말에 예약제 고급 레스토랑, 명품 편집숍, 프라이빗 바(Bar)의 매출이 집중된다. '프라이버시'와 '희소성'이 중요한 가치다.

3) **결론:** 셰프는 자신의 타겟 고객과 레스토랑의 컨셉이 클러스터 C와 완벽하게 일치함을 깨닫는다. 만약 데이터 분석 없이 강남역(클러스터 A)에 가게를 열었다면, 높은 임대료에도 불구하고 타겟 고객을 거의 확보하지 못했을 것이다. 클러스터링은 '강남'이라는 하나의 이름 뒤에 숨겨진 여러 개의 다른 시장을 명확히 구분하여, 실패 확률을 극적으로 낮추는 의사결정을 가능하게 했다.

클러스터링 분석의 적용 가상 사례 2

지방 중소도시에서 발견한 '서울의 연남동'

독립서점은 살아있다 - ⑤ 세종 '단비책방' 중부매일

1) **문제 상황:** 서울 연남동에서 성공을 거둔 개성 있는 독립서점 겸 카페 브랜드가 지방으로 사업 확장을 고려 중이다. 하지만 어느 도시에, 그리고 그 도시의 어느 곳에 '제2의 연남동'과 같은 잠재력이 숨어있는지 알 길이 막막하다.

2) **클러스터링 분석의 적용:**

(1) **전국 상권 클러스터링:** 전국 모든 도시의 상권을 대상으로 클러스터링을 실시한다.

(2) **'연남동 DNA' 클러스터 식별:** 분석 결과, 서울의 연남동, 망원동, 성수동 일부 골목과 함께, 부산의 전포동, 대구의 삼덕동, 그리고 광주의 동명동 등이 하나의 클러스터로 묶임을 발견한다.

(3) **클러스터 특성 분석:** 이 클러스터의 공통적인 DNA는 다음과 같다.

- 전통적인 중심 상권에서 한두 블록 벗어난 이면 도로에 위치.
- 낮은 임대료와 오래된 저층 건물이 많음.

- 최근 2년간 '카페/디저트' 및 '독립 소매점' 업종의 창업률이 급증.
- SNS에서 '#감성', '#골목' 등의 키워드 버즈량이 폭발적으로 증가.
- 방문객의 평균 체류시간이 길고, 20~30대 여성의 비중이 높음.

3) **결론**: 브랜드 대표는 더 이상 막연하게 도시를 탐색할 필요가 없어졌다. 클러스터링 분석은 전국에 흩어져 있는 '연남동과 같은 DNA를 가진' 잠재적 성공 입지들의 명확한 리스트를 제공했다. 이는 최소한의 비용과 시간으로 지방 진출의 성공 확률을 극대화하는, 과학적인 확장 전략의 핵심 지도가 된다.

결론적으로, 유사 상권 클러스터링은 도시의 상업 지도를 다시 그리는 혁명적인 방법론이다. 이는 우리가 눈으로 볼 수 없었던 상권 간의 숨겨진 유사성과 차이점을 발견하게 하고, 이름이나 직관이 아닌 데이터가 증명하는 가치의 본질에 집중하게 한다. 이 새로운 지도를 가진 자가 미래 상업 부동산 시장의 흐름을 주도하게 될 것이다.

5. 상권 AI모델 예측의 정확도와 실제 시세의 차이를 비교한다

5.1. 예측과 현실의 간극: AI 모델과 시장의 대화

우리는 이 책의 긴 여정을 통해, 빅데이터와 인공지능이 어떻게 보이지 않는 부동산의 가치를 읽어내는지를 탐험했다. 수백 개의 변수를 학습한 AI 모델은 이제 특정 상가의 미래 임대료나 적정 매매가격을 놀라운 정확도로 예측해낸다.

1) 예측과 현실 사이의 간극(Gap)은 무엇을 의미하는가? 그것은 데이터가 미처 담아내지 못하는 시장의 숨겨진 욕망, 비이성적 기대, 그리고 인간적인 이야기를 드러내는 가장 중요한 단서이자, 통찰의 원천이다

그러나 여기서 우리는 마지막이자 가장 본질적인 질문과 마주하게 된다. 과연 AI의 예측은 시장의 실제 거래 가격과 항상 일치하는가? 만약 그렇지 않다면, 그 예측과 현실 사이의 간극(Gap)은 무엇을 의미하는가? 이 간극은 결코 AI 모델의 실패를 의미하지 않는다. 오히려 그것은 데이터가 미처 담아내지 못하는 시장의 숨겨진 욕망, 비이성적 기대, 그리고 인간적인 이야기를 드러내는 가장 중요한 단서이자, 통찰의 원천이다.

5.1.1. 두 개의 다른 저울: AI의 가치와 시장의 가격

AI 모델이 산출한 예측 가치와 시장에서 실제 거래되는 가격은 서로 다른 저울로 잰 무게와 같다.

1) AI의 예측 가치: '합리적 이성'의 산물 AI 모델이 예측한 가치는 철저히 데이터에 기반한 '합리적'이고 '객관적'인 가격이다. 모델은 유동인구, 카드 매출, 공실률, 임대료 시세, 주변 환경 등 측정 가능한 모든 변수를 종합하여, 가장 통계적으로 가능성이 높은 '이성적인 가치'를 계산해낸다. 이는 시장의 비이성적 과열이나 공포, 그리고 개별 거래의 특수성이 제거된, 그 부동산의 내재 가치에 가장 가까운 값이다.

2) 시장의 실제 가격: '복합적 욕망'의 결과물 반면, 시장에서 형성되는 실제 거래 가격은 단지 합리적인 계산만으로 결정되지 않는다. 이는 매도인과 매수인, 단 두 사람의 복잡한 심리와 욕망이 충돌하고 타협하는 지점에서 결정되는 '주관적'인 값이다. 여기에는 AI가 결코 알 수 없는 인간적인 요소들이 개입한다.

(1) **매도인의 기대:** 건물에 대한 애착, 미래 개발 호재에 대한 과도한 기대, 혹은 단순히 '받고 싶은 가격'.

(2) **매수인의 특수 목적:** 특정 브랜드를 반드시 그 자리에 입점시켜야 하는 절박함, 혹은 경쟁자를 이기기 위한 과감한 베팅.

(3) **정보의 비대칭성:** 일반에게 공개되지 않은 건물의 숨겨진 하자나, 반대로 소수만 아는 개발 정보.

(4) **시장의 비이성적 광기(Animal Spirits):** 존 메이너드 케인스가 말했듯, 데이터로 설명되지 않는 시장 참여자들의 집단적인 낙관 또는 비관.

3) **간극의 해석:** 보이지 않는 가치를 읽는 열쇠

결국, 'AI 예측 가치'와 '실제 거래 가격' 사이의 차이는, 이성적인 데이터와 인간적인 욕망 사이의 거리를 의미한다. 이 간극을 분석함으로써 우리는 비로소 시장의 진짜 속내를 읽을 수 있다.

5.2. 가상 사례로 본 '간극'의 의미

AI 모델의 예측 가상 사례 1

AI 예측 〈실제 가격(Positive Gap) - '이야기'에 지불된 프리미엄

1) **대상 부동산:** 서울 익선동의 낡고 쓰러져가는 한옥 상가.

2) **AI 모델의 예측:** AI 모델은 건물의 물리적 노후도, 낮은 현재 임대수익, 좁은 골목으로 인한 접근성 등을 분석하여, 합리적인 가치를 15억 원으로 예측한다.

3) **시장의 실제 가격:** 그러나 이 한옥은 최근 한 유명 F&B 기획자에게 25억 원에 팔렸다.

시간이 멈춘듯! 낙원상가 뒷골목과 익선동 한옥마을 정보소통광장

4) 10억 원이라는 간극의 의미: 이 10억 원의 '플러스 간극'은 무엇을 의미하는가? 이는 AI가 정량 화하기 어려운 '무형의 가치(Intangible Value)'에 시장이 지불한 프리미엄이다.

(1) **장소의 서사(Narrative)**: 구매자는 단순히 낡은 건물을 산 것이 아니라, '익선동'이라는 대체 불가능한 장소성과 한옥이 가진 고유의 '이야기'를 구매한 것이다.

(2) **미래 비전의 가치**: 구매자는 이곳을 단순한 식당이 아닌, 미디어와 결합된 새로운 형태의 복합문화공간으로 만들겠다는 명확한 비전을 가지고 있었다. 이 비전의 실현 가능성에 대한 베팅이 가격에 포함되었다.

(3) **희소성의 프리미엄**: 익선동에서 매물로 나오는 한옥 자체가 극히 드물다는 희소성이 경쟁을 유발하여 가격을 끌어올렸다. 결국, 10억 원의 간극은 '이야기', '비전', '희소성'이라는, 데이터의 영역을 넘어서는 가치의 가격표였던 것이다.

AI 모델의 예측 가상 사례 2

AI 예측 〉 실제 가격(Negative Gap) - '숨겨진 리스크'의 할인

테헤란로 오피스 빌딩 - (주)KYK아키텍츠 입니다

1) **대상 부동산:** 강남 테헤란로의 외관이 수려한 중형 오피스 빌딩.

2) **AI 모델의 예측:** AI 모델은 우량 기업이 건물 전체를 임차하여 공실률이 0%라는 점, 높은 임대료, 그리고 최상의 입지를 바탕으로, 이 빌딩의 가치를 500억 원으로 매우 높게 예측한다.

3) **시장의 실제 가격:** 그러나 이 빌딩은 최근 한 자산운용사에 450억 원에 매각되었다.

4) **50억 원이라는 간극의 의미:** 이 50억 원의 '마이너스 간극'은 무엇을 의미하는가? 이는 AI가 공개된 데이터만으로는 파악하기 어려운 '숨겨진 리스크(Hidden Risk)'를 시장 참여자들이 발견하고 가격을 할인한 결과다.

(1) **임차인 집중 리스크:** 상세 실사 과정에서, 건물 전체를 사용하는 단일 임차인의 계약 만료가 2년 앞으로 다가왔으며, 이들이 인근에 신사옥을 짓고 있다는 내부 정보가 드러났다. 2년 뒤 건물 전체가 공실이 될 수 있다는 치명적인 리스크가 가격에 반영되었다.

(2) **설비 노후화 리스크:** 겉보기와 달리, 건물의 냉난방 공조 시스템

과 엘리베이터가 노후하여, 수년 내 수십억 원의 대규모 수선 비용(CAPEX)이 발생할 것으로 예상되었다.

(3) **매도인의 급박한 사정:** 기존 건물주가 유동성 위기를 겪고 있어, 시장 가격보다 싸게라도 빨리 매각해야 하는 급박한 상황이었다. 결국, -50억 원의 간극은 '미래의 공실', '숨겨진 비용', '매도인의 절박함'이라는, 데이터의 이면에 숨겨진 리스크의 가치였던 셈이다.

결론적으로 AI 모델의 예측과 실제 시세의 차이는 모델의 오류가 아니다. 그것은 오히려 AI 시대에 인간 전문가가 주목해야 할 가장 중요한 정보다. AI가 합리적이고 객관적인 '기준점'을 제시하면, 우리는 그 기준점과 현실의 차이를 분석함으로써, 데이터 너머의 인간적인 욕망과 숨겨진 리스크를 읽어내는 한 차원 높은 통찰력을 발휘할 수 있다. AI의 계산이 끝나는 지점에서, 비로소 인간의 진정한 지혜가 시작되는 것이다.

제9장

공공데이터 기반 도시부동산 가치 분석

1. 국토부, 통계청, 지자체 등 주요 공공데이터의 구조를 해설한다

1.1. 국가가 제공한 보물지도: 공공데이터의 구조 해설

빅데이터라는 거대한 바다를 항해하기 위해 우리에게 가장 먼저 필요한 것은 정확하고 신뢰할 수 있는 '지도'다. 공공데이터(Public Data)는 바로 국가와 지방자치단체가 국민 모두에게 제공하는 가장 객관적이고 방대한 보물지도다.

이는 특정 기업의 이익을 위해 가공되지 않은, 도시의 가장 순수한 원

국토교통부 데이터 통합 채널, https://data.molit.go.kr

천 데이터(Raw Data)이며, 우리가 부동산의 보이지 않는 가치를 탐색하는 모든 여정의 출발점이자 근간이 된다. 이 지도를 구성하는 핵심 축, 즉 국토교통부, 통계청, 그리고 지방자치단체의 데이터 구조를 이해하는 것은, 도시를 읽는 새로운 언어를 배우는 것과 같다.

1.1.1. 국토교통부: 도시의 동맥과 골격을 그리다

국토교통부의 데이터는 부동산의 물리적 실체와 시장의 움직임을 기록하는 가장 핵심적인 정보다.

(1) **부동산 실거래가 공개시스템:** 이는 시장의 '맥박'을 실시간으로 보여주는 데이터다. 각 거래는 주소, 전용면적, 거래금액, 거래일자, 층, 건축연도 등의 명확한 구조로 기록된다. 이 데이터는 특정 아파트의 시세를 추적하고, 지역별 가격 상승률을 비교하며, 시장의 과열 또는 침체 신호를 가장 먼저 감지하는 기준점이 된다.

(2) **건축물대장:** 모든 건물이 가진 고유의 '출생증명서'다. 건축물 용도(주거용, 상업용 등), 구조(철근콘크리트 등), 연면적, 층수, 주차대수, 준공일 등이 상세히 기록되어 있다. 이를 통해 우리는 건물의 물리적 노후도, 규모, 법적 정체성을 명확히 파악할 수 있다.

(3) **토지대장 및 토지이용계획:** 땅의 근본적인 가치와 미래를 담고 있는 정보다. 공시지가는 세금 부과의 기준이자 토지 가치의 하한선이 되며, 지목(대지, 전, 답 등)과 용도지역(주거지역, 상업지역 등)은 해당 토지의 개발 가능성과 잠재적 용적률을 결정하는 가장 중요한 법적 근거가 된다.

지적도 및 토지이용계획 무료로 열람하기/국토교통부지적도무료열람 : 네이버 블로그

1.1.2. 통계청: 도시의 인구학적 초상을 그리다

통계청의 데이터는 그 도시에 '누가, 어떻게' 살고 있는지를 보여주는 가장 정밀한 인구 통계 지도다.

(1) **인구주택총조사**: 5년마다 실시되는 국가의 가장 큰 '건강검진'이다. 행정동별 연령 및 성별 인구, 가구 구성(1인 가구, 2인 가구 등), 주택 유형(아파트, 다세대 등), 점유 형태(자가, 전세, 월세) 등 도시의 사회경제적 구조를 총체적으로 보여준다. 이를 통해 우리는 특정 지역의 주된 수요층과 그들의 주거 특성을 파악할 수 있다.

(2) **가계동향조사**: 지역별 가구의 소득 수준과 소비 지출 패턴을 보여준

통계청, 2025 인구주택총조사

다. 특정 지역 주민들이 소득의 많은 부분을 교육비에 쓰는지, 혹은 외식 및 문화생활에 쓰는지를 분석함으로써, 그 지역의 라이프스타일과 상권의 잠재적 수요를 예측할 수 있다.

1.1.3. 지방자치단체: 도시의 실핏줄을 들여다보다

각 시, 군, 구청이 제공하는 데이터는 도시의 가장 미시적인 활력을 보여주는 실핏줄과 같다.

(1) **인허가 데이터**: 특정 지역에서 어떤 업종의 가게가 새로 생기고(인허가) 사라지는지(폐업)를 실시간으로 보여준다. 이는 상권의 신진대사와 트렌드 변화를 가장 빠르게 감지할 수 있는 지표다.

(2) **지자체 특화 데이터**: 서울시의 대중교통 승하차 인원 통계, 부산시의 관광객 이동 패턴 데이터, 각 지자체의 CCTV 설치 현황이나 공영주차장 정보 등은 그 지역만의 고유한 특성과 생활 편의성을 분석하는 데 결정적인 정보를 제공한다.

1.2. 가상 사례로 본 공공데이터의 융합

공공데이터 융합 분석 가상 사례 1

'나 홀로 아파트'의 숨겨진 투자 가치 발굴

1) **문제 상황**: 대단지에 비해 저평가받는 경향이 있는 소규모 '나 홀로 아파트' 중에서, 미래 가치 상승 잠재력이 높은 옥석을 가려내고자 한다.

2) **공공데이터 융합 분석**:

(1) **1단계(대상 필터링)**: 국토부 건축물대장을 활용하여, 전국에서 300세대 미만의 아파트를 모두 추출한다.

(2) **2단계(성장성 분석)**: 국토부 실거래가 데이터를 시계열로 분석하여,

지난 5년간의 가격 상승률이 인근 대단지 아파트의 상승률을 상회하는 '나 홀로 아파트'들을 스크리닝한다.

(3) **3단계(원인 규명)**: 이들의 공통점을 분석한다. 지자체 인허가 데이터를 통해 보니, 이 아파트들 주변으로 최근 2년간 '트렌디한 카페', '소규모 맛집' 등 개성 있는 상업시설의 창업이 급증했다. 통계청 인구주택총조사에서는 해당 지역의 20~30대 1인 가구 비율이 급격히 증가하고 있음이 확인된다.

3) **결론**: 데이터는 '나 홀로 아파트'의 성공 공식이 '대단지의 편리함'을 대체할 만한 '독특한 동네 분위기와 라이프스타일'에 있음을 증명했다. 투자자는 이 공식을 적용하여, 현재는 저평가되어 있지만 주변 상권의 변화와 인구 구조의 변화가 감지되는 다른 '나 홀로 아파트'를 선제적으로 발굴할 수 있다.

공공데이터 융합 분석 가상 사례 2

빅데이터 기반 '어린이 안심 통학로' 최적화 설계

1) **문제 상황**: 한 신도시를 계획하면서, 단순한 최단 거리가 아닌, 실제 데이터에 기반한 가장 안전한 초등학교 통학로를 설계하고자 한다.

2) **공공데이터 융합 분석**:

(1) **위험 요소 식별**: 지자체 교통사고 다발지역 데이터와 인허가 데이터를 융합하여, 어린이에게 위험한 교차로나 유흥주점, PC방 등의 위치를 지도 위에 표시한다.

(2) **안전 요소 식별**: 지자체 CCTV 설치 위치 데이터와 파출소 위치 데이터를 지도 위에 표시하여, 안전 감시망이 촘촘한 구역을 식별한다.

과천시, '어린이 안심통학로 유니버설디자인사업' 착공
https://go.seoul.co.kr

(3) **최적 경로 탐색:** 통계청 인구주택총조사 데이터를 통해 초등학생 연령대 자녀를 둔 가구가 밀집한 아파트 단지를 출발점으로 설정한다. 이후, 위험 요소를 회피하고 안전 요소를 최대한 많이 경유하는 최적의 경로를 알고리즘으로 탐색한다.

3) **결론:** 공공데이터 융합을 통해, 눈에 보이지 않는 도시의 '위험'과 '안전'을 시각화하고, 이를 바탕으로 아이들을 위한 가장 안전한 길을 과학적으로 설계할 수 있다. 이는 아파트 단지의 실질적인 가치를 높이는 중요한 '사회적 인프라'가 된다.

결론적으로 공공데이터는 흩어져 있을 때는 단순한 정보의 조각에 불과하지만, 창의적인 아이디어와 분석 기술을 통해 융합될 때, 비로소 도시의 숨겨진 질서를 드러내고 미래의 가치를 예측하는 강력한 힘을 발휘한다. 이 국가의 보물지도를 읽는 능력이야말로, 빅데이터 시대를 살아가는 우리 모두에게 필요한 새로운 교양이라 할 수 있을 것이다.

2. 공동주택 공시가격과 실 거래가의 괴리 분석을 시도한다

2.1. 두 개의 가격, 하나의 진실: 공시가격과 실 거래가의 괴리 분석

부동산 시장에는 두 개의 중요한 가격이 존재한다. 하나는 국가가 세금을 부과하기 위해 매년 공표하는 이성적인 저울, 공동주택 공시가격(Officially Announced Price)이다.

다른 하나는 시장 참여자들의 욕망과 기대가 충돌하며 실시간으로 결정되는 뜨거운 심장, 실거래가(Actual Transaction Price)다.

오랫동안 우리는 이 두 가격의 차이, 즉 괴리율(Gap Rate)을 단순히 행정의 속도와 시장의 속도 차이에서 비롯된 기술적 문제로 치부해왔다. 그러나 빅데이터의 눈으로 이 간극을 들여다볼 때, 우리는 비로소 그것이 시장의 숨겨진 심리와 미래의 방향성을 드러내는 가장 정직하고도 중요한 '신호'임을 깨닫게 된다.

2.1.1. 괴리율: 시장의 감정을 측정하는 새로운 온도계

공동주택 공시가격은 대규모 표본과 표준화된 모델을 통해 산정되는, 안정적이고 보수적인 '가치의 기준점'이다. 이는 과거의 데이터와 평균적인 상태를 반영하므로, 시장의 급격한 변화를 즉각적으로 담아내지 못한다. 반면, 실 거래가는 개별 거래의 특수성과 시장 참여자들의 심리, 그리고 미래에 대한 기대감이 모두 녹아 있는, 살아 숨 쉬는 '가치의 현재'다.

따라서 이 두 가격의 괴리율, 즉 (실거래가 - 공시가격) / 공시가격은 단순한 가격 차이를 넘어, '시장의 합리적 기대치를 초과하는 감정의 크기'를 의미한다.

(1) **괴리율의 확대:** 이는 시장의 기대감이 공시가격이 따라오지 못할 정도로 뜨거워지고 있음을 의미한다. 시장 참여자들이 해당 부동산의 미래 가치를 현재의 공시가격보다 훨씬 높게 평가하고 있다는 강력한 증거이며, 종종 시장 과열이나 특정 개발 호재에 대한 선반영의 신호로 해석된다.

(2) **괴리율의 축소:** 이는 시장이 안정화되거나 혹은 비관적으로 전환되고 있음을 나타낸다. 실 거래가가 공시가격이라는 '내재 가치'의 기준선으로 수렴하고 있다는 의미이며, 시장 조정기나 침체기에 주로 나타나는 현상이다.

결국, 이 괴리율을 시계열로 추적하고 다른 데이터와 융합하여 분석하는 것은, 마치 시장의 심전도를 읽어내어 그 건강 상태와 미래의 발작 가능성을 예측하는 것과 같다.

2.2. 가상 사례로 본 괴리율에 담긴 비밀

빅데이터 기반 괴리율 분석 가상 사례 1

재건축의 예언, 낡은 아파트의 괴리율 폭발

1) **문제 상황:** 서울 강북의 비슷한 입지와 규모를 가진 두 개의 낡은 아파트 단지, '한양아파트'와 '서울아파트'가 있다. 두 단지 모두 준공 32년 차로, 공시가격은 거의 동일한 수준에서 완만하게 상승해왔다.

2) **빅데이터 기반 괴리율 분석:**

(1) **데이터 분석:** 지난 5년간 두 아파트의 공시가격 대비 실거래가 괴리율을 시계열로 분석한다.

(2) **이상 신호 감지:** '한양아파트'의 괴리율은 지난 5년간 40~50% 수준에서 안정적으로 유지되었다. 그러나 '서울아파트'는 1년 전부터

https://www.yna.co.kr/view

실거래가가 급등하기 시작하더니, 최근에는 괴리율이 120%까지 폭발적으로 치솟았다. 공시가격은 10억인데, 실거래가는 22억에 달하는 것이다.

(3) **원인 교차 분석**: 이 이상 신호의 원인을 찾기 위해, 뉴스 기사와 지자체 도시계획 데이터를 교차 분석한다. 그 결과, '서울아파트'가 10개월 전부터 서울시의 '신속통합기획' 재건축 후보지로 거론되기 시작했으며, 3개월 전 최종 대상지로 선정되었다는 사실이 확인된다.

3) **결론**: '서울아파트'의 폭발적인 괴리율은 단순한 가격 상승이 아니었다. 그것은 '재건축 사업의 기대 이익'이라는, 눈에 보이지 않는 미래 가치가 현재의 가격에 선반영된 결과였다. 공시가격이 담지 못하는 시장의 강력한 '기대 심리'가 괴리율이라는 숫자를 통해 명확하게 측정된 것이다. 이는 괴리율 데이터가 특정 부동산의 잠재적 이벤트를 감지하는 강력한 조기 경보 시스템이 될 수 있음을 보여준다.

빅데이터 기반 괴리율 분석 가상 사례 2

'살기 좋은 동네'의 가치를 증명하는 꾸준한 괴리율 프리미엄

1) **문제 상황:** 경기도의 한 신도시에 위치한 'A 단지'와 'B 단지'는 건설사, 입주 시기, 평형, 학교와의 거리 등 모든 물리적 조건이 거의 동일하다. 따라서 두 단지의 공시가격 역시 매년 비슷한 수준으로 책정된다.

2) **빅데이터 기반 괴리율 분석:**

(1) **데이터 분석:** 두 단지의 지난 5년간 괴리율을 비교 분석한다.

(2) **일관된 차이 발견:** 분석 결과, B 단지의 괴리율이 A 단지보다 항상 10~15%p 높게 유지되고 있음이 발견된다. 즉, 시장은 항상 B 단지에 공시가격 이상의 '프리미엄'을 지불하고 있었다.

(3) **원인 교차 분석:** 이 꾸준한 프리미엄의 원인을 찾기 위해, 온라인 커뮤니티 및 소셜미디어 데이터를 분석한다. 그 결과, B 단지는 입주민 온라인 카페가 매우 활성화되어 있고, 공동구매나 벼룩시장, 재능기부 등 주민 간의 긍정적 소통이 활발하다. 반면, A 단지는 커뮤니티 활동이 거의 없다. 또한, B 단지는 '조용하고 쾌적하다', '이웃들이 좋다'는 긍정적 리뷰가 압도적으로 많다.

3) **결론:** B 단지의 높은 괴리율은 물리적 조건으로는 설명할 수 없는 '커뮤니티 활력'과 '높은 주거 만족도'라는 사회적 자본의 가치가 가격에 반영된 것이다. 시장 참여자들은 더 나은 이웃과 공동체 생활이라는 무형의 가치에 기꺼이 추가 비용을 지불하고 있었으며, 공시가격과 실거래가의 꾸준한 간극은 바로 그 '살기 좋은 동네'의 가치를 객관적인 숫자로 증명해주고 있었다.

결론적으로 공시가격과 실거래가의 괴리율은 단순한 오차가 아니라, 시장의 이성과 감성 사이의 대화 그 자체다. 이 대화에 귀 기울일 때, 우리는 비로소 데이터의 행간에 숨겨진 도시부동산의 진짜 속마음을 읽어 낼 수 있는 지혜를 얻게 될 것이다.

3. 교통, 환경, 치안 등 도시생활지수의 정량화 가능성을 탐색한다

3.1. 삶의 질을 측정하는 저울: 도시생활지수의 정량화

우리는 어떤 도시를 '살기 좋은 곳'이라고 말하는가? 이 질문에 대한 답은 오랫동안 개인의 경험과 주관적인 느낌의 영역에 머물러 있었다. 누군가에게는 편리한 교통이, 다른 누군가에게는 쾌적한 자연환경이, 또 다른 이에게는 안전한 밤거리가 '살기 좋은 도시'의 가장 중요한 조건일 것이다.

그러나 만약, 이 모든 추상적인 가치들을 객관적인 숫자로 측정하고 비교할 수 있는 하나의 '저울'이 있다면 어떨까? 빅데이터는 바로 이 불가

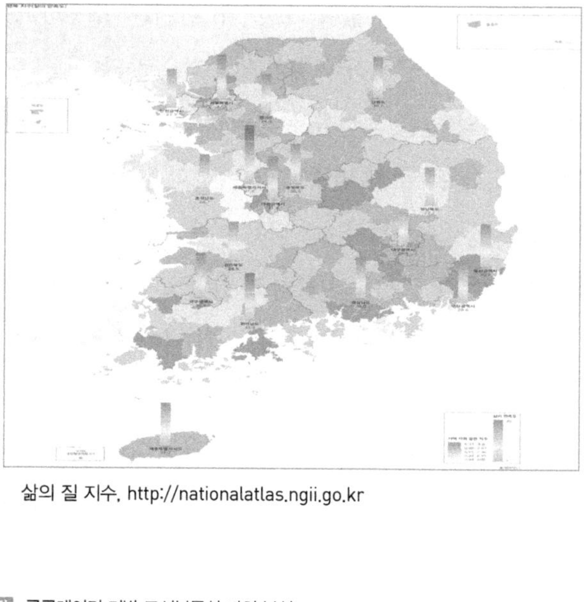

삶의 질 지수, http://nationalatlas.ngii.go.kr

능해 보였던 과제를 현실로 만들고 있다. 교통(Transportation), 환경(Environment), 치안(Public Safety) 등 도시에서의 삶을 구성하는 핵심 요소들을 정량화하여, 하나의 '도시생활지수(Urban Life Index)'로 통합하는 것은, 도시의 보이지 않는 가치를 읽어내는 가장 진보된 방법론이다.

3.1.1. 도시의 맥박을 숫자로 변환하다

도시생활지수는 각기 다른 종류의 데이터를 융합하여, 특정 지역이 제공하는 삶의 질을 종합적으로 평가하는 지표다. 이는 도시를 단 하나의 기준으로 서열 화하는 것이 아니라, 그 도시가 가진 다 차원적인 강점과 약점을 과학적으로 진단하는 과정이다.

(1) **교통 지수:** '시간'과 '연결성'의 가치 단순히 지하철역과의 거리를 재는 시대는 지났다. 빅데이터는 교통의 편의성을 훨씬 입체적으로 측정한다.

- 실질 통근 시간: 내비게이션 및 대중교통 API 데이터를 활용하여, 특정 주거지에서 주요 업무지구(강남, 광화문, 여의도 등)까지 출퇴근 시간대별 평균 소요 시간을 '분' 단위로 정밀하게 계산한다.
- 대중교통 연결성: 이용 가능한 버스 및 지하철 노선의 수, 환승의 편의성, 배차 간격 등을 종합하여 '대중교통 네트워크의 밀도'를 점수화한다.
- 보행 친화도: 위성사진과 거리뷰 이미지를 분석하여, 보행자 도로의 폭과 연속성, 횡단보도의 수, 그리고 가로수의 밀도 등을 측정하여 '걷기 좋은 정도'를 평가한다.

(2) **환경 지수:** '쾌적함'의 과학적 증명 '공기가 맑다'거나 '자연이 가깝다'는 주관적인 느낌은 이제 객관적인 데이터로 증명된다.

- 대기 질: 지역별로 설치된 사물인터넷(IoT) 기반의 미세먼지 측정 센서 데이터를 실시간으로 분석하여, 대기의 청정도를 정량화한다.
- 녹지 공간 퀄리티: 합성곱 신경망(CNN)으로 위성사진을 분석하여, 단순한 공원 면적이 아닌 실제 나무와 숲이 차지하는 '실질 녹지 비율'과 그 풍성함을 측정한다. 또한, 공원 내 편의시설(벤치, 산책로 등)의 밀도를 데이터화하여 녹지의 '질'을 평가한다.
- 소음 공해: 주요 도로변, 공항 인근, 대규모 공사장 주변의 소음 데이터를 분석하여, 주거 환경의 정온성(靜穩性)을 평가한다.

(3) **치안 지수: '안전'과 '안심'의 데이터화** 공식적인 범죄 통계를 넘어, 주민들이 느끼는 심리적인 안정감까지 측정한다.

- 안전 인프라 밀도: GIS 데이터를 활용하여, 특정 지역 내 CCTV, 스마트 가로등, 보안등, 그리고 파출소의 분포 밀도를 계산한다.
- 체감 안전도: 자연어 처리(NLP) 기술로 지역 커뮤니티나 소셜미디어의 텍스트를 분석한다. '밤길이 무섭다', '골목이 어둡다'와 같은 부정적인 키워드와, '산책하기 안전하다', '밤에도 밝다' 등 긍정적인 키워드의 빈도를 분석하여 심리적 불안감을 측정한다.

3.2. 가상 사례로 본 도시생활지수의 활용

도시생활지수 기반 추천 시스템 가상 사례 1

데이터가 찾아준 30대 맞벌이 부부의 '워라밸 하우스'

1) 문제 상황: 판교와 여의도로 각각 출퇴근하는 30대 맞벌이 부부가 있다. 이들은 직장과의 접근성만큼이나 퇴근 후와 주말의 '삶의 질'을 중요하게 생각한다.

2) **도시생활지수 기반 추천 시스템:**

(1) **1차 필터링(교통):** 부부 각자의 직장까지 대중교통으로 50분 이내에 도달 가능한 모든 지역을 후보군으로 추출한다.

(2) **2차 필터링(가중치 부여):** 부부의 요구사항에 맞춰 '교통 지수(40%)', '환경 지수(40%)', '치안 지수(20%)'로 가중치를 설정하여 종합 점수를 계산한다.

(3) **분석 및 추천:** 분석 결과, 과천과 광교신도시가 최종 후보지로 떠오른다. 두 지역 모두 교통 지수는 비슷하게 높았지만, 환경 지수에서 극적인 차이를 보였다. 과천은 서울대공원과 청계산의 압도적인 녹지 퀄리티와 낮은 미세먼지 농도로 환경 지수가 95점에 달했다. 반면, 광교는 호수공원을 중심으로 높은 점수를 받았지만 전체적인 녹지 비율과 대기 질에서 다소 낮은 85점을 기록했다.

3) **결론:** 시스템은 과천을 최적의 주거지로 추천하며, "두 분의 직장까지의 평균 통근 시간을 5분 더 투자하는 대신, 대한민국 최상위 수준의 자연환경과 쾌적함을 얻을 수 있는 선택"이라는 데이터 기반의 명확한 근거를 제시한다. 이는 막연한 '느낌'이 아닌, 정량화된 '삶의 질'을 기준으로 최적의 의사결정을 내리게 한 것이다.

도시생활지수 기반 추천 시스템 가상 사례 2

여성 1인 가구를 위한 '안심 주거지역' 발굴 프로젝트

1) **문제 상황:** 한 여성 전문직 플랫폼이 회원들을 위해, 서울에서 가장 안전하면서도 생활 편의성이 높은 지역을 추천하는 서비스를 만들고자 한다.

2) **도시생활지수 기반 분석:**

(1) **여성 안심 지수 재구성:** 기존 도시생활지수의 가중치를 '치안 지수(50%)'에 집중하고, 세부 항목을 조정한다. 특히, 'CCTV 밀도', '유흥주점과의 거리', 그리고 '밤길 체감 안전도(NLP 분석)' 항목에 높은 가중치를 부여한다.

(2) **데이터 분석:** 서울시 전체 행정동을 대상으로 '여성 안심 지수'를 산출한다. 그 결과, 전통적인 부촌이나 대단지 아파트 지역 외에, 최근 소규모 신축 빌라와 오피스텔이 많지만 골목길이 잘 정비되고, 감성적인 카페와 상점이 많아 심야 시간에도 유동인구가 유지되는 특정 지역들(예: 서초구 방배동 사이길, 성동구 서울숲 인근)이 매우 높은 점수를 기록함을 발견한다.

3) **결론:** 데이터는 공식적인 범죄율이 낮은 것과, 실제 여성이 느끼는 '심리적 안심'이 다를 수 있음을 증명했다. 플랫폼은 이 분석 결과를 바탕으로, 단순히 '안전한 동네' 리스트가 아닌, "밝은 조명과 예쁜 가게들이 늦은 밤까지 당신의 귀갓길을 지켜주는 동네"와 같은 감성적이면서도 데이터에 기반한 새로운 형태의 주거 정보를 제공한다. 이는 여성 1인 가구의 실질적인 두려움을 해소하고 삶의 질을 높이는, 사회적으로도 의미 있는 가치를 창출한다.

종합하면 도시생활지수는 더 이상 막연한 개념이 아니다. 그것은 도시 곳곳에 흩어진 빅데이터를 엮어 만든, 우리의 삶을 비추는 가장 정교한 거울이다. 이 거울을 통해 우리는 비로소 도시의 보이지 않는 가치를 발견하고, 나아가 각자의 삶에 가장 완벽한 공간을 찾아가는 현명한 여정을 시작할 수 있게 될 것이다.

4. 국토 및 도시개발계획과 정책 변화 데이터를 반영한 시나리오 분석을 제안한다

4.1. 미래 도시를 시뮬레이션하다: 개발계획과 정책 시나리오 분석

부동산 시장은 결코 자유로운 상태로 방치되지 않는다. 그것은 언제나 국토 및 도시개발계획이라는 거대한 설계도와, 부동산 정책이라는 보이지 않는 규칙의 영향력 아래에 놓여있다. 수도권 광역급행철도(GTX) 노선이 어디를 지나가는지, 용적률 규제가 완화되는지, 혹은 대출 규제가 강화되는지에 따라 도시의 공간 구조와 부동산의 가치는 송두리째 바뀐다. 과거 우리는 이러한 거대한 변화가 발표된 뒤에야 비로소 그 의미를 해석하고 사후적으로 대응할 수밖에 없었다.

그러나 이제 빅데이터는 우리에게 미래를 미리 살아볼 수 있는 놀라운 능력, 즉 시나리오 분석(Scenario Analysis)을 선물한다. 이는 미래의 계획과 정책을 하나의 변수로 데이터 모델에 입력하여, 그 변화가 가져올 다양한 미래의 모습을 과학적으로 시뮬레이션하는, 도시 계획과 부동산 분석의 최종 진화 단계다.

4.1.1. 미래의 '만약'을 데이터로 만들다

시나리오 분석의 핵심은 추상적인 계획과 정책을 컴퓨터가 이해할 수 있는 구체적인 데이터로 변환하는 데 있다.

(1) 개발계획의 정량화:

- 교통망 계획(예: GTX-C 노선 신설): 이는 단순한 호재가 아니다. GIS 데이터 위에 예정 노선과 역사 위치를 좌표로 입력하고, 예상 개통 연도를 시계열 변수로, 예상 통행시간 단축 효과를 접근성 변수로 변환한다.

GTX-C 도봉구간 지하화에 "의정부도 땅속으로!"…실현가능성은?
https://www.edaily.co.kr/News

- 대규모 개발 프로젝트(예: 용산국제업무지구 개발): 개발 면적, 예상 공급 물량(주거, 상업, 업무), 총사업비, 예상 고용 유발 효과 등 프로젝트의 규모와 파급력을 나타내는 모든 요소를 수치화하여 입력한다.

(2) 정책 변화의 정량화:

- 금융 정책(예: LTV/DTI 규제): 주택담보대출비율(LTV)이 70%에서 50%로 강화되는 것은, 모델에 입력되는 LTV 변수의 값을 '0.7'에서 '0.5'로 바꾸는 것을 의미한다.
- 세금 정책(예: 종합부동산세 강화): 특정 가격대 주택에 부과되는 평균 실효세율의 변화를 계산하여 모델에 반영한다.

코레일, '용산국제업무지구 개발' 본격 착수 뉴스포스트

- 공급 및 재건축 정책(예: 재건축 안전진단 기준 완화): 이는 특정 연차(예: 30년 이상) 아파트의 재건축 가능성이라는 변수의 확률값을 '0.3'에서 '0.7'로 상향 조정하는 방식으로 모델에 입력된다.

이렇게 데이터화된 미래의 '만약(What-if)' 시나리오들을 우리가 앞서 탐험했던 정교한 딥러닝 모델(LSTM, 하이브리드 모델 등)에 적용하면, 우리는 마치 시간 여행자처럼 그 정책이 시행된 미래의 도시를 미리 들여다볼 수 있게 된다.

4.2. 가상 사례로 본 시나리오 분석의 힘

시나리오 분석의 적용 가상 사례 1

GTX-A 노선 개통이 동탄의 미래에 미치는 영향 분석

1) 문제 상황: 2025년 현재, 동탄신도시에 거주하는 한 직장인은 GTX-A 노선이 완전 개통되었을 때 자신의 아파트 가치가 얼마나 더 오를지, 그리고 만약 개통이 지연된다면 어떤 리스크가 있을지 궁금하다.

2) 시나리오 분석의 적용:

(1) 과거 학습: 먼저, 과거 신분당선이나 9호선 개통 당시, 노선 주변

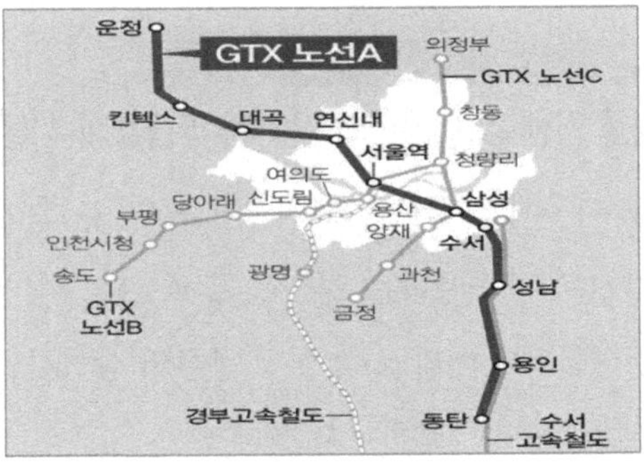

https://www.donga.com/news

아파트들의 가격이 '발표-착공-개통' 단계별로 어떻게 변화했는지를 LSTM 모델에 학습시킨다. 모델은 접근성 개선 효과가 시간에 따라 어떻게 가격에 선반영되고, 개통 이후에는 오히려 안정화되는 패턴을 학습한다.

(2) **시나리오 A(2028년 정상 개통 시나리오)**: 모델에 'GTX-A 동탄-삼성 구간 2028년 개통'이라는 변수를 입력한다. 시뮬레이션 결과, 동탄역 인근 아파트 가격은 개통 2년 전부터 가장 가파른 상승세를 보이다가, 개통 시점에 정점을 찍고 이후에는 서울 전체 시장의 평균 상승률에 수렴하는 경로를 예측한다. (3) **시나리오 B(2년 개통 지연 시나리오)**: 이번에는 '2030년 개통'이라는 변수를 입력한다. 모델은 가격 상승의 모멘텀이 약화되고, 상승 기간이 더 길고 완만하게 늘어지는 결과를 보여준다. 또한, 장기적인 불확실성으로 인해 단기적인 가격 조정 가능성이 20% 증가한다고 예측한다.

3) **결론**: 시나리오 분석은 막연한 기대를 구체적인 '확률적 미래'로 바꾸어 놓았다. 거주자는 이 데이터를 통해 '정상 개통 시의 기대수익'과 '지연 시의 리스크'를 비교하며, 자신의 자산 포트폴리오를 어떻게 관리할지에 대한 합리적인 의사결정을 내릴 수 있다.

시나리오 분석의 적용 가상 사례 2

서울시 '용적률 인센티브' 정책의 상업적 파급효과 시뮬레이션

1) **문제 상황**: 서울시가 역세권 고밀개발을 위해, 특정 상업지역의 용적률을 최대 800%까지 허용하는 정책을 발표했다. 한 부동산 개발사는 이 정책의 최대 수혜지가 어디일지, 어떤 종류의 상업시설을 개발해야 수익을 극대화할 수 있을지 예측하고자 한다.

서울시 역세권 활성화사업 개선 방안은... : 네이버 블로그

2) 시나리오 분석의 적용:

(1) **정책 변수 입력**: 서울시 전체 상업지역 필지를 대상으로, 기존 용적률과 최대 허용 용적률 사이의 '용적률 상향 잠재력'이라는 새로운 변수를 생성하여 하이브리드 모델에 입력한다.

(2) **최대 수혜지 탐색**: 모델은 단순히 용적률 상향 잠재력이 큰 곳뿐만 아니라, '주변 배후 인구 밀도', '현재 임대료 수준', '카드 매출 데이터로 본 소비력' 등을 종합하여, 개발 시 가장 높은 사업성을 확보할 수 있는 지역을 탐색한다. 분석 결과, 전통적인 중심지가 아닌, 상대적으로 저밀 개발되어 있지만 배후 수요가 탄탄한 특정 준공업지역 인근이 최대 수혜지로 떠오른다.

(3) **최적 개발 시나리오 도출**: 모델은 더 나아가, 해당 지역에 '오피스'를 공급했을 때의 예상 임대수익과 '리테일 상가'를 공급했을 때, 그리고 '오피스텔'을 공급했을 때의 수익률을 각각 시뮬레이션한다. 그 결과, '저층부 리테일 + 중층부 오피스 + 상층부 오피스텔'의 복합개발 모델이 가장 수익성이 높다는 결론을 제시한다.

3) **결론**: 시나리오 분석은 정책 변화라는 안갯속에서 가장 확실한 부의 경로를 찾아내는 내비게이션 역할을 한다. 개발사는 이 분석을 통해 경쟁사

보다 한발 앞서 잠재력이 가장 큰 부지를 선점하고, 시장 수요에 가장 부합하는 최적의 개발 계획을 수립하여 사업 성공 확률을 극대화할 수 있다.

결론적으로, 개발계획과 정책을 변수로 한 시나리오 분석은 빅데이터 기반 부동산 분석의 화룡점정이다. 이는 더 이상 주어진 미래를 수동적으로 예측하는 것을 넘어, 우리가 만들어갈 수 있는 여러 미래의 가능성을 탐색하고, 그중 가장 바람직한 미래를 선택하고 준비하게 하는 가장 능동적이고 창의적인 지혜라 할 수 있을 것이다.

5. 디지털트윈(Digital Twin)과 연계한 실시간 도시정보 활용 모델을 검토한다

5.1. 현실과 동기화된 가상도시: 디지털 트윈과 실시간 정보 활용

(1) 우리가 살아가는 도시와 똑같은 또 하나의 도시를 가상 공간에 만들고, 그 가상의 도시가 현실 세계의 모든 움직임과 변화를 1초의 오차도 없이 실시간으로 반영하며 살아 숨 쉰다면 어떨까? 이것은 더 이상 공상과학 영화의 이야기가 아니다. 바로 디지털 트윈(Digital Twin), 즉 현실 세계의 물리적 자산을 가상 세계에 그대로 복제하는 기술의 정점이다.

지금까지 우리는 도시 곳곳에 흩어진 과거와 현재의 데이터를 분석하여 보이지 않는 가치를 읽어내는 여정을 걸어왔다. 그러나 만약, 우리가 살아가는 도시와 똑같은 또 하나의 도시를 가상 공간에 만들고, 그 가상의 도시가 현실 세계의 모든 움직임과 변화를 1초의 오차도 없이 실시간으로 반영하며 살아 숨 쉰다면 어떨까? 이것은 더 이상 공상과학 영화의 이야기가 아니다. 바로 디지털 트윈(Digital Twin), 즉 현실 세계의 물리적 자산을 가상 세계에 그대로 복제하는 기술의 정점이다.

도시의 디지털 트윈은 단순히 3차원 지도를 넘어, 도시의 혈관을 흐르는 데이터의 맥박을 실시간으로 느끼고, 미래에 일어날 수 있는 모든 상황을 미리 시뮬레이션하는 궁극의 '도시 시뮬레이터'다.

5.1.1. 살아 숨 쉬는 도시의 아바타

디지털 트윈은 정적인 데이터 분석의 한계를 뛰어넘는다. 이는 현실 도시의 '아바타'로서, 다음과 같은 실시간 정보들을 끊임없이 받아들이며 스스로를 업데이트한다.

(1) **사물인터넷(IoT) 센서 데이터**: 도시 전역에 설치된 수십만 개의 센서가 도시의 신경계 역할을 한다.

- 교통 센서: 도로의 차량 속도, 이동량, 교차로의 대기 시간을 실시간으로 감지한다.
- 환경 센서: 미세먼지 농도, 소음 수준, 온도, 습도 등 대기의 상태를 초 단위로 측정한다.
- 스마트 유틸리티: 건물과 가정의 전력, 수도, 가스 사용량을 실시간으로 모니터링한다.

(2) **이동 및 통신 데이터**: 도시를 움직이는 사람들의 흐름을 실시간으로 포착한다.

- 통신사 기지국 데이터: 익명화된 데이터를 통해 특정 지역의 인구 밀도와 이동 방향을 실시간으로 파악한다.
- 대중교통 데이터: 버스와 지하철의 현재 위치, 운행 상태, 그리고 탑승객 수를 실시간으로 보여준다.

(3) **소셜 및 이벤트 데이터**: 도시의 사회적 맥박과 예기치 않은 사건을 감지한다.

- 소셜미디어 피드: 특정 지역에서 발생하는 사고, 축제, 시위 등 이벤트와 사람들의 감성을 실시간으로 분석한다.
- 재난/안전 데이터: 기상청의 국지성 호우 예보, 지진 속보, 119 신고 데이터 등을 즉각적으로 반영한다.

이 모든 실시간 데이터 스트림이 3차원 가상 도시 모델 위에 융합될 때, 디지털 트윈은 비로소 현실과 완벽하게 동기화된 '살아있는 도시'가 된다. 이를 통해 우리는 과거 데이터를 분석하는 것을 넘어, 현재를 진단하고 미래를 예측하며, 나아가 도시의 미래를 가장 효율적으로 제어할 수 있는 힘을 갖게 된다.

5.2. 가상 사례로 본 디지털 트윈의 미래

디지털 트윈의 활용 가상 사례 1

실시간 상권 가치 변동 및 최적 입점 시뮬레이션

1) **문제 상황:** 한 대형 리테일 브랜드가 서울 명동에 플래그십 스토어를 열고자 한다. 이들은 단순히 현재의 임대료나 유동인구가 아닌, 실시간으로 변화하는 상권의 활력과 미래의 잠재력을 기반으로 최적의 입지를 결정하고 싶어 한다.

인천시, '디지털트윈'으로 도시개발 의사결정 돕는다 - 디지털데일리

2) 디지털 트윈의 활용:

(1) 실시간 상권 활력도 모니터링: 명동 지역의 디지털 트윈은 실시간 유동인구, 방문객의 평균 체류 시간, 그리고 카드사의 실시간 결제 데이터를 시각화하여 보여준다. 특정 골목에서 갑자기 외국인 관광객의 비중이 급증하거나, 주변 대형 백화점의 할인 행사로 인해 유동인구의 흐름이 바뀌는 현상이 즉각적으로 디지털 트윈에 반영된다.

(2) 미래 시나리오 시뮬레이션: 브랜드는 후보지로 점찍은 여러 건물의 디지털 트윈에 자신들의 매장을 가상으로 입점시킨다. 이후, 디지털 트윈은 주변 경쟁 매장의 분포, 유동인구의 특성, 그리고 향후 예정된 지역 축제나 교통 통제 계획까지 고려하여, 각 후보지별 '예상 일일 매출액'과 '타겟 고객 도달률'을 시뮬레이션하여 제시한다.

(3) 최적 의사결정: 시뮬레이션 결과, 유동인구는 가장 많지만 체류 시간이 짧은 A 지점보다, 유동인구는 다소 적지만 타겟 고객인 20~30대 여성의 체류시간이 길고 주변에 시너지 효과를 낼 수 있는 코스메틱 매장이 밀집한 B 지점의 예상 매출액이 20% 더 높게 나타난다.

3) 결론: 디지털 트윈은 상권 분석을 '과거 데이터의 해석'에서 '실시간 상호작용과 미래 시뮬레이션'의 영역으로 끌어올렸다. 기업은 더 이상 감이나 단편적인 정보에 의존하지 않고, 가상현실 속에서 수많은 실험을 통해 실패 비용 없이 최적의 성공 방정식을 찾아낼 수 있다.

디지털 트윈의 활용 가상 사례 2

도시 재난 대응의 골든타임 확보

영광군, 3D기반 재난·재해 디지털트윈 구축 | 뉴스로

1) **문제 상황:** 2025년 8월, 서울 강남역 일대에 시간당 100mm의 기록적인 국지성 폭우가 예보되었다. 시 재난안전대책본부는 침수로 인한 피해를 최소화하고 시민들을 안전하게 대피시켜야 한다.

2) **디지털 트윈의 활용:**

(1) **침수 예측 및 위험 전파:** 기상청의 강우 레이더 데이터를 입력받은 디지털 트윈은, 지형의 고저와 하수관의 용량을 계산하여, 10분 뒤, 30분 뒤, 1시간 뒤의 예상 침수 구역과 침수 깊이를 지도 위에 실시간으로 시각화한다. 동시에, 침수 예상 구역 내에 위치한 스마트폰 사용자들에게 즉각적으로 대피 경보를 발송한다.

(2) **실시간 대피 경로 안내:** 디지털 트윈은 통신사 기지국 데이터를 통해 침수 지역 내에 고립된 인구의 밀도를 파악한다. 동시에, 교통 CCTV를 분석하여 아직 침수되지 않은 도로와 작동 중인 대중교통을 확인하고, 각 개인에게 가장 안전하고 빠른 최적의 대피 경로를 실시간으로 스마트폰에 제공한다.

(3) **구조 자원 최적 배치:** 119 종합상황실은 디지털 트윈을 통해 구조가 시급한 고립 인구 밀집 지역과, 구조대의 접근이 가능한 경로를 한눈에 파악하여, 펌프차와 구조 인력을 가장 효율적으로 배치한다.

3) **결론:** 디지털 트윈은 재난 상황에서 도시 전체를 조망하는 '컨트롤 타워' 역할을 수행한다. 이는 재난이 발생한 뒤에 대응하는 것이 아니라, 재난의 진행 상황을 실시간으로 예측하고 한발 앞서 대응함으로써, 인명과 재산 피해를 최소화하는 골든타임을 확보하는 가장 강력한 무기가 된다.

결론적으로 디지털 트윈은 도시와 부동산을 이해하는 방식을 근본적으로 바꾸는 기술적 특이점(Singularity)이다. 이는 현실의 복잡성을 가상 세계에서 실험하고, 그 결과를 다시 현실에 적용하는 끝없는 피드백 루프를 통해, 우리가 꿈꾸던 가장 안전하고 효율적이며 지속가능한 도시를 만들어 나가는 가장 위대한 여정이 될 것이다

제10장

민간데이터 기반 도시부동산 가치 분석

1. 네이버·직방 등 부동산 플랫폼 데이터의 정제 및 활용법을 설명한다

1.1. 시장의 목소리를 해독하다: 부동산 플랫폼 데이터의 정제와 활용

1) 이 부동산 플랫폼 데이터는 정제되지 않은 날것의 형태이지만, 그 안에는 공식적인 통계가 결코 담아낼 수 없는 실시간 시장의 심리와 미세한 가치의 차이가 숨겨져 있다

국가가 제공하는 공공데이터가 도시의 뼈대를 이루는 객관적인 사실이라면, 네이버 부동산, 직방, 다방과 같은 부동산 플랫폼 데이터는 그 위를 흐르는 시장의 뜨거운 혈액과 같다. 이곳에는 매도인과 임대인의 절박한 기대, 중개인의 화려한 수사, 그리고 잠재적 수요자들의 숨겨진 욕망이 뒤섞여 있다.

이 데이터는 정제되지 않은 날것의 형태이지만, 그 안에는 공식적인 통계가 결코 담아낼 수 없는 실시간 시장의 심리와 미세한 가치의 차이가 숨겨져 있다. 이 혼돈의 목소리를 정제하고 그 의미를 해독하는 기술이야 말로, 보이지 않는 가치를 읽어내는 가장 현실적이고 강력한 무기가 된다.

1.1.1. 날것의 정보를 보석으로: 플랫폼 데이터의 정제

부동산 플랫폼의 데이터는 크게 정형 데이터(가격, 면적, 주소 등)와 비정형 데이터(매물 설명 텍스트, 사진)로 나뉜다. 이 비정형 데이터 속에 숨겨진 가치를 추출하는 것이 데이터 정제의 핵심이다.

1) **텍스트 데이터의 구조화**(자연어 처리, NLP): 매물 설명글은 단순한 문장이 아니라, 가치의 단서로 가득 찬 암호문이다.

(1) **핵심 가치 키워드 추출**: "한강뷰가 파노라마로 펼쳐지는 로얄층", "유명 디자이너가 시공한 올수리 인테리어", "초품아(초등학교를 품은 아파트), 역세권 5분 거리" 등, 가격에 직접적인 영향을 미치는 핵심 키워드를 추출하고, 그 유무를 0 또는 1의 변수로 변환한다. 이를 통해 '조망권 프리미엄', '인테리어 프리미엄', '교육 및 교통 프리미엄'을 정량화할 수 있다.

(2) **비표준 용어의 표준화**: 'RR(로얄동 로얄층)', '탑층', '필로티 2층' 등 중개 현장에서만 쓰이는 비표준 용어들을 '고층부', '최상층', '저층부(특수)'와 같이 분석 가능한 표준 범주로 변환한다.

(3) **감성 분석**: 텍스트에 담긴 어조를 분석한다. 단순히 사실만 나열하는 건조한 설명과, "주인이 애정을 갖고 관리해 정말 깨끗합니다"와 같이 긍정적인 감성이 담긴 설명은 잠재 매수자에게 다른 영향을 미친다. 이 '매도인의 감성 점수'는 숨겨진 관리 상태를 예측하는 지표가 될 수 있다.

2) **이미지 데이터의 정량화**(컴퓨터 비전, CNN): 한 장의 사진은 백 마디 설명보다 더 많은 정보를 담고 있다.

(1) **인테리어 품질 평가**: 합성곱 신경망(CNN) 모델에 수만 건의 주택 내부 사진과 해당 주택의 리모델링 여부, 그리고 시공 비용 데이터

를 학습시킨다. 이를 통해 모델은 새로운 매물의 사진만 보고도 그 인테리어의 수준을 '상/중/하'로 평가하거나, '예상 리모델링 비용'을 추정하는 능력을 갖게 된다.

(2) **핵심 설비 탐지:** 이미지 속에서 '시스템 에어컨', '빌트인 가구', '중문', '대리석 바닥' 등 특정 설비나 마감재의 존재 유무를 자동으로 탐지하여, 이를 가치 평가의 추가 변수로 활용한다.

1.2. 가상 사례로 본 플랫폼 데이터의 활용법

플랫폼 데이터 기반 분석 가상 사례 1

'인테리어 프리미엄'의 정확한 가치를 계산하다

땜질 입법에… 같은 동 전셋값 차이가 2억원 https://www.chosun.com/economy

1) **문제 상황:** 같은 아파트, 같은 동, 같은 평형의 두 집이 매물로 나왔다. A 주택의 호가는 20억 원, B 주택의 호가는 22억 원이다. 공인중개사는 B 주택이 '올수리'가 되어 비싸다고만 설명한다. 과연 2억 원의 차이는 합리적인가?

2) **플랫폼 데이터 기반 분석:**

(1) **텍스트 분석:** B 주택의 설명글에서 'LG 오브제 풀옵션', '이태리산

타일', '전체 확장' 등의 구체적인 키워드를 추출한다.

(2) **이미지 분석:** CNN 기반의 인테리어 평가 모델이 B 주택의 내부 사진을 분석하여, '인테리어 등급: 최상(A+)', '예상 시공 비용: 1억 2천만 원'이라는 결과를 산출한다.

(3) **유사 사례 비교:** 플랫폼 내에서 최근 1년간 거래된, '인테리어 등급: 최상'으로 평가된 다른 주택들의 '인테리어 프리미엄'(기본 상태 주택 대비 가격 상승분)을 분석한다. 그 결과, 평균적으로 시공 비용의 약 1.2배에서 1.5배 사이에서 프리미엄이 형성됨을 발견한다.

4) **결론:** 데이터 분석 결과, B 주택의 합리적인 인테리어 프리미엄은 약 1억 4,400만 원에서 1억 8,000만 원 사이로 추정된다. 현재 호가에 반영된 2억 원의 프리미엄은 다소 과도할 수 있다는 객관적인 판단 근거를 얻게 된다. 이는 막연한 '느낌'이 아닌, 데이터에 기반한 정밀한 가격 협상의 무기가 된다.

플랫폼 데이터 기반 분석 가상 사례 2

상권의 활력 변화를 임대인의 언어에서 감지하다

1) **문제 상황:** 한 상업용 부동산 투자자가 최근 임대료가 정체된 것처럼 보이는 C 상권의 미래 잠재력을 평가하고자 한다. 공식적인 통계는 아직 큰 변화를 보여주지 않는다.

2) **플랫폼 데이터 기반 분석:**

(1) **임대 매물 텍스트 시계열 분석:** C 상권의 지난 3년간 상가 임대 매물 설명글 텍스트를 시계열로 분석한다.

(2) **키워드 트렌드 변화 발견:**

- 3년 전: "권리금 없음", "보증금 조정 가능", "공실" 등 임차인을

구하기 급급한 부정적, 수동적 키워드가 다수 발견된다.

- 최근 6개월: "인스타 감성 인테리어 가능", "MZ세대 유동인구 급증", "주말 웨이팅 필수 맛집 인근" 등 상권의 변화를 긍정적으로 묘사하고, 미래 가치를 암시하는 능동적 키워드의 빈도가 폭발적으로 증가한다.

(3) **임대료 호가 분석:** 전체 평균 임대료 호가는 큰 변화가 없지만, 특정 골목의 신규 매물 호가는 6개월 전 대비 20% 이상 상승하고 있으며, '권리금 없음' 매물이 급격히 사라지고 있다.

3) **결론:** 플랫폼의 텍스트 데이터는 공식 통계보다 한발 앞서, 상권의 성격이 변화하고 임대인들의 기대 심리가 긍정적으로 전환되고 있음을 보여주는 가장 빠른 '선행지표' 역할을 했다. 투자자는 이 보이지 않는 신호를 포착하여, 시장이 본격적으로 반응하기 전에 저평가된 우량 매물을 선점하는 기회를 잡을 수 있다.

결론적으로 부동산 플랫폼 데이터는 시장 참여자들의 살아있는 목소리가 실시간으로 기록되는 거대한 광장이다. 이 광장의 소음을 걷어내고 의미 있는 신호를 찾아내는 데이터 정제 능력이야 말로, 정적인 데이터를 넘어 시장의 역동적인 심리를 꿰뚫어 보는, 빅데이터 시대의 가장 날카로운 통찰력이라 할 수 있을 것이다.

2. 스타벅스, 프랜차이즈 입점 데이터의 공간적 파급력을 해석한다

2.1. 스타벅스는 알고 있다: 프랜차이즈 입점 데이터의 공간적 파급력

서울 중구 한옥 느낌의 스타벅스 환구단점, https://hongmongmong.tistory.com

상권의 미래 가치를 예측하는 가장 정확한 나침반은 어디에 있을까? 수많은 데이터와 복잡한 분석 모델이 있지만, 때로는 단 하나의 브랜드 입점 소식이 그 어떤 보고서보다 더 강력한 신호가 되기도 한다. 그

대표적인 예가 바로 스타벅스(Starbucks)다. 우리는 이를 '스타벅스 효과'라 부른다. 스타벅스의 초록색 사이렌 로고가 들어서는 곳은, 단순한 커피숍 하나가 생기는 것을 넘어, 그 지역의 구매력과 성장 잠재력을 시장에 공표하는 하나의 '인증 마크'와 같다.

스타벅스를 필두로 한 주요 프랜차이즈의 입점 데이터는, 그들이 막대한 자본과 데이터 분석력을 동원해 내린 최적의 의사결정 결과물이기에, 상권의 보이지 않는 가치를 해석하는 가장 강력한 프록시(Proxy, 대리 변수)가 된다.

2.1.1. 똑똑한 기업의 선택을 역으로 해석하다

스타벅스, 올리브영, 맥도날드와 같은 대형 프랜차이즈 기업들은 결코 감으로 점포를 내지 않는다. 이들은 출점 후보지를 결정하기 위해, 우리가 앞서 탐험했던 모든 빅데이터 분석을 이미 내부적으로 수행한다.

(1) **정교한 입지 분석**: 통신사 유동인구 데이터, 카드사 매출 데이터, 인구통계 데이터, 교통망 데이터 등을 총동원하여 해당 지역의 잠재 고객 규모와 구매력을 철저히 분석한다.

(2) **미래 성장성 예측**: 주변의 도시개발계획, 신규 아파트 입주 계획, 경쟁사 동향 등을 고려하여 향후 3~5년간의 성장 가능성을 예측한다.

결국, 이들이 특정 위치에 점포를 연다는 것은, 그 장소가 이미 '돈이 되는 곳'이거나 '곧 돈이 될 곳'이라는 데이터 기반의 확신이 섰다는 것을 의미한다. 따라서 우리는 이들의 최종적인 '선택'을 역으로 추적함으로써, 막대한 비용과 시간을 들이지 않고도 상권 분석의 핵심적인 통찰을 얻을 수 있다. 특정 프랜차이즈의 입점은, 광산의 카나리아처럼, 해당 지역의 경제적 활력이 살아있다는 가장 생생한 신호인 셈이다.

이러한 입점 데이터의 공간적 파급력은 GIS(지리정보시스템) 분석을 통해 명확히 확인할 수 있다. 특정 브랜드의 신규 출점 위치와 그 주변 반경 500m 내의 부동산 실거래가, 임대료, 그리고 다른 소매업종의 매출 변화를 시계열로 분석하면, 우리는 그들의 입점이 주변 지역에 미치는 긍정적인 외부효과(Positive Externality)를 정량적으로 측정할 수 있다.

2.2. 가상 사례로 본 프랜차이즈 데이터의 해석력

프랜차이즈 입점 데이터 분석 가상 사례 1

낡은 공업지구에서 발견한 '골든 크로스' 신호

1) **문제 상황:** 한 부동산 개발사가 서울 문래동의 낡은 철공소 밀집 지역 일부를 매입하여, 새로운 복합문화공간으로 개발하는 사업의 타당성을 검토하고 있다. 현재로서는 유동인구도 적고 상권이 형성되지 않아 리스크가 매우 커 보인다.

2) **프랜차이즈 입점 데이터 분석:**

⑴ **데이터 탐색:** 지난 1년간 서울 시내의 주요 프랜차이즈(스타벅스, 블루보틀, 올리브영 등) 신규 출점 리스트를 분석한다.

⑵ **이상 신호 감지:** 놀랍게도, 3개월 전 문래동 철공소 골목 한가운데에 대형 베이커리 카페 프랜차이즈인 'A 브랜드'가 직영점을 오픈한 사실이 발견된다. 이 브랜드는 스타벅스만큼이나 정교한 데이터 분석으로 출점하기로 유명하다.

⑶ **공간적 파급력 시뮬레이션:** 과거 'A 브랜드'가 성수동이나 연남동에 처음 진출했을 때, 그 후 2년간 주변 상가의 임대료와 권리금이 어떻게 변화했는지를 분석한다. 그 결과, 'A 브랜드' 출점 후 1년 내 반경 200m 이내의 소매업종 월평균 매출이 30% 이상 상승하고, 2년 내 임대료 시세가 50% 이상 상승하는 일관된 패턴을 발견한다.

3) **결론:** 개발사는 'A 브랜드'의 입점이 문래동의 잠재력이 시장에 알려지는 '골든 크로스' 신호라고 판단한다. 이는 곧 다른 트렌디한 브랜드와 투자자들이 뒤따라 들어올 것이라는 강력한 예측의 근거가 된다. 개발사는 이 데이터를 바탕으로 확신을 갖고 부지를 매입하고, 임대료가 급등하기 전에 성공적으로 사업을 추진할 수 있었다.

프랜차이즈 입점 데이터 분석 가상 사례 2

신도시 상가의 '보이지 않는 서열'을 구분하다

[공실 폭탄] ① 신도시의 텅빈 상가에 정부도 놀랐다…실태조사까지 나선 이유 - 조선비즈

1) **문제 상황:** 한 예비 창업자가 신도시의 거대한 중심상가 내에서 1층 점포 임차를 고려 중이다. A, B, C 세 개의 후보지가 모두 비슷한 크기에 임대료도 비슷하여 어디를 선택해야 할지 혼란스럽다.

2) **프랜차이즈 입점 데이터 분석:**

(1) **GIS 기반 미시적 입지 분석:** 세 후보지 반경 100m 이내에 입점한 프랜차이즈의 종류와 등급을 분석한다.

(2) **서열의 발견:**

- A 후보지: 바로 옆에 스타벅스 리저브 매장과 올리브영 대형 매장이 위치해 있다. 이는 구매력 높은 20~40대 여성과 직장인들이 가장 집중되는 핵심 동선임을 의미한다.
- B 후보지: 주변에 이디야커피와 저가 휴대폰 판매점, 분식점이 밀집해 있다. 주 고객층이 10대 학생이거나 가격 민감도가 높은 고객일 가능성이 크다.
- C 후보지: 주변에 입점한 프랜차이즈가 거의 없고, 주로 병원과

약국이 위치해 있다. 특정 목적을 가진 사람들만 방문할 뿐, 자연스러운 유동인구의 흐름이 약함을 시사한다.

3) **결론**: 예비 창업자는 자신의 업종(고급 디저트 카페)과 타겟 고객이 A 후보지의 입점 프랜차이즈 구성과 가장 강력한 시너지를 낼 수 있다고 판단한다. 비록 세 곳의 임대료는 비슷했지만, 프랜차이즈 입점 데이터는 눈에 보이지 않는 상가의 '실질적인 서열'과 '고객의 질'이 전혀 다름을 명확히 보여주었다. 이는 창업 성공 확률을 극대화하는 가장 현명한 선택의 기준이 된다.

결론적으로, 주요 프랜차이즈의 입점 데이터는 단순한 점포 정보가 아니다. 그것은 도시의 자본과 정보가 어디로 흘러가고 있는지를 보여주는 가장 선명한 화살표다. 이 화살표의 방향을 읽을 수 있을 때, 우리는 비로소 안개 속에 가려진 미래 상권의 지도를 손에 쥘 수 있게 될 것이

3. 민간 위치데이터(LBS)의 유동패턴과 가치 간 관계를 도출한다

3.1. 욕망의 궤적을 그리다: 민간 위치데이터와 유동패턴 분석

도시는 정지된 지도가 아니다. 그것은 수많은 사람들의 욕망과 필요가 빚어내는 끊임없는 움직임의 총합이다. 아침에는 일터로, 주말에는 휴식처로, 저녁에는 약속 장소로 향하는 사람들의 거대한 흐름. 이 보이지 않는 궤적 속에 도시의 진짜 활력과 부동산의 실질적인 가치가 숨어있다. 과거 우리는 인구조사나 설문과 같은 정적인 데이터에 의존해 이 흐름을 어렴풋이 짐작할 뿐이었다.

그러나 이제 티맵(T-map), 카카오내비와 같은 내비게이션 앱과 SKT,

KT 등 통신사가 보유한 민간 위치기반서비스(LBS) 데이터는, 익명화된 개인들의 이동 패턴을 거대한 직물처럼 엮어내어 도시의 숨겨진 신경망과 혈류를 우리 눈앞에 생생하게 펼쳐 보인다.

3.1.1. 움직임이 가치를 정의하다

민간 위치데이터의 핵심은, 특정 공간의 가치가 그곳의 물리적 속성이 아닌, 사람들의 '행동'과 '관계'에 의해 정의된다는 사실을 증명하는 데 있다. 이 데이터는 우리에게 몇 가지 혁신적인 분석의 차원을 제공한다.

(1) **실질 생활권(Actual Living Zone)의 발견:** 행정구역은 더 이상 의미가 없다. 위치데이터는 특정 아파트 단지 주민들이 실제로 출근하고, 쇼핑하며, 여가를 보내는 공간의 범위, 즉 '실질 생활권'을 그려낸다. 물리적으로는 강북에 위치하더라도, 주민 대다수가 강남으로 출퇴근하고 주말을 보낸다면, 그곳의 가치는 강남의 생활권과 동기화된다.

(2) **기종점(Origin-Destination) 분석:** 사람들은 어디에서 와서 어디로 가는가? 이 O-D 분석은 도시 공간의 기능적 연결성을 드러낸다. 특정 상권의 가치는 그곳을 찾는 고객들이 어디에서부터 오는가에 따라 결정되며, 특정 주거지의 가치는 그곳에 사는 사람들이 주로 어느 업무지구로 향하는가에 따라 재평가된다.

(3) **체류 시간과 목적 추론:** 특정 장소에 얼마나 오래 머무는가는 방문의 '질'을 결정한다. 위치데이터는 단순히 스쳐 지나가는 유동인구와, 명확한 목적을 가지고 방문하여 오랜 시간 머무는 '목적 방문객'을 구분해낸다. 긴 체류시간은 높은 소비 잠재력과 강한 공간적 매력도를 의미한다.

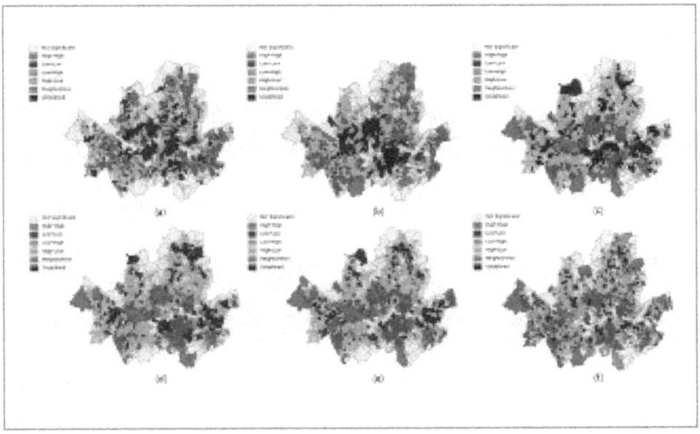

이동통신 기반 기종점 통행량 데이터를 활용한 도시 내 젠더 공간 분석
https://klgis.com

결국, 민간 위치데이터는 사람들의 발걸음이 남긴 궤적을 통해, 도시 공간에 대한 수요와 욕망의 실체를 가장 정직하게 보여주는 '진실의 거울'이라 할 수 있다.

3.2. 가상 사례로 본 위치데이터의 통찰

민간 위치데이터(내비게이션 O-D) 분석 가상 사례 1

'판교 라이프'의 진실, 두 신축 아파트의 운명

1) **문제 상황**: 경기도 용인시에 비슷한 시기에 준공된 두 신축 아파트 단지, '동천 래미안'과 '성복 롯데캐슬'이 있다. 두 단지 모두 '판교와 강남 접근성'을 내세우며 분양했지만, 수년 뒤 '동천 래미안'의 가격 상승률이 '성복 롯데캐슬'을 압도하기 시작했다. 전통적인 데이터로는 이 차이를 설명하기 어려웠다.

2) **민간 위치데이터(내비게이션 O-D) 분석**:

(1) **데이터 분석**: 두 단지 거주민들의 평일 출근 시간대 차량 이동 목적지 데이터를 분석한다.

(2) **극명한 차이 발견:** '동천 래미안' 거주민 차량의 75%가 판교테크노밸리와 강남업무지구(GBD)를 목적지로 설정했다. 반면, '성복 롯데캐슬' 거주민 차량은 목적지가 수원, 광교, 동탄 등 경기 남부권으로 광범위하게 분산되어 있었고, 판교/강남행 비율은 30%에 불과했다.

(3) **실질 생활권 규명:** 주말 활동 패턴을 분석한 결과, '동천 래미안' 주민들은 판교의 현대백화점이나 서울의 문화시설을 주로 이용하는 반면, '성복 롯데캐슬' 주민들은 광교 호수공원이나 인근 쇼핑몰을 중심으로 활동했다.

3) **결론:** 위치데이터는 두 아파트가 전혀 다른 '생활권 부족(Tribe)'에 속해 있음을 증명했다. '동천 래미안'은 물리적 주소는 용인이지만, 실질적인 생활과 정체성은 '판교/강남'과 완벽하게 연결되어 있었다. 시장은 이 보이지 않는 '기능적 소속감'에 더 높은 가치를 부여한 것이다. 데이터는 마케팅 문구 뒤에 숨겨진 생활의 진실을 드러냈다.

민간 위치데이터(내비게이션 O-D) 분석 가상 사례 2
백화점의 숨겨진 VIP 고객 발굴 프로젝트

1) **문제 상황:** 서울의 한 명품 백화점이 새로운 VIP 고객을 유치하기 위한 마케팅 전략을 수립하고자 한다. 기존에는 소득 수준이 높은 강남 3구의 고가 아파트 단지를 주요 타겟으로 삼아왔다.

2) **민간 위치데이터(통신사) 분석:**

(1) **데이터 정의:** 백화점을 '목적지(Destination)'로 설정하고, 주말에 3시간 이상 체류한 방문객들을 '잠재 VIP 고객'으로 정의한다.

(2) **출발지(Origin) 역추적:** 이 잠재 VIP 고객들이 어디에서 출발했는지

를 역추적하여 주거지를 지도 위에 히트맵으로 시각화한다.

(3) **예상 밖의 발견**: 분석 결과, 전통적인 강남 3구 외에, 최근 입주를 시작한 성동구의 한 신축 주상복합 아파트와 마포구의 한강변 아파트 단지에서 매우 높은 밀도의 잠재 VIP 고객 클러스터가 새롭게 발견된다. 이들은 소득 수준은 높지만, 기존의 마케팅 대상에서는 누락되어 있던 '신흥 부촌'의 주민들이었다.

3) **결론**: 위치데이터는 백화점에게 '우리의 진짜 고객은 누구이며, 어디에 사는가?'라는 질문에 대한 가장 정확한 답을 주었다. 백화점은 이 데이터를 바탕으로 신흥 부촌 지역에 팝업 스토어를 열거나, 해당 지역 주민들을 위한 전용 셔틀버스를 운영하는 등, 누구도 시도하지 않았던 정밀 타겟 마케팅을 실행할 수 있었다. 이는 경쟁사를 압도하는 새로운 성장 동력을 발굴하는 결정적인 계기가 된다.

정리하면, 민간 위치데이터는 도시를 바라보는 우리의 관점을, 정적인 지도 위에서 역동적인 인간 행동의 무대로 바꾸어 놓았다. 사람들의 발걸음이 남긴 욕망의 궤적을 읽어내는 능력이야말로, 도시의 현재 가치를 진단하고 미래의 가능성을 예측하는 가장 강력하고도 매혹적인 힘이 될 것이다.

4. 부동산 리뷰·후기 데이터의 감정분석 기반 활용 가능성을 제시한다

4.1. 평판 자본(Reputation Capital)의 시대: 리뷰와 후기 데이터의 감성 분석

1) 부동산의 가치는 그 공간을 경험한 사람들이 남긴 수많은 목소리, 즉 부동산 리뷰와 후기 데이터는 눈에 보이지 않지만 강력하게 작동하는 '평판 자본(Reputation Capital)'을 형성한다.

부동산의 가치는 더 이상 물리적 속성의 총합만으로 결정되지 않는다. 그 공간을 경험한 사람들이 남긴 수많은 목소리, 즉 부동산 리뷰와 후기 데이터는 눈에 보이지 않지만 강력하게 작동하는 '평판 자본(Reputation Capital)'을 형성한다. "살아보니 어떠세요?"라는 질문에 대한 수만, 수백만 개의 대답 속에는 공식적인 데이터가 결코 담아낼 수 없는 공간의 진짜 얼굴이 담겨 있다.

2) 감성 분석(Sentiment Analysis)은 이 흩어진 목소리들 속에서 긍정과 부정의 미묘한 결을 가려내고, 주관적인 느낌을 객관적인 데이터로 변환하여, 부동산의 미래 가치를 예측한다.

감성 분석(Sentiment Analysis)은 이 흩어진 목소리들 속에서 긍정과 부정의 미묘한 결을 가려내고, 주관적인 느낌을 객관적인 데이터로 변환하여, 부동산의 미래 가치를 예측하는 새로운 차원의 문을 여는 기술이다.

4.1.1. 감성의 언어를 해독하는 기술

감성 분석은 인공지능이 인간의 언어(자연어)를 이해하고 그 안에 담긴 감정적 뉘앙스를 파악하는 자연어 처리(NLP)의 핵심 분야다. 이 기술은 부동산 리뷰 데이터를 다음과 같이 심층적으로 해부한다.

1) **문서 단위 감성 분류**: 가장 기본적인 분석으로, 리뷰 텍스트 전체가 긍정적인지, 부정적인지, 혹은 중립적인지를 판단한다. 이를 통해 특정 아파트 단지나 상가 건물에 대한 전반적인 여론의 방향성을 파악할 수 있다.

2) **속성 기반 감성 분석**(Aspect-Based Sentiment Analysis, ABSA): 감성 분석의 진정한 힘은 이 단계에서 발휘된다. 이는 단순히 전체적인 긍정/부정을 넘어, 텍스트가 언급하는 특정 '속성'에 대한 감성을 개별적으로 추출하는 고차원적인 분석이다.

(1) **주거용 부동산**: "교통은 정말 편리한데, 층간소음은 너무 심각해요." 라는 리뷰가 있다면, 모델은 '교통' 속성에 대해서는 '긍정'을, '층간소음' 속성에 대해서는 '부정'을 각각 분리하여 점수화한다. 이를 통해 우리는 해당 부동산의 다차원적인 강점과 약점을 명확히 진단할 수 있다.

(a) Test Set - 향/냄새 (b) Product A - 보습력/수분감/쿨링감

한국어 리뷰 속성기반 감성분석, https://www.dbpia.co.kr

(2) **상업용 부동산:** "음식 맛은 최고지만, 주차가 너무 불편해서 다시 가고 싶진 않네요." 라는 식당 리뷰에서, '음식 맛'과 '주차'라는 두 개의 다른 속성에 대한 상반된 평가를 추출하여, 해당 상가의 잠재적 성공 요인과 실패 요인을 분석한다.

3) **핵심 키워드 및 토픽 추출:** 수많은 리뷰에서 공통적으로, 그리고 중요하게 언급되는 키워드나 주제를 도출한다. 이를 통해 시장이 특정 부동산의 가치를 평가할 때 어떤 요소를 가장 중요하게 생각하는지를 역으로 파악할 수 있다.

이러한 과정을 통해, '살기 좋다'거나 '장사하기 힘들다'는 막연한 평판은 이제 '교통 만족도 9.2점, 소음 불만도 7.8점, 커뮤니티 활력 8.5점'과 같은 구체적이고 비교 가능한 데이터로 재탄생한다.

4.2. 가상 사례로 본 감성 분석의 활용 가능성

리뷰 데이터 감성 분석 가상 사례 1

신축 아파트의 '숨겨진 하자'를 발견하다

1) **문제 상황:** 비슷한 시기에 입주한 두 개의 신축 아파트 단지, '더 퍼스트'와 '더 프라임'이 있다. 분양가, 입지, 규모 등 모든 공식적인 조건은 거의 동일하다. 한 투자자가 두 단지 중 어느 곳에 투자해야 할지 고민하고 있다.

2) **리뷰 데이터 감성 분석:**

(1) **데이터 수집:** 입주 후 1년간 두 단지의 온라인 입주민 커뮤니티, 부동산 플랫폼의 거주 후기 등 약 5만 건의 텍스트 데이터를 수집한다.

(2) 속성 기반 감성 분석(ABSA) 적용:

- '더 퍼스트': '조경', '커뮤니티 시설', '디자인' 등의 속성에서는 높은 긍정 점수를 보였다. 그러나 '누수', '마감 불량', '하자보수 지연', '관리사무소' 등의 속성에서 압도적으로 높은 부정 감성 점수와 언급 빈도가 포착된다.
- 이'더 프라임': 모든 속성에서 전반적으로 무난하고 안정적인 긍정 점수를 보이며, 특히 '꼼꼼한 시공', '신속한 AS' 와 관련된 긍정 키워드가 자주 등장한다.

3) **결론**: 감성 분석은 '더 퍼스트'가 화려한 외관과 커뮤니티 시설에도 불구하고, 실제 거주 품질과 직결되는 시공 및 관리상의 심각한 문제를 안고 있음을 명확히 보여주었다. 이 '숨겨진 하자'는 향후 주민 간 갈등, 관리비 상승, 그리고 자산 가치 하락으로 이어질 강력한 리스크다. 투자자는 이 데이터를 바탕으로, 겉모습이 아닌 내실이 튼튼한 '더 프라임'을 선택하여 미래의 위험을 피할 수 있다.

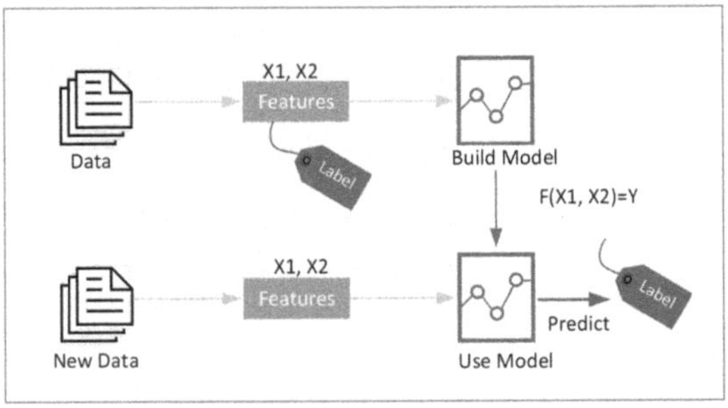

감성 분석이란?, https://www.nvidia.com/ko-kr

리뷰 데이터 감성 분석 가상 사례 2

'망해가는 상권'에서 진정한 앵커 스토어를 찾다

https://www.hankyung.com/article

1) **문제 상황:** 한 대형 쇼핑몰의 2층이 전체적으로 활력을 잃고 공실이 늘어나고 있다. 쇼핑몰 운영팀은 2층 전체를 살릴 수 있는 강력한 '앵커 스토어(Anchor Store)'를 유치하고자 한다.

2) **리뷰 데이터 감성 분석:**

(1) **데이터 수집:** 쇼핑몰 방문객들이 남긴 수만 건의 온라인 리뷰와 소셜미디어 포스팅을 수집한다.

(2) **불만 원인 분석:** 2층과 관련된 리뷰에서 공통적으로 나타나는 불만을 분석한다. 그 결과, "아이와 함께 쉴 곳이 없다", "밥 먹고 쇼핑하니 애들이 지루해해요"와 같이, '가족 단위 방문객', 특히 '어린이'를 위한 콘텐츠가 절대적으로 부족하다는 점이 핵심 문제로 떠오른다.

(3) **솔루션 도출:** 운영팀은 이 분석 결과를 바탕으로, 단순한 패션 브랜드나 식당 대신, 대규모 '키즈 카페'나 '어린이 직업체험관'과 같은 강력한 목적성을 가진 체험형 앵커 스토어를 유치하기로 결정한다.

3) **결론:** 새로운 앵커 스토어 입점 후, 아이를 동반한 가족 단위 방문객이 2층으로 자연스럽게 유입되었다. 아이들이 노는 동안 부모들은 주변의 다른 매장에서 쇼핑을 즐기게 되었고, 6개월 뒤 2층의 평균 체류 시간과 전체 매출은 극적으로 반등했다. 리뷰 데이터에 담긴 고객의 '불만'은, 상권 전체를 살리는 가장 정확한 '해결책'의 단서가 된 것이다.

결론적으로 부동산 리뷰와 후기 데이터는 도시와 공간에 대한 수많은 사람들의 집단적인 지성이자, 살아있는 경험의 기록이다. 이 목소리 속에 담긴 감성을 과학적으로 분석하는 능력이야 말로, 딱딱한 숫자의 이면에 숨겨진 진짜 가치를 발견하고 미래의 기회와 위기를 예측하는, 빅데이터 시대의 가장 섬세하고도 강력한 통찰력이라 할 수 있을 것이다.

5. 민간지도 플랫폼 API(Application Programming Interface)를 통한 시각화 사례를 소개한다

5.1. 데이터를 지도로, 통찰을 그림으로: 지도 플랫폼 API 활용법

지금까지 우리는 도시와 부동산에 숨겨진 가치를 찾아내기 위해 수많은 데이터를 수집하고, 정제하며, 복잡한 인공지능 모델로 분석하는 기나긴 여정을 거쳐왔다. 그러나 이 모든 분석의 결과가 복잡한 숫자와 표의 형태로만 존재한다면, 그것은 소수의 전문가만이 해독할 수 있는 암호에 불과하다.

데이터 분석의 진정한 힘은, 그 결과를 누구나 한눈에 이해하고 직관적인 통찰을 얻을 수 있도록 만드는 시각화(Visualization)에서 완성된다. 네이버 지도, 카카오맵과 같은 민간 지도 플랫폼의 API(Application Programming Interface)는 바로 이 시각화의 마법을 실현하는 가장 강력하고도 대중적인 캔버스다.

5.1.1. 지도 API: 데이터와 세상을 연결하는 다리

API란 서로 다른 소프트웨어 프로그램이 정보를 주고받을 수 있도록 만들어진 '소통의 창구'다. 지도 API는 개발자들이 자신의 서비스나 애플리케이션에 네이버나 카카오의 지도를 마치 자신의 것처럼 가져와 사용하고, 그 위에 자신들이 분석한 데이터를 자유롭게 덧입힐 수 있도록 해주는 강력한 다리 역할을 한다.

이 다리를 통해 우리는 단순한 숫자 더미였던 데이터를, 살아 숨 쉬는 공간 정보로 재탄생시킬 수 있다.

(1) **마커**(Marker)**와 핀**(Pin): 지도 위의 특정 좌표에 점을 찍는 기술이다. 특정 아파트의 위치, 스타벅스 매장의 분포, CCTV의 위치 등을 표시하여 데이터의 공간적 분포를 가장 직관적으로 보여준다.

(2) **폴리곤**(Polygon)**과 오버레이**(Overlay): 지도 위에 다각형의 영역을 그리는 기술이다. 특정 학군의 경계, 재개발 구역의 범위, 공원의 영역 등을 표시하여 공간의 구획과 범위를 명확히 한다.

(3) **히트맵**(Heatmap): 데이터의 밀도나 강도를 색상의 농도로 표현하는 기술이다. 붉은색에 가까울수록 데이터 값이 높은 것을 의미하며, 유동인구가 집중되는 핫스팟, 범죄가 자주 발생하는 위험 지역, 혹은 특정 키워드가 많이 언급되는 지역 등을 한눈에 파악하게 해준다.

(4) **단계 구분도**(Choropleth Map): 행정동이나 시군구와 같은 특정 경계 구역을 데이터 값의 크기에 따라 각기 다른 색상이나 명도로 채우는 방식이다. 지역별 평균 아파트 가격, 인구 밀도, 소득 수준 등을 비교 분석하는 데 매우 효과적이다.

이러한 시각화 기술을 통해, 우리는 비로소 데이터의 숲속에서 길을 잃지 않고, 보이지 않는 가치의 보물 지도를 손에 쥘 수 있게 된다.

5.2. 가상 사례로 본 지도 API 시각화의 힘

지도 API를 활용한 시각화 가상 사례 1

살아 숨 쉬는 '우리 동네 종합 생활 지도'

1) 문제 상황: 한 부동산 정보 플랫폼이 사용자에게 아파트의 가격 정보 뿐만 아니라, 그 곳에서의 '실질적인 삶의 질'을 종합적으로 보여주는 혁신적인 서비스를 제공하고자 한다.

2) 지도 API를 활용한 시각화:

(1) 기본 지도 위에 아파트 마커 표시: 카카오맵 API를 기반으로, 각 아파트 단지의 위치에 마커를 표시하고, 마커를 클릭하면 실거래가, 평형 정보 등이 나타나게 한다.

카카오 지도 / Kakao Map Web API 마커

(2) 레이어(Layer) 기반 정보 중첩: 사용자가 원하는 정보를 선택하여 지도 위에 겹쳐 볼 수 있는 레이어 기능을 구현한다.

- '학군' 레이어: 초등학교 학군 경계를 폴리곤으로 표시하고, 학원가의 밀집도를 히트맵으로 시각화 한다.
- '안전' 레이어: CCTV 위치를 마커로, 범죄율 데이터를 행정동별

단계 구분도로, 그리고 지역 커뮤니티의 '밤길이 무섭다'는 리뷰 데이터를 분석하여 '체감 불안감'을 히트맵으로 보여준다.

- '환경' 레이어: 공원의 위치와 크기를 폴리곤으로, 미세먼지 농도를 실시간 히트맵으로, 그리고 소음 수준을 주요 도로변을 따라 색상으로 표시한다.

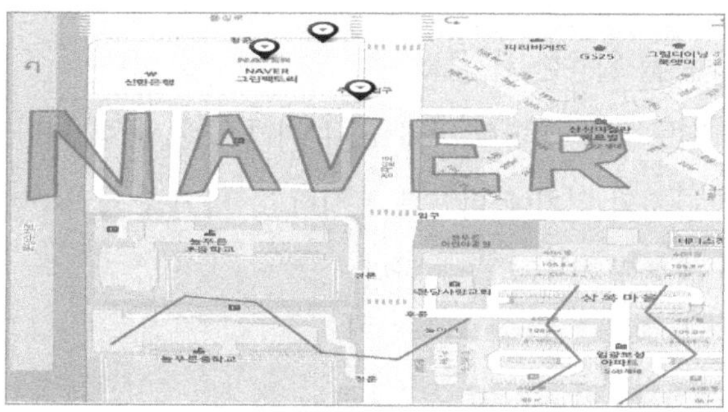

데이터 레이어 | 네이버 지도 API v3, https://navermaps.github.io

3)결론: 사용자는 더 이상 여러 사이트를 오가며 정보를 조각 맞출 필요가 없다. 이 인터랙티브 지도 위에서 다양한 데이터 레이어를 켜고 끄며, 'A 아파트는 학군은 좋지만 안전 히트맵이 붉고, B 아파트는 공원은 멀지만 교통과 안전 점수가 높다'는 식의 다차원적인 비교 분석을 스스로 수행할 수 있다. 데이터 시각화는 복잡한 정보를 직관적인 '이야기'로 바꾸어, 사용자가 자신만의 최적의 의사결정을 내리도록 돕는다.

지도 API를 활용한 시각화 가상 사례 2

상권의 혈류를 실시간으로 보여주는 '상가 MD 나침반'

유통업계 팝업스토어 '성지'된 성수동…식품부터 명품까지

1) **문제 상황:** 한 대형 유통사의 점포 개발팀이 서울의 특정 상권(예: 성수동)에 신규 브랜드를 론칭하려 한다. 이들은 시시각각 변하는 상권의 트렌드와 유동인구의 흐름을 실시간으로 파악하여 최적의 입지를 찾고자 한다.

2) **지도 API를 활용한 시각화:**

(1) **실시간 유동인구 히트맵:** 네이버 지도 API 위에 통신사의 실시간 위치데이터를 연동하여, 성수동 전체의 유동인구 밀도를 10분 단위로 업데이트되는 히트맵으로 보여준다.

(2) **고객 페르소나 필터링:** 사용자가 필터를 적용하면, 히트맵이 특정 고객층에 맞춰 변화한다. '20대 여성' 필터를 켜면 그들이 주로 모이는 카페 골목이, '30대 직장인' 필터를 켜면 점심시간에 붐비는 식당가가 붉게 달아오른다.

(3) **경쟁 및 시너지 분석:** 지도 위에 경쟁 브랜드(예: 블루보틀)와 시너지 브랜드(예: 무신사 테라스)의 위치를 마커로 표시한다. 카드 매출

데이터를 연동하여, 특정 매장 주변의 평균 객단가를 마커의 색상으로 표현한다.

3) **결론:** 점포 개발팀은 사무실에 앉아서 성수동 상권의 혈류가 실시간으로 어떻게 흐르는지를 손금 보듯 들여다볼 수 있다. “현재 20대 여성 유동인구가 A 골목에서 B 골목으로 이동 중이며, B 골목의 객단가가 더 높으니, B 골목의 C 매물이 최적의 후보다”와 같은, 과거에는 불가능했던 초정밀 실시간 의사결정이 가능해진다. 데이터 시각화는 상권 분석을 정적인 보고서에서 역동적인 ‘라이브 스트리밍’으로 진화 시킨 것이다.

결론적으로, 지도 API를 활용한 데이터 시각화는 빅데이터 분석의 마지막 관문이자, 그 모든 노력을 가치 있게 만드는 화룡점정의 과정이다. 이는 복잡한 데이터의 세계와 우리가 살아가는 현실 세계를 연결하여, 누구나 데이터에 기반한 현명한 판단을 내릴 수 있도록 돕는 가장 강력한 도구가 될 것이다.

참고문헌

1. Ascendix Technologies. (2025, January 15). AI property search marketplaces.
2. Axios. (2021, November 2). Zillow abandons its home flipping algorithm. Retrieved from Axios article.
3. Biz4Group. (2025, June 26). How to use AI for real estate in 2025: Top use cases.
4. Bombay Softwares. (2023, September 30). K-means clustering.
5. BotPenguin. (2024, July 26). A Complete Guide to Real Estate Chatbots.
6. BotPenguin. (2025, February 12). Top Real Estate Marketing Tools Every Agent Needs in 2024.
7. Chen, L., Mislove, A., & Wilson, C. (2016). An empirical analysis of algorithmic pricing on Amazon Marketplace. Proceedings of the 25th International Conference on World Wide Web, 1339–1349.
8. Chhikara, P., Kuhar, H., Goyal, A., & Sharma, C. (2023, January 17). DIGITOUR: Automatic digital tours for real estate properties.
9. Deloitte Insights. (2023, December 5). Generative AI in real estate: The power of generative AI in real estate.
10. Elmaghraby, W., & Keskinocak, P. (2003). Dynamic pricing in the presence of inventory considerations: Research overview, current practices, and future directions. Management Science, 49(10), 1287–1309.
11. Emenike, U. U. C. (2023, September). Evaluating the impact of virtual reality and augmented reality on real estate marketing and sales (MSc dissertation). University of Salford.
12. Fan, X., et al. (2025). The role of augmented and virtual reality in shaping sustainable marketing campaigns. Sustainability, 17(2), 728.

13. Gartner, Inc. (2018). Gartner identifies top 10 strategic technology trends. Stamford, CT: Gartner Research.

14. GeekWire. (2021, November 3). Why the iBuying algorithms failed Zillow, and what it says about the business world's love affair with AI. GeekWire.

15. Gillingham, K. (2014). Real-time pricing and the smart meter future. The Energy Journal, 35(2),

16. Inside AI News Editorial Team. (2021, December 13). The $500 mm+ debacle at Zillow Offers –

17. Salam, A. F., & Stevens, J. R. (2007). Semantic web technologies and e business: Toward the integrated virtual organization and business process automation. Hershey, PA: Idea Group Publishing.

18. Sekar, A. N. (2024). Transforming real estate sales and marketing with augmented reality. Procedia Computer Science.

19. Shields, K. D. (2023, August 7). Position of generative AI.

20. Singh, P., & Tiwari, S. (2025). Digital twins and artificial intelligence: An essential combination. ResearchGate.

21. Smythos LLC. (2024, September). Chatbots and Lead Generation: How AI Drives Customer Acquisition.

22. SoftKraft. (2025, May 22). 10 real estate AI use cases transforming the industry in 2025.

23. Talluri, K. T., & van Ryzin, G. J. (2004). The theory and practice of revenue management. Springer.

24. Texas A&M Real Estate Center. (2025, July 21). AI in action: What's possible with artificial intelligence in real estate. Texas A&M University.

25. The Silicon Review. (2025, July 23). The rise of AI powered virtual staging in property marketing.

26. The Times. (2024, April 25). How AI is changing the world of property listings. The Times.

27. Turing. (2025, February 21). Deep learning vs machine learning.
28. V7 Labs. (2023). AI in real estate: Key use cases, solutions, and challenges.
29. Wired. (2022, February 18). Zillow botched buying homes. Opendoor thinks it can do better. Wired.
30. Wu, J., Yang, C., Mahns, S., Wang, C., Zhu, H., Fang, F., & Xu, H. (2025, February 24). Grounded persuasive language generation for automated marketing.
31. Zhu, Y., Liu, Y., Xie, R., Zhuang, F., Hao, X., Ge, K., Zhang, X., Lin, L., & Cao, J. (2021, May 31). Learning to expand audience via meta hybrid experts and critics for recommendation and advertising.
32. Zillow. (2024). How Zillow uses AI for home price estimation.
33. Zuher, A. (2024, September 17). Generative AI in real estate.
34. DongA Science. (2016, April 14). VR, 부동산 업체와 고객을 중개하다. 동아사이언스.
35. 국토교통부. (n.d.). 국토교통부 실거래가 공개시스템.
36. 네이버 부동산. (n.d.). 매물 정보·지역 통계 제공 서비스. 네이버 부동산.
37. 네이버(주). (n.d.). 네이버 검색 알고리즘(C Rank, D.I.A 로직). 네이버 기술블로그.
38. 대한민국 통계청. (n.d.). 인구주택총조사. 통계청.
39. 더스쿠프. (2025년 3월 10일). 부동산 허위매물이 당근에 툭툭 올라오는 까닭 [추적+].
40. 경찰청. (n.d.). 범죄 통계 공개 자료. 경찰청 통계시스템.

【저자 약력】

원지영

저자는 서울대 음대 작곡과를 졸업하고 미국 FDU에서 교육학 석사학위를 받았다. 귀국 후 한양대 경영대학에서 예술경영 및 문화예술 마케팅을 연구하여 박사학위를 받았다. 그동안 인하대 경영학과에서 전임강사로 외국인 학생을 상대로 경영과 마케팅분야의 영어강의를 했다. 현재는 아주대 국제대학원과 경영대에서 디지털 마케팅, 콘텐츠마케팅, K-Culture and Arts Management, Music Business, 기업가정신과 경영 등을 강의해오고 있다. 저서로는 '디지털마케팅 들어가 보니'(교보문고), '빅데이터가 이렇게 쓸모 있을 줄이야'(교보문고), '삶 속에 들어온 생성형 AI 음악'(피앤씨미디어)이 있다.

도시부동산 가치, 빅데이터는 알고 있다

초판 인쇄 2025년 9월 5일
초판 발행 2025년 9월 10일

지은이 원지영
펴낸이 박노일

총괄기획 최준규
편 집 이상민

펴낸곳 pnc publishing and culture 피앤씨미디어
경기도 고양시 일산동구 강송로 153, 310-1501
등록 제396-2012-000203호
전 화 070)7550-3758 팩 스 02)6280-3758
홈페이지 www.pncmedia.co.kr 이메일 pnc@pncmedia.co.kr
ISBN 979-11-7401-024-7 93500

정 가 17,000원